Klingende Täler

VEB Deutscher Verlag für Musik 1987

Karl-Heinz Blei
Claus Baumann

Klingende Täler

Musikinstrumentenbau
zwischen Klingenthal und
Markneukirchen

1. Auflage
© VEB Deutscher Verlag für Musik Leipzig 1987
Lizenznummer: 418-515/A 15/87
Printed in the German Democratic Republic
Gestaltung: Erika Palme, Coswig
Hauptauftragnehmer: H. F. JÜTTE (VOB), Leipzig
Betrieb der ausgezeichneten Qualitätsarbeit
Reproduktion: H. F. JÜTTE (VOB), Leipzig
Lichtsatz: INTERDRUCK
Graphischer Großbetrieb Leipzig – III/18/97
Druck: H. F. JÜTTE (VOB), Leipzig
Bindearbeiten: VOB Buchbinderei Südwest
LSV 8398
Bestellnummer: 518 484 3

Inhalt

Im tiefen Grunde 7
Spuren im Schnee 8
Des Teufels Glockenschlag 11

Klingende Täler 16
Exulanten. Aber woher? 17
Bergauf, bergab ... 20
»Bis Amerika wollen wir unsere
Instrumente leicht bringen,
wenn wir nur erst in Oelsnitz sind!« 24

Bis zu den Sternen 30
»Mei Hamet, wie bist du schii ...« 32

Bildteil 34

Anmerkungen 209

Zeittafel 212

Literaturquellen 220

Im tiefen Grunde

Vor mir liegen die Bilder zu diesem Buch. Schwarzweiße Fotografien voller Eigenart, deren stiller Botschaft sich auch all meine Bekannten nicht entziehen können, Begeisterung hervorrufend, obwohl doch gerade ihnen, den Fremden, etwas vor Augen gestellt wird, das ihnen unbekannt, selbst fremd sein müßte.
Was weiß man schon über jenen Flecken Erde, den meist nur die Einheimischen das Obere Vogtland nennen? Und über das man draußen, in der Fremde, vom Musikwinkel spricht, als würde man – nicht weit davon entfernt – von einer exotischen Insel in einem anderen Winkel der Erde sprechen. Und das Wort »Einheimische« klingt wie »Eingeborene«.
Ist es die Musik mit ihren Geheimnissen, die etwas Geheimnisvolles hervorruft? Oder sind es die dunklen Stellen in der Geschichte dieser rauhen Landschaft und ihrer Menschen? Was weiß man?
Was weiß ich, der dort geboren wurde und aufwuchs und wegging, obwohl die eigenen Vorfahren nachweislich seit dem 15. Jahrhundert »da oben« ansässig waren? Und wo seit jeher die Alten schwören, daß man immer wieder zurückkehren würde, soweit man sich auch davonmachte!
Wie tief ist der Grund, in dem das obere Vogtland seinen Anfang nahm, nicht nur Landschaft, sondern auch Menschengeschichte zu sein?
Wir wissen inzwischen weit mehr über Gestein und Boden, Pflanzen und Tiere, erloschene Vulkane und den Lauf der Flüsse. Über den Lauf der Menschen weiß man um so weniger, je tiefer man in den Grund hinabsteigt, dessen Dunkel zur Vergangenheit hin scheinbar unendlich bleibt, obwohl man gerade dort den spröden, steinernen Untergrund am deutlichsten spürt. Von dessen Ursprung wir wohl die sichersten Kenntnisse besitzen ...[1]
Nimmt man Abstand von den Belangen des gesamten Universums, so liegt die Zeugung dieses Erdenfleckens in den Urmeeren des Ordoviziums, Gotlandiums und Devons vor 440–265 Millionen Jahren (teilweise gar im Präpaläozoikum) mit den früh abgelagerten Schichten organischen Materials, das durch seitlichen und inneren Druck zu Phyllit in unterschiedlichen Arten verhärtete und im Karbon, der Steinkohlenzeit, zu einem mächtigen Faltengebirge aufgerichtet wurde, in dessen Erdrinde Magma eindrang und Granit bildete, an dessen Rändern es dabei zur Ausschmelzung von Erzen und Bildung von Mineralien kam. Als sich dann vor 70 Millionen Jahren die Alpen auftürmten, war das einst mächtige Gebirge längst

abgetragen, verwittert, hinweggespült. Sein Rest, ein steifer, variskischer Rumpf, zerbrach unter dem Ansturm der Kräfte, die die Erdrinde wie ein Stück Tuch zum Massiv der Alpen falteten. Zwischen dem Druck der gewaltigen Granitblöcke des Erz- und Fichtelgebirges wurde das »Vogtland« am stärksten gehoben, was wiederum die Stärke seiner Erdrinde beeinträchtigte. Vulkantätigkeit trat auf, die bis in die heutigen Tage in Form von sogenannten Schwarmbeben von Zeit zu Zeit zu hören und zu spüren ist.
Erneutes Verwittern und Abtragen schufen endlich die Landschaft, die vorhanden, den tiefen Grund, auf dem Pflanzen, Tiere und Menschen geprägt werden: zumal durch territoriale Lage und Form auch das Wetter, das Klima nicht unwesentlich beeinflußt wird und seine Eigenheiten besitzt, die sich recht auffällig von den umgebenden unterscheiden.
All das bestimmt diese Gegend, prägender vielleicht, als man ahnt, unmerklich, da es länger währt als drei Menschenalter, länger als die älteste biblische Geschichte. Und weil alle späteren Ablagerungen der alten Meere und der danach fehlen, gehört dieser Ort seit dem höheren Unterkarbon zu den ältesten Festlandgebieten. Und er hätte gut und gern, weit vor dem Berge Ararat, der Arche Noah als Landeplatz dienen können. – Aber das ist Holzfällerlatein, gut für die Geschichten am warmen Ofen, abends in den langen Wintermonaten. Der Mensch kam erst später. Und da hinauf erst sehr spät. Und er ist, in historischen Zeiträumen gesehen (von geologischen ganz zu schweigen), noch nicht lange ansässig. Aber der Grund, der tiefe Grund mit all seinen naturgesetzlichen Bedingungen, hat ihn bereits geprägt. Und die Menschen des oberen Vogtlandes haben begonnen, ihr eigenes, ethnisches Bewußtsein zu entdecken.

Spuren im Schnee

Geben Gestein und Pflanzen bereitwilliger Auskunft, so verhält es sich anders, folgt man den Spuren der Menschen hinab in die Vergangenheit. Und dies gleicht tatsächlich einem Abstieg vom Berge; denn von den Niederungen aus wurde das obere Vogtland besiedelt: gleich allen Besiedlungsgeschichten der Menschheit. Nur die Götter steigen von oben herab.
In unserem Falle braucht man nicht allzuweit hinabzusteigen, und die Spuren menschlicher Existenz gleichen Spuren im Schnee, die der Wind noch in demselben Moment verwehte, in dem sie geschaffen wurden. Nur ein kurzes Stück ähnelt der Weg hinunter einem ausgetretenen Pfad. Schon nach einem Bruchteil histori-

scher Distanz verliert er sich in den dichten Wäldern der Berge und Täler, vor kaum vierhundert Jahren. Und erst am Rande des oberen Vogtlandes, dort, wo der Schnee seine Mächtigkeit wenig verloren hat, finden sich die Spuren der Menschen wieder, tiefer führend in die Vergangenheit, aber auch wegführend von diesem Winkel der Erde und seinem Grund.

Die Landschaft und besonders ihre geografischen Verhältnisse bewirkten eine unregelmäßige Besiedlung des oberen Vogtlandes. Vom Schwarzbach bei Markneukirchen (480 m ü. N.) steigt das Gelände nach Nord-Osten rasch an und überwindet bis zum Erzgebirgskamm bei Mühlleithen (15 km Luftlinie) einen Höhenunterschied von 420 Metern, streckt sich von dort als gering gegliederte Hochfläche bis Schöneck, wo es, steil abfallend, 320 Meter tief, zum Elstertal hin, endet.

Das Klima ist rauh, wie selten in vergleichbaren Höhen dieses Breitengrades. Ab 500 Meter herrschen gebirgsähnliche Zustände. Die Pflanzen belegen es am auffälligsten: Schneeglockenheide, Alpenzwergbuchs oder Höhenkiefer.

Der Boden, besonders auf Phyllit, ist sauer und kalt, lehmig und nährstoffarm. Die vorherrschenden Westwinde stauen sich im oberen Vogtland, bringen hohe Niederschläge und zuweilen Temperaturen bis zu −30 Grad, als Kältestau in den Tälern. Sind aber die Hänge, wie z. B. am Kapellenberg, vor Nordwinden geschützt, so ist die Klimabegünstigung wiederum recht auffällig, und ein Hauch von südlichen Regionen bleibt ahnbar, gleich jener kauzigen Bemerkung: »Das obere Vogtland sei das Sizilien des Nordens.« – Auch das ist Holzfällerlatein.

Tatsächlich aber wechselt das Bild der Vegetation des oberen Vogtlandes sehr stark. Auf relativ eng begrenztem Raum zeigt es sich als pflanzengeografischer Schnittpunkt, in dem sich, als Endstation ihrer Wanderungen, Pflanzengruppen der nordarktischen, südlichen und alpinen, der östlich festländischen und der atlantischen Region plötzlich nebeneinander wiederfinden.

Die alten Wälder waren Bergmischwälder, Rotbuchen-Tannen-Wälder verschiedenster Ausbildung, krautreich, wie man sagt. Und da, wo Basalt oder Hornblendschiefer den Untergrund aufbauen, ist vereinzelt noch heute ihr Artenreichtum zu sehen.[2]

Geografisch dicht beieinander lassen sich Fichten, Kiefern, Tannen, Birken, Buchen, Lärchen, Eberesche, Weide, Erle, Gemeine Esche, Stieleiche und der Bergahorn finden; weiter über 40 verschiedene Arten Phanerogamen und Farne, Purpur-Hasenlattich, der Gemeine Schneeball, Schwarze Heckenkirsche, Platanen-Hahnenfuß, Alpen-Milchlattich, Meisterwurz, Kratzdistel, Schwarze Teufelskralle, Akelei, Seidelbast, Bergwohlverleih, Roter Fingerhut, Sonnentau, Enziane, die

Schneeheide, 13 verschiedene Arten Orchideen, der giftige Aronstab, Mummel und weiße Teichrosen und noch einiges mehr.

Von den Tieren dieser Wälder leben heute noch Hirsch, Reh, Fuchs, Wildschwein, Eichhörnchen, Birk- und Auerhahn, Haselmaus, Edelmarder, Dachs und die anderen Ortes sehr seltene Schwarze Kreuzotter, die wir als Kinder zuweilen mit der schwarzen Blindschleiche verwechselten und manchmal in der Hosentasche mit uns herumschleppten – was gewiß nur zur Hälfte zu jenem Latein gehört, so wie jetzt noch des Nachts bei Vollmond die Wölfe vom Berge heulen. Aber diese hocken wohlverwahrt in den Gehegen des Klingenthaler Tierparks, falls sie nicht gerade entwischt sind und durch die Stadt streunen, die Leute an alte, sehr alte Zeiten erinnernd, an die Spuren im Schnee …

Diese Gegend scheint in den alten Zeiten für die Menschen ohne Interesse gewesen zu sein. Aber vielleicht erscheint es uns nur so. Bei Raun wurden das Stück eines Feuersteinkratzers und ein schuhleistenförmiges Steingerät der Steinzeitmenschen gefunden. Zuwenig, um von ansässigen, genug, um von durchziehenden Menschen zu sprechen. Für die Bronzezeit vervielfachen sich die Funde. Und ebenso in Raun fanden sich Erzstücke und Schlacke, Reste einer Eisenschmelze aus frühgeschichtlicher Zeit. Ob jene Menschen, die einst dazugehörten, alles andere Gerät oder die auch damals schon unvermeidlichen diversen Abfälle menschlicher Existenz fein säuberlich zusammenscharrten und mit sich nahmen, bleibt zu bezweifeln. Es war also mit Gewißheit mehr zugegen, als noch vorhanden ist. Was? Wer weiß. Das Bedürfnis nach entsprechenden Rohstoffen oder existenzieller Geborgenheit ist wohl älter als die bisherige Geschichtsschreibung. Nur mußten – im Gegensatz zu heute – die Rohstoffe leicht zugänglich sein und die Geborgenheit um so schwerer.

Die Erze lagerten an den Stellen, wo Magma in den Phyllit eingedrungen war und Granit gebildet hatte. Der Phyllit war schneller verwittert und abgetragen worden. Die Granitklippen ragten aus dem Boden und mit ihnen, an ihren Rändern Erze und Mineralien. Am Schneckenstein konnte man noch in meiner Kindheit, ohne sich bücken zu müssen, Topase mit der Hand pflücken.[3] Viel war gewiß nie zu holen. Aber wer weiß, wieviel man brauchte oder wie wenig schon Grund genug war?

Und die Geborgenheit?

Ohne Auto gelangt man noch immer nicht auf direktem Wege dahin. Und zuvor war es noch schwerer weg- und hinzugelangen. Reichtümer waren nicht zu holen, es sei denn, man brachte sie vorher mit.

Für manche Pflanzenart war das obere Vogtland Endstation ihrer langen Reise von Süden oder Norden her, von Westen oder Osten. Für die Menschen war es ein Durchgangsland. Und das schon sehr früh. Spätestens seit der Bronzezeit ist ein reger Verkehr von und nach dem Egerland vielfach zu belegen. Im Südwesten des oberen Vogtlandes, zu beiden Seiten des Kapellenberges verliefen zwei Wege. Einer im Gebiet von Aš (Asch) und Podkradi (Neuberg) ins Elstertal bei Adorf. Ein anderer, weiter östlich, von Skalná (Wildstein) über Landwüst und Sträßel ebenfalls hinab ins Elstertal. Nicht weit von dort, um Plauen (im Süden bis Oelsnitz reichend) entstand in spätslawischer Zeit der Dobnagau, etwa um das Jahr 1000. Weiter nach Süden, oder besser hinauf ins obere Vogtland, fehlen von einer dauernden Besiedlung auch archäologisch vor dem 13. Jahrhundert bisher jegliche Spuren.

Aber da waren die genannten uralten Wege durch das ursprünglich völlig vom Wald eingenommene Land.

Zu Beginn des 12. Jahrhunderts erreichte eine Siedlerwelle aus der Oberpfalz von Süden her die egerländischen, dem Bistum Regensburg zugehörigen Gebiete. Man gelangte bis ins Tetterweintal und das Tal des Schwarzbaches, der damals noch Alestra minor, Kleine Elster, genannt wurde. Später rückte man nach Norden bis ins Eisenbachtal vor. Diese Trennlinie bildete 1327 die Südgrenze der Herrschaft Voigtsberg, die die Vögte von Plauen in Besitz nahmen. Diese standen auch Pate für die Herausbildung des historischen Landschaftsnamens »Vogtland«, zu dessen Anfängen das Gebiet des oberen Vogtlandes nicht zählte.[4]

Des Teufels Glockenschlag

Schaut man von den warmen Stuben der Gegenwart hinab in die Vergangenheit, so neigt man gern dazu, auch das gefährlichste Abenteuer in einem romantischen Lichte zu sehen. Kälte und Hunger und unzählige andere Entbehrungen, die den Alltag bitter und das Herz hart machten, sind schwer vorstellbar. Und zuweilen gar erscheint in der Rückbesinnung des Teufels Glockenschlag wie das liebliche Läuten himmlischer Glöckchen. Aus der Hölle formt sich der Himmel. Speisen, wie Pfeffersuppe und Schwammespalken, aus der Not armer Küchen, durch die Kunst und den Einfallsreichtum kluger, der Not alltäglich trotzender Hausfrauen entstanden, werden über Nacht zu Delikatessen – doch längst nicht mehr so wohlschmeckend wie einst, weil der Hunger als Küchenmeister fehlt und die Zutaten immer zu reichlich geraten.

Das obere Vogtland wurde nicht besiedelt, weil der Reichtum am Wege lag und hinterm Berg sich ein Eldorado verbarg. Das vermutlich älteste Festland Europas war eines der letzten, auf dem der Mensch seßhaft wurde. Er ist nicht immer ganz freiwillig dahin gegangen.

Wurde das übrige Vogtland von Norden nach Süden durch Rohdung siedlungsmäßig erschlossen, wahrscheinlich durch Bauern aus dem östlichen Thüringen (teilweise schon seit dem 7.–8. Jahrhundert), so begann die Besiedlung des oberen Vogtlandes von Südwesten her durch Bauern aus der Oberpfalz, dem nördlichen Bayern und Franken (erst seit dem 12. Jahrhundert). Wobei die tiefer gelegenen, südwestlichen Regionen des oberen Vogtlandes zuerst erschlossen wurden, in Form von »Waldhufendörfern aus wilder Wurzel«. Es besteht bis heute in den Mundarten ein deutlicher Unterschied zwischen den Sprechweisen des Kernvogtländischen und denen des Südvogtländischen. Bis in die Gegenwart hat sich die Herkunft der ersten Ansiedler in der jeweiligen Mundart, hartnäckig und auf engstem Raume begrenzt, erhalten.[5] Wer da oben von Geburt an aufwächst, vermag am Klang der Worte zu erkennen, aus welchem Ort, ja aus welchem Tal oder von welchem Berge sein Gegenüber stammt. Daß dies indirekt noch von einem guten Gehör Zeugnis ablegt, wen wundert es?

Das Gebiet des Zwota- und Döbratales und das der oberen Mulde wurden zuletzt besiedelt, erst im späten 16. Jahrhundert. Es waren auch keine Bauern mehr, und es wurden keine Waldhufendörfer angelegt wie in der Gegend um Markneukirchen oder unterhalb Schönecks, sondern Streusiedlungen, die als Wäldler-, Bergmanns- und Hüttensiedlungen noch immer zu erkennen sind. Berg- und Hammerleute, Hüttenarbeiter, Holzhauer, Forstleute und Flößer, Köhler, Pechsieder, Glasmacher, Schmiede waren in der Hauptsache die Siedler.

»Nachdem die Landesgrenze zwischen Sachsen und Böhmen 1569 letztmalig korrigiert worden war, ließ der sächsische Kurfürst August I. 1572 Grenzsteine setzen und Lachterbäume durch Kerben kennzeichnen. Dann bezog er den neuen Landesteil in die Versorgung Kursachsens mit Eisen ein und privilegierte den Bau von Gießhütten und Hammerwerken. Damit begann die Erschließung der Waldtäler der Zwota und des Klingenthaler Grundes.«[6] Und es begann das Abtragen der Erze und das Abholzen der Wälder. Bereits 1595 mußte die Holzordnung von allen Waldbesitzern verlangen, auf Blößen und Leiten Birken-, Tannen- und Fichtensamen einzubringen.

Der Landesausbau hat sich seit der letzten sächsisch-böhmischen Grenzkorrektur im wesentlichen nicht mehr verändert, aber die Flora der Landschaft. Man brauchte Holz für die holzarmen Landstriche Sachsens, für die Kohlenmeiler, um Holzkohle für die Hütten zu gewinnen, Holz für die Bergwerke usw. Von den alten Wäldern ist kaum etwas übriggeblieben. Die Wälder, die wir jetzt im allgemeinen dort erleben, sind Fichtenaufforstungen des 19. Jahrhunderts. An ihrem Bestand läßt sich leicht das Ausmaß der vorangegangenen Abholzungen ermessen: Berge und Täler müssen fast kahl gewesen sein. Man hatte mit großem Aufwand Floßgräben durchs Gebirge geschaffen, imposante Bauwerke noch heute.

In den Tälern gab es Erz- und Glashütten und Hammerwerke. Und es läßt sich die Behauptung nicht von der Hand weisen, daß die Menschen damals letzeres nicht nur als die Schmieden des Vulkan empfanden, sondern wohl noch mehr als den Glockenstuhl der Hölle.

Markneukirchen hatte bereits um 1350 Stadtrecht erhalten, und Schöneck besaß ab 1370 durch Kaiser Karl IV. städtische Privilegien. Klingenthal dagegen wird als Ort erst 1589 genannt, als ein Magdeburger namens Samuel Fischer, der Besitzer des Alaun-, Schwefel- und Vitriolwerkes in der Helle auf der Kottenheide war, das Privileg erhielt, im Hellgrund, am Zusammenfluß der Zwota und Döbra, einen Eisenhammer zu errichten.[7] Durchs Tal führte damals eine vielbefahrene Straße von Glauchau nach Graslitz in Böhmen. Die kleine Siedlung um den Hellhammer fand 1604 erstmalig als Klingenthal Erwähnung. Der damalige Besitzer des Hellhammers hieß Nicol Klinger. Und deshalb glaubt man, den Namen Klingenthal auf ihn zurückzuführen. Doch es liegt viel näher, den Ortsnamen von »Helle«, »Klinge« abzuleiten, also Höllental.[8] Erinnert man sich gar an die Schwarmbeben, die diese Landschaft immer wieder heimsuchen, mit ihrem untergründigen, langgezogenen Grollen, dem kurze, harte Erschütterungen folgen, die das Geschirr in den Schränken zum Tanzen bringen, dann fällt es nicht schwer, davon auszugehen, daß die Leute eher an des Teufels Heimstatt glaubten als an himmlische Dinge. Zumal die Landschaft rauh genug und das Leben voller Entbehrungen war. Vom Geruch der Alaun-, Schwefel- und Vitriolwerke ganz abgesehen.

Vom Leibhaftigen selbst blieben die Täler der Zwota und Döbra verschont. Da hinauf und hinab war es selbst dem Teufel zu beschwerlich, der dafür in Gestalt des berüchtigten kaiserlichen Generals Holk im Dreißigjährigen Krieg Markneukirchen und Schöneck und deren benachbarte Ortschaften um so schlimmer heimsuchte.

Kurz nach dem Eintritt Sachsens in den Krieg[9] verwüstete er Markneukirchen gleich zweimal und malträtierte die Schönecker nicht weniger.

Markneukirchen, vermutlich vom Ritter Albertus Nothaft de Wildenstein als bäuerliche Siedlung gegründet, später als Pfarrort »Newenkirchen« genannt, im 14. Jahrhundert im Volksmund noch immer als »Nothaft« bezeichnet, erhält bereits, wie schon erwähnt, 1350 als Markt Neukirchen das Stadtrecht. Die Geschichte dieses kleinen Ackerbürgerstädtchens schien anfangs ohne Besonderheiten zu verlaufen, bis 1430 eine Feuersbrunst die 62 Häuser vernichtete. Und das sollte noch öfters geschehen.

Was Stadtbrände angeht, so hielten die Schönecker wacker mit. Ursprünglich war es eine deutsche Burggründung im sorbischen Grenzgebiet. 1225 wird ein Albertus de Schonegge erwähnt, ein Dienstmann der Plauener Vögte, und 1301 das Schloß, das von einer Siedlung umgeben sein mußte, denn 1370 erhält die »Stadt unter Schoenegg« durch Kaiser Karl V., König von Böhmen, jene städtischen Privilegien: Befreiung von Steuern und Heerfahrt. Entscheidend war dabei die uneingeschränkte Holznutzung, die vor allem in den folgenden Jahrhunderten den Schöneckern ein, wenn auch geringes, Ein- und Auskommen durch Pechgewinnung und Holzkohlenbrennerei gab. Dafür sollte dem Landesherrn bei seinem Erscheinen stets ein neuer, hölzener Becher mit fünf Pfund schwäbischen Hellern gereicht werden.

Der Ort war nie befestigt und lag zudem weithin sichtbar am Rande der Schönecker Stufe. Es ist die höchstgelegene Stadt des Vogtlandes (700–800 m ü. N.), durch die ungehindert die West- und Nordwinde pfeifen. Und es war immer die gefährdetste Ortschaft des oberen Vogtlandes, an der kaum ein Plünderer vorüberzog, so daß des Teufels Glocken recht oft zu hören waren. Die Ergebenheit eines Bürgermeisters von Rothenburg ob der Tauber, der sich lieber fast zu Tode soff, um seine Stadt vor der Verwüstung durch die Schweden zu retten, ist mir, gemessen am Stolz und Humor der oberen Vogtländer, nicht ganz vorstellbar. Doch zwei Anekdoten fallen mir dabei ein, die zwar historisch weit auseinander liegen, jedoch in ihren Pointen auch gut und gern in einem hätten geschehen können: Vom berüchtigten General Holk erzählt man, er habe, als ihm die Schönecker den hellergefüllten Becher überreichen wollten, diesen dem Bürgermeister aus der Hand geschlagen mit den Worten: »Nix Heller, Dukat, Magistrat!«

Die stille Antwort erlebte ich selbst Jahrhunderte später. Ich sollte im Elektrogeschäft etwas besorgen. Im Laden mußte ich eine ganze Weile warten, weil sich der Meinel Otto und die Glaß Martha alles mögliche zu erzählen hatten. Als plötzlich die Ladentür aufging und ein forscher Berliner hereinkam, und im feinsten Deutsch frug: »Entschuldigen Sie bitte. Haben Sie Kabel?« (Er sprach das »sie« in Großschreibung.)

»Nein, hammer net!«, entgegnete der Verkäufer. »Genne Se moll nebn ah, die verkaafn Öfn. Velleicht hamm die wos.«
»Entschuldigen Sie bitte. Sie haben also kein Kabel«, sagte der Berliner und verschwand.
Der Meinel Otto war ganz aufgeregt und rief: »Wos, Karl, du host kaa Kabl?«
»Freilich ho ich Kabl«, beruhigte ihn der Karl. »Des ganze Loger ho ich voll Kabl.« (Und jetzt kam die Antwort.) »Aber weil der so gscheit gfreegt hot, kriegt'r nix!«
Vom alten Söll jedenfalls, einem Bergsporn, auf dem sich einst ein Bergfried befand, der zur Schönecker Burg gehörte, hat man den schönsten, weitesten Blick über das umliegende Land. Leider war man halt selbst ebenso weithin zu sehen. Das obere Vogtland muß beileibe keine Idylle gewesen sein, als zur Mitte des 17. Jahrhunderts der Klang der »Helle« oder »Klinge« seine Bedeutung langsam zu verlieren begann und andere, lieblichere Klänge ins rauhe, eigentümliche Land kamen ...

Klingende Täler

Bis hierher will ich es mit der Vorgeschichte des Musikwinkels belassen. Manches wäre ihr noch hinzuzufügen, aber sie bliebe trotzdem voller Vermutungen, so wie es die weitere Geschichte noch eine Weile bleiben wird. Zu verzweigt reicht der Grund hinab, um ihn gänzlich zu beleuchten.
Klingenthal lag zu Beginn des 17. Jahrhunderts in den frühesten Anfängen seiner Ortsgründung, und Markneukirchen und Schöneck wurden so oft und so gründlich ein Opfer der Flammen, daß nicht nur die Leute immer wieder ihr Hab und Gut verloren, sondern ebenso ihre Geschichte und (da es nicht selten auch ans Leben ging) viele ihrer Geschichten. Denn wie sagen die einen: Quod est non actis non est in mundo. (Nur was aktenmäßig festgelegt ist, kann als sicher gelten.) Die Akten aber waren im häufigsten Falle in den Flammen der Ortsbrände dahingegangen. Mir selbst fehlt aus Erfahrung diese uneingeschränkte Aktengläubigkeit. Bis in meine Kindheit hinein galt unter den einfachen, akademisch meist benachteiligten, aber im Bezug auf ihr Leben, die Natur und ihr Handwerk kenntnisreichen Menschen des oberen Vogtlandes ein gegebenes Wort mehr als beschriebenes Papier. Aber auch das würde ich nicht gänzlich verallgemeinern, so wie man das obere Vogtland nicht völlig losgelöst von Städten wie Plauen, Reichenbach, Auerbach, Falkenstein, Rodewisch oder böhmischen Orten wie Eger, Graslitz und all den anderen erklären kann. Gemeinsame Wurzeln und engste Verbindungen ließen sie immer beteiligt sein an der Geschichte des anderen.
Der Grund aber, der tiefe Grund mit allen seinen territorialen Begleiterscheinungen isolierte doch immer wieder das obere vom unteren Land, machte ersteres weniger begehrenswert, beschränkte die Leute des oberen auf sich selbst, bewahrte alte und schuf neue Eigenheiten.
Zur Mitte des 17. Jahrhunderts hin waren beträchtliche Teile der Wälder abgeholzt, zu Holzkohle verarbeitet, verbrannt, verbaut, weggeflößt. Viele Ortschaften und die Städte Markneukirchen und Schöneck durch den Dreißigjährigen Krieg verwüstet. Und beim Rückzug des Generals Holk war auch noch die Pest ausgebrochen. Und doch zog dieser Erdenflecken damals etwas an und ließ es nicht mehr los, das im Denken und Fühlen der Menschen gern mit dem Glück in Verbindung gebracht wird: die Musik. Wie sehr sie auch dem Schmerz verbunden ist, davon könnten die Alten des Musikwinkels genug Geschichten erzählen, denen wiederum die Jungen freilich nur mit Skepsis lauschen würden; so schnell vergißt es sich. Und so spricht

man auch noch nicht lange mit nostalgischem Blick von den klingenden Tälern, obwohl sie nun gut und gern seit über 300 Jahren diesen Namen verdienen und sich damit auf eine Tradition berufen können, die derart in der Welt nicht ihresgleichen hat.

Woher die ersten Musikinstrumentenmacher letztendlich kamen, ist noch immer umstritten. Die Gegend besaß bei allen Nachteilen wohl eine ganze Reihe von Vorteilen für das Musikinstrumentenmacherhandwerk. Es gab Bauern, um sich mit Lebensmitteln zu versorgen. Es gab die notwendigen Holzarten[10] und holzverarbeitende Gewerke. Es gab Schäfereien und damit Darm für die Saiten. Es gab Metalle und metallverarbeitende Handwerke. Es gab Leder und sogar Papier für die Etuis. Es gab Schwefel-, Pech- und Harzverarbeitung und damit Rohstoffe für Terpentin, Firnisse und Lacke. Es gab sogar in einigen Flüssen Perlmuttmuscheln und dazu eine recht bedeutende Perlenfischerei. Es gab durch die Hütten- und Hammerwerke, die Holz-, Erz- und Papiermühlen kein schlechtes Ingenieurwesen und Handwerker für Werkzeuge. Es gab nahe liegende Handelswege und durch die Adorfer Kärner u.a. ein erfahrenes, weitreichendes Fuhrmannsgewerbe für den Ex- und Import von Waren und fehlenden Rohstoffen. Und es gab im Barock einen Aufschwung in allen Bereichen der Musikpflege, vor allem dem Orchesteraufbau; nicht zuletzt gerade in Sachsen. Es gab eine Bevölkerung, die dem Handwerk schon aus natürlichen Notwendigkeiten und eigener Tradition stets nah und aufgeschlossen gegenüberstand. Und es gab zwischen all dem Platz zum Siedeln. – Gewiß gab es diese Dinge nur selten im Überfluß. Jedoch welche Gründe auch immer dazu führten, daß Musikinstrumentenmacher ansässig wurden, die Voraussetzungen dafür waren in einer Vielzahl halt schon vorhanden.

Exulanten. Aber woher?

Wollte man von Graslitz in den Hellgrund, so ging man linker oder rechter Hand der Zwota. Bei Westwind konnte man schon nach wenigen Wegminuten das Geläut des Hellhammers hören. Wer eine feine Nase hatte, spürte darin zusätzlich den Geruch der Alaun- und Vitriolwerke und manchmal die Holzkohlenfeuer der Glashütten. Der Weg war kurz und ohne Hindernisse zu passieren. Gänzlich ungefährlich war er trotzdem nicht. Zwei schmale Täler stießen erst rechts und dann links vom Gebirge her auf den Weg. Einem Luchs zu begegnen war das geringste Übel. Schlimmer war es, verirrten sich Bären oder Wölfe die Täler herab; besonders in langen, schneereichen Wintern, wenn die Tiere, vor Hunger halb närrisch, auch vor dem Menschen nicht haltmachten. Dann hieß es, die Beine unter die Arme nehmen, um hurtig den Hellhammer zu erreichen, der frei lag, weil die Bäume drum herum längst verbraucht waren, so wie im Norden schon mancher Berg seine Höhen wie ein kahles Haupt den Sternen entgegenhielt. Nicht immer, aber meist kam man mit dem Schrecken davon. Wer da oben lebte, war hart gesotten und nicht nur im Notfall – sondern von Orts wegen – gut zu Fuß.

Auf den Kirchweihfeiern (aber auch zu anderen Gelegenheiten, man feierte gern) wurde nicht nur das Tanzbein verwegen gehoben und die Kehle mit Gesang und Trank traktiert, es kam auch regelmäßig hernach zu mordsmäßigen Raufereien, so daß es in den Jahrhunderten immer wieder Verbote hagelte. Aber, wie der schlimmste Eishagel selbst, blieb dergleichen ohne sonderliche Wirkung aufs Gemüt und auf die Bräuche.

Das Gut Klingenthal war 1621 in den Besitz der Nürnberger Familie Boxberg gelangt. Sie besaßen 1628 auch den Hellhammer. Man munkelte, daß das verrufene fränkische Raubrittertum auch den Boxbergern nicht ganz unbekannt gewesen sei. Es hat aber niemals Beweise dafür gegeben. Und die Räubereien auf der Straße von Adorf nach Eger gingen (dank der Schlauheit des Adorfer Richters Enders von Bach) schon immer zu Lasten der Egerländer. Im Dreißigjährigen Krieg dann war ohnehin nicht mehr auszumachen, wer wem unter Gottes freiem Himmel das Fell über die Ohren zog.

Im Hellgrund standen nur ein paar Hütten. Und das Gutshaus, auf halber Höhe am Rande des Grundes gelegen, war bescheiden. Doch man war festen Willens, es nicht dabei zu belassen.

Am 19. Juni im Jahre 1659 fanden Verhandlungen in Voigtsberg statt. Exulanten wollten sich in Klingenthal niederlassen: »Es hätten sich unterschiedene Lutherische Leute, so bei Mittelwären gegen die Gemeinde erklärt, wo etwas Befreiung, nebst dem Stadtrecht zu erhalten wäre, daß sie in Klingenthal sich einlassen und bauen wollten. Sie wären Vertriebene, so sich teils in dem Bergstädtlein Fripas 1 Meile von ihnen gelegen, teils in Gresslas und Markgrafentum wo aufhielten, z. T. wollten Leute von den Hämmern dahinziehen.«[11]

Man vermutet, daß Musikinstrumentenmacher darunter waren. Was nicht bewiesen ist. Und wenn?

Woher sie kamen, bleibt umstritten.

Wohl mehr aus Verlegenheit und weil es territorial das Nächstliegende ist, hat man sich im Laufe der Forschung daran gewöhnt, die ersten Geigenmacher, und damit die vermeintlichen Urheber der Musikinstrumentenherstellung im oberen Vogtland, aus Böhmen kommen zu lassen. Zwischen 1604 und 1621 wimmelte es zwar von Leuten aus Kärnten, Salzburg und Tirol in der Gegend. – Quod est non actis non est in mundo. Aber nein. Böhmen liegt näher. Auch diente anfangs die Stainer-Geige mit der hochgewölbten Decke und ihrem charakteristischen Klang als Vorbild für die frühen vogtländischen Geigen. Aber nein. Warum in die Ferne schweifen. Vielleicht – besagt gar eine andere, eigenwillige Theorie – waren es überhaupt keine Handwerksmeister, sondern nur ein Instrument, das sich in die Gegend verirrte. Und in den langen, langweiligen Wintermonaten bauten und bastelten es die handwerksgeübten Vogtländer nach, um so ganz aus eigener Kraft eine Jahrhunderte währende Tradition zu entwickeln. – O ihr Geschichten an warmen Öfen! Oft ist das Unwahrscheinlichste gerade das Eigentliche. Aber es spricht zu vieles dagegen. Dann schon lieber Böhmen. Immerhin steht auf der Liste der Gründer der Markneukirchner Geigenmacherinnung der Name Pöpel. Was direkte Beziehungen zu Geigenmacherwerkstätten in Plana und Prag zuläßt. Es steht allerdings auch viermal der Name Schönfelder darauf. Und bereits um 1560 wird ein Lautenmacher Namens Nicola Sconvelt (Schönfeld) in Bologna erwähnt. (Unter den berühmten italienischen Lautenmachern des 16. Jahrhunderts waren viele Deutsche.) Vor 1600 gibt es fast nur und vor allem sehr viele Geigenmacherwerkstätten in beinahe allen norditalienischen Städten und innerhalb Frankreichs in Marseille, Lyon, Mirecourt, Paris, Nancy. Caspar Tieffenbrucker aus Füssen (1514–1571), in Italien Casparo Duiffoprucar genannt, war u.a. auch in Paris und Lyon. Ihm wird zuweilen die Erfindung der Violine zugeschrieben. Um 1600 erlebte dann die Geigenherstellung eine regelrechte Explosion. Schon vor 1650 lassen sich in ganz Europa Geigenmacherwerkstätten nachweisen. Der Bedarf an Streichinstrumenten muß einen enormen Aufschwung genommen haben, der von den Meistern der Meister allein nicht mehr zu befriedigen war. Die gewaltige Nachfrage drängte förmlich nach einer umfangreichen Produktion. Vor allem in Süddeutschland und Österreich sind die zunehmenden Werkstattgründungen vor 1650 auffallend, auch in Böhmen. Dabei wird man noch bis weit in das 17. Jahrhundert das Lautenmacherhandwerk nicht generell vom Geigenmacherhandwerk trennen können. Und von ersterem gab es in Süddeutschland und Österreich oder Tirol bereits sehr alte Traditionen mit gutem Rufe. Auch die vogtländischen Geigenmacherinnungen verlangten von ihren Mitgliedern laut Innungssatzung die Herstellung wenigstens dreier Instrumente. So die Markneukirchner Innung: Diskantgeige (Violine), Lister (lautenähnliches Instrument) und Gambe; die Klingenthaler Innung: Geige, Laute und Davidsharfe.

Es ist also nicht einmal sicher, ob es ein Streichinstrument oder ein Zupfinstrument war, das im Vogtland den Anfang machte. Gewiß ist nur, daß man sehr schnell fast ausschließlich zuerst von der Geige spricht.

Mit rein politischen Gründen läßt sich der zunehmende Bedarf an Geigen eben nicht allein erklären. Für die Abwanderung von Handwerkern aus rekatholisierten in protestantische Gebiete hat allerdings die Gegenreformation schon einen gewichtigen Anteil.[12]

An den Lebensgewohnheiten und vor allem der Mundart änderte der Zuzug der Exulanten nichts. Sei es, daß es zu wenige waren oder ihre Bräuche nicht viel anders. Die Gegend zwang ohnedies, sich anzupassen. Der Grund, der tiefe Grund bestimmte die Regeln. Er, mit seinen natürlichen und traditionellen Voraussetzungen und seinen politischen Besonderheiten, war sowohl für einen expansiven Musikinstrumentenbau geeignet als auch für Exulanten. Und davon kamen dahin die ersten bereits am Anfang des 17. Jahrhunderts aus Kärnten, Salzburg und Tirol. Daß man dort schon längst Saiteninstrumente baute, sollte dies ein unbedeutender Zufall sein? Oder die Jahrhunderte alten, aus gemeinsamer Abkunft stammenden engen Beziehungen zum süddeutschen Raum, wo ebenfalls seit langem Instrumente gebaut wurden? Italiener waren zu Beginn jenes Jahrhunderts ja auch noch in der Gegend. Das Gut Klingenthal gehörte, wie schon erwähnt, Nürnberger Kaufleuten. Und diese mußten daran interessiert gewesen sein, ihr Gut durch Ansiedlung von Handwerkern attraktiver zu machen. Auch in Nürnberg baute man bereits Saiteninstrumente, insbesondere Geigen … Quod est non actis non est in mundo! Aber wie war es wirklich?

Bergauf, bergab …

Nicht selten hat an einem Ort etwas begonnen, das an einem anderen Ort dann scheinbar seinen Anfang nahm, glaubte man allein der Weisheit verstaubter Akten. 1677 wird die Markneukirchner Geigenmacherinnung gegründet. Das ist das gesichertste Datum für den Anfang einer bisher einmaligen Tradition in der Musikinstrumentenproduktion. Und da dies weltweit gilt, kann man es als Nebensache betrachten, ob nun zuerst in Klingenthal oder Graslitz oder Markneukirchen der erste Musikinstrumentenmacher ansässig wurde und vor allem ein Instrument baute. Es könnte ja auch Fripus gewesen sein.

Der erste namens Schönfelder wird im Klingenthaler Lehnbuch 1647 als Bäcker genannt. Was besagt das schon. Alle besaßen immer mehr als eine Beschäftigung. – Die Pfeifen, die wir als Kinder aus den Zweigen des Vogelbeerbaumes schnitzten, wurden in damaliger Zeit bestimmt ebenso von den Vätern und Söhnen gemacht: Will ich meinen, auch auf die Gefahr hin, ein wenig Holzfällerlatein unter die Leute zu bringen.

Daß die Innungsgründung in Markneukirchen nur der Anfang, aber nicht der Beginn war, dafür sprechen, neben den bereits genannten, eine Reihe anderer Umstände.

Vor allem war eine Innungsgründung nicht die generelle Voraussetzung, um Musikinstrumente herzustellen. Es war ein Schutzbedürfnis bestimmter, schon gewachsener Interessen im nachhinein. Zum einen, um unliebsame Konkurrenten im Zaume zu halten, zum anderen, um das Qualitätsniveau der Produkte zu garantieren. Welcher der beiden Gründe den Vorrang hatte, ist nicht immer festzustellen, nur, daß sie im Laufe dieser Geschichte in ihrer Bedeutung schwankend waren. Zum anderen, es wären keine fränkischen Nachkommen gewesen, hätte alles gänzlich ohne Streit, Rivalität und Rauferei um Vorrechte seinen Lauf genommen. Ein wenig rauhbeinig war man schon des tiefen Grundes wegen. Gewiß, alles mit der ureigenen Herzlichkeit, die da oben geradezu sprichwörtlich besteht, und nur Auswärtige konnten und können sie zuweilen ein wenig mißverstehen. Man ist halt geradezu, und das harte Leben zwang jeden, ständig der Erste zu sein.

Es läßt sich nicht beweisen und auch nicht widerlegen, aber es läßt sich nicht ganz unbegründet behaupten, daß im Hellgrund von Beginn an Saiteninstrumente gebaut wurden und damit auch Geigen, obwohl dort die Gründung einer Geigenmacherinnung erst 1716 geschah. In Graslitz war die Innungsgründung bereits 1669 geschehen. Ich glaube, hinter den Anlässen dieser Innungsgründungen liegt überhaupt das Geheimnis verborgen, wodurch im oberen Vogtland eine dermaßen lange Tradition der Musikinstrumentenmacherei entstehen und vor allem bestehen konnte. Und daß ihre Eigenheiten den Qualitäten ihres tiefen Grundes so ähnlich sind, halte ich nicht für zusammenhanglos, denn diese Tradition ist nur zu erklären, weil eben sehr viele Notwendigkeiten dafür günstig aufeinandertrafen; so ungünstig es mitunter für den einzelnen auch war.[13] Die Orgelbauerwerkstatt Trampeli in Adorf, die schon 1625 unter dem Namen ihres Gründers Caspar Kerll aus Joachimstal existiert, erlangt unter der Leitung der Brüder Trampeli eine führende Position; Johann Gottlob Trampeli (1742–1812) galt nach dem Tode Gottfried Silbermanns als der bedeutendste Orgelbauer seiner Zeit. Dann hält sich die Werkstatt recht und schlecht, vom alten Ruhme zehrend, noch eine kurze Zeit und verschwindet. Kirchenorgeln z. B. sind als Massenprodukt nicht vorstellbar. Die

Qualität bleibt dort unanfechtbar, der handwerkliche Aufwand ist ansonsten ohne benötigte Rentabilität für Produzent und Konsument. Das notwendige Talent im Handwerk läßt sich (nach Erfahrungen auf diesem Gebiet) nicht unbegrenzt vererben oder mit technischen Mitteln vollständig standardisierend ersetzen. Dergleichen Handwerke sind also an eine Leistungshierarchie gebunden. Mit einer Personalhierarchie ist ihnen nicht beizukommen, es sei denn, man reduziert die Qualität auf Normen, die sich im industriellen Sinne standardisieren lassen.

Die Besonderheit in der Lebens- und Produktionsform der vogtländischen Musikinstrumentenmacher bot beiden Leistungsformen von Anfang an Daseinsmöglichkeiten. Wobei letztere naturgemäß den größeren, leider zu oft auch alleinigen Anteil besaß. Doch war über die Form der Standardisierung auch eine Produktion möglich, wenn es an gestandenen Handwerksmeistern mangelte. Und so läßt es sich auch erklären, warum im Laufe der Jahrhunderte im Musikwinkel so gut wie alle europäischen Musikinstrumente und noch einiges mehr hergestellt wurden, in einem zwar immer währenden Bergauf und Bergab und häufigem Streit der Meister mit den Pfuschern und umgekehrt. Wobei die Nähe oder Ferne der Absatzgebiete nie eine Rolle gespielt hat. – Will man ein gutes Instrument haben, so geht man weit. Und will man ein billiges verkaufen, so macht man es ebenso.

Von Beginn an spielen die Händler, die »Fortbringer«, wie sie im Volksmund genannt wurden, eine entscheidende Rolle. Bereits 1681 wird ein Händler in die Markneukirchner Innung aufgenommen. Die Händler beeinflussen im weiteren sehr oft die Entwicklung, bringen von ihren Reisen neue Instrumente mit zum Nachbau, organisieren den Import von Rohstoffen und den Export der fertigen Produkte oder, wie es bald auch geschehen sollte, den Im- und Export halbfertiger Instrumententeile. Zur Mitte des 19. Jahrhunderts z. B. bezogen italienische Gitarrenbauer in Südamerika für ihre Produktion Korpusse aus Markneukirchen ...

Zunächst aber, zum Beginn, wurde tatsächlich alles aus eigener Kraft und eigenen Rohstoffen gefertigt, wobei Instrument und Zubehör in einer Werkstatt entstanden: z. B. Geige, Bogen, Saiten, Kolophonium. Auch Leim und Lack wurden selbst hergestellt.[14]

In Markneukirchen lebten und arbeiteten die Handwerker auf engem städtischem Raum. In Klingenthal dagegen, der Wäldler- und Glasmacher-, Berg-, Hütten- und Forstarbeitersiedlung, lagen die Anwesen der Musikinstrumentenmacher verstreut und oft weit auseinander. Nicht jeder war ausschließlich Musikinstrumentenmacher, sondern manche betrieben dieses Handwerk nur nebenher, ebenso wie das Klöppeln und anderes. Dabei war immer die ganze Familie in den Arbeitsprozeß mit einbezogen. Für den Bau der Instrumente war man auf sich selbst gestellt. Man kaufte die Rohstoffe, baute und verkaufte die Instrumente an die Händler, die diese in einer Art Verlagswesen absetzten. Mitunter, bei besonderer Qualität, wurden die Instrumente auch direkt von der Werkstatt aus vertrieben, wie z.B. bei den Klingenthal-Quittenbacher Meistern Andreas und Friedrich Hoyer oder der Hopf-Schule, deren Geigen, mit ihrem vollen, tragenden Klang, noch immer einen herausragenden Ruf besitzen.[15]

Gerade die Unterschiede in der Qualität der Instrumente führten häufig zu Zwistigkeiten. Die meisten der Händler waren in Markneukirchen ansässig. Und es scheint, daß die dortigen Musikinstrumentenmacher besonders unter deren Druck standen und gezwungen waren, auf Menge zu arbeiten. Außerdem waren sie darauf bedacht, die Geheimnisse des Handwerks möglichst für sich zu behalten. 1766 erhob die Markneukirchner Innung Klage: Man solle in Klingenthal die Innung der Geigenmacher, Schneider und Schuster aufheben, da sie das Handwerk ins Ausland verschleppten, indem sie Lehrbuben aus Böhmen beschäftigten. Die Klingenthaler Geigenmacher argumentierten dagegen: Es eigne sich nicht jeder zum Geigenmacher, und weil man deshalb gezwungen sei, sogar die eigenen Söhne zurückzuweisen, würde es andererseits zu einem Nachwuchsmangel kommen. Wer von der Kunst des Instrumentenbaues ein wenig versteht, weiß, wie recht die Klingenthaler Geigenmacher hatten. Nur mit dieser Haltung und Kenntnissen des Handwerks waren Instrumente wie die Hopf-Geigen möglich.[16] Aber eben nur wer das nötige Talent und die diffizilen Kenntnisse besaß, konnte sich eine derartige Haltung leisten. Das Leben war hart geblieben. Und wer ohne die großen Fertigkeiten überleben mußte, war halt zu gröberen Mitteln gezwungen, auch, wenn sie bei Lichte besehen letztendlich unsinnig blieben. 1721 nahmen Markneukirchner Innungsmitglieder unter Beihilfe des Rates einem Klingenthaler Geigenmacher die Instrumente weg, die dieser einem Markneukirchner Händler verkaufen wollte, und verlangten obendrein ein Strafgeld. Der kurfürstliche Entscheid billigte das nicht. Dort sah man den freien Handel beeinträchtigt und damit die Steuereinkünfte. Einige Markneukirchner aber ließen nicht locker. Noch in der Mitte des 19. Jahrhunderts vermerken die Jahresberichte der Handwerks- und Gewerbekammer in Plauen, daß von Markneukirchner Seite aus das Klingenthaler Gewerbe bewußt geschädigt würde, indem überseeische Einkäufer mit dem Hinweis auf die schlechten Verkehrswege und durch Verächtlichmachung der Klingenthaler Erzeugnisse von einem Besuch in Klingenthal abgehalten würden. Viel böses Blut hat es darum gegeben. Als aber 1861 per Gesetz die Allgemeine Gewerbefreiheit in

Sachsen verkündet wurde, hatte sich das Blatt wieder gewendet, und es waren die Markneukirchner Innungen, die verzweifelt versuchten, das Musikinstrumentenmacherhandwerk aufrecht zu halten und die Streichinstrumentenherstellung bis in die heutigen Tage zu bewahren, die ja in Klingenthal längst nicht mehr existiert. Daß es noch den Künstler gibt unter den Meistern, war im wesentlichen ihr Verdienst. Man ist sich also nichts schuldig geblieben und kann den Streit dort belassen, wo er hingehört, in der Geschichte, denn neben den Auseinandersetzungen zwischen den Ortschaften gab es die zwischen den Familien. Die Härte des Alltages und das Auf-sich-selbst-gestellt-Sein im Handwerk schweißte die Familien bis ins letzte Glied zusammen, schuf Geschichten, wie sie in allen Zeiten und an allen Orten von den Menschen zelebriert werden, und ich erwähne dies nur, um zu zeigen, wie menschlich es hinter dem göttlichen Handwerk zuging. Das Außergewöhnliche vollzog sich in anderer Gestalt.

»Bis Amerika wollen wir unsere Instrumente leicht bringen,
wenn wir nur erst in Oelsnitz sind!«

Beachtet man, wie sich auf engstem Kreise und den Meter Mundarten und andere Eigenheiten voneinander abgrenzen und gut ein Jahrtausend erhalten haben, so ist es, mit aller Bescheidenheit behandelt, schon erstaunlich, wie schnell sich das Musikinstrumentenhandwerk entwickelte und welch großer Radius weltweiter Beziehungen von diesem kleinen, abgelegenen Winkel aus gezogen wurde. Einerseits achtete man aus Gründen des Selbstschutzes bis auf das äußerste auf Abgrenzung nach außen. Andererseits gehörte man zu den Weltreisenden der Zeit. Fremde Einflüsse auf Sprache und Lebensgewohnheiten wurde nur selten und zögernd zugelassen, während im gleichen Atemzuge alles Neue an Instrumenten erkundet und herangeschafft wurde, wenn es dem Handwerk diente. Neben den sturen Traditionalisten standen immer auch die regen, aufgeschlossenen, weltmännischen Geister, die das Rad bewegten, das die anderen instand hielten. Reichte bei den einen der Verstand nur von einem Berg bis zum anderen (und die Täler sind eng da oben), so sahen die anderen um so weiter. Es war wie mit den Frauen. Wenn!, dann sind sie rassig und klug und schwer zu halten. – Die Enge taugt immer, um Temperamente explodieren zu lassen …

Einer Explosion glich auch der Aufschwung der Musik im 17. und 18. Jahrhundert. Nicht nur die Geige erlangte in Form und Klang ihre Vollendung, auch andere Musikinstrumente folgten, und eine Vielzahl neuer kam mit der Zeit hinzu. Die

Orchester wuchsen in der Anzahl der Musiker und Instrumente. Und mit ihnen das höfische, bürgerliche, institutionelle und private Musikleben. Eines bedingte das andere.

Ab Mitte des 18. Jahrhunderts ist für das obere Vogtland der Bau von Blechblasinstrumenten nachweisbar. 1798 wird die »Gesellschaft musicalischer Instrumenten-Mechanici« gegründet. Ihr gehören 11 Waldhorn- und 7 Pfeifenmacher an.

Die Vervollkommnung des Instrumentenzubehörs schafft neue Meisterbereiche wie die Saitenmacher. Viele Leute hatten längst mit Versuchen begonnen, die Qualität der Saiten zu verbessern. 1760 gar reiste ein Markneukirchner Händler nach Italien, um die dortige Saitenherstellung zu studieren und die Gedärme der Abruzzenschafe zu prüfen.[17] 1770 gelingt dem Akziseinspektor Israel Kämpffe die entscheidende Verbesserung. Wie sehr sie alle, ob nun vom Fache oder nicht, beteiligt waren, zeigt sich z.B. auffallend in den ursprünglichen Berufen der Gründer der Saitenmacherinnung: 3 Geigenmacher, 4 Instrumentenhändler, 1 Müller, 1 Tuchmacher, 2 Papiermacher. – Die Satzungen gerade dieser Innung waren besonders streng, es herrschte höchste Qualitätskontrolle. Ihre Saiten wurden weltberühmt …

Zu den Saiten- kamen die Bogenmacher. Nachdem in Frankreich François Tourte die Vollendung des Geigenbogens gelang, löste sich auch im oberen Vogtland endgültig die Herstellung des Geigenbogens aus der Werkstatt der Geigenmacher und wurde ein eigenständiger Meisterbereich, nicht ohne den Protest der Geigenmacher. Aber die Kunst des Bogenmachens verlangte den eigenen Meister, die Geigenmacher mußten passen, es war kein Aufhalten, die Händler hatten ohnehin schon viel früher begonnen, Bögen zu importieren …

Man sagt, die Herzogin Anna Amalia von Weimar brachte um 1790 eine Gitarre aus Italien mit und machte sie populär. Um 1800 gibt es den ersten Gitarrenmacher in Markneukirchen. Es folgt der Bau von Zithern, Mandolinen, Banjos, Balalaikas …

Im 20. Jahrhundert angekommen, gibt es kaum ein europäisches Musikinstrument, das nicht gebaut wird oder wurde oder wenigstens zum Teil. Alle Orchesterinstrumente einschließlich Schlagwerk und Taktstöcke. Dazu Großinstrumente wie Orgel, Klavier; mechanische wie Orchestrion, Drehorgel, Spieldosen; für eine kurze Zeit auch Harfen. Dann die Zubehöre wie Kolophonium, Notenhalter, Notenständer, Metronome und unterschiedlichste Arten von Musikspielzeugen. Von vielen Sekundärprodukten wie Etuis und Verpackung, Spezialwerkzeuge oder -maschinen will ich gar nicht erst anfangen …

Noch einmal sollte dabei im Musikwinkel etwas geschehen, das Parallelen zu seinem Anfang besitzt und selbst der Anfang einer großen Entwicklung war.
1829 bringt Joh. W. Rudolph Glier, Instrumentenhändler aus Klingenthal, von einer Geschäftsreise eine Mundäoline des Berliner Instrumentenmachers und Klavierstimmers Christian Friedrich Buschmann mit nach Hause. Auf der Rückreise von Italien hatte Glier dieses ursprüngliche Hilfsmittel zum Klavierstimmen in Frankfurt am Main vom dortigen physikalischen Verein als Geschenk erhalten. Nun war es so, daß es zum Ende der zwanziger Jahre des vorigen Jahrhunderts mit dem vogtländischen Musikinstrumentengewerbe, aber auch den anderen Gewerken, sehr schlecht stand, bis hin zur bittersten Not. (Selbst das Spitzenklöppeln brachte nichts ein.) Um sich am Leben zu halten, waren viele der Musikinstrumentenmacher mit Weib, Kind und Kegel dazu übergegangen, etwas herzustellen, das nur sehr bedingt zum Musizieren verwendet wird: Aus den überseeischen Edelhölzern wurden keine Flöten mehr gedrechselt, keine Wirbel, Griffbretter und Saitenhalter mehr geschnitzt, sondern Kämme für die Haare. Diese brachten nicht viel, aber retteten wenigstens den größten Teil vor dem Hungertod.
Gliers Geschenk war Rettung in der Not. Aber war Glier der erste? Gute 150 Jahre später vermeldet noch jemand seinen Anspruch darauf, der erste gewesen zu sein. Quod est non actis non est in mundo!
Der Musikinstrumentenhändler Johann Georg Meisel soll bereits im Jahre 1823 von der Braunschweiger Messe eine Aura (so nannte Buschmann seine Erfindung zuerst) nach Klingenthal gebracht haben. Gemeinsam mit dem Graslitzer Gelbgießer Johann Langhammer begann er die Herstellung von Mundharmonikas. Wobei die Bezeichnung »Mundharmonika« auf den Lieferscheinen nicht benutzt wurde, so wie das ganze Unternehmen geheim geschah. Geheimgehalten hatten zunächst auch die Gliers ihre Entdeckung, wodurch das Jahr 1829 wiederum nur den Anfang bedeutet, während auch hier der eigentliche Beginn im ungewissen bleibt.
Wie dem auch sei, die verspöttelte Mundäoline wurde zum Grundstein der weltberühmten Klingenthaler Mundharmonikafabrikationen. Ihnen folgte um 1850 die Handharmonika, die noch im 19. Jahrhundert in allen ihren Formen, ausgenommen die russischen »Garmoschka« und »Bajan«, hergestellt wird: wie die Deutsche und Wiener Handharmonika, Concertina, Bandoneon usw. Vor allem war hier der Klangerzeuger sehr leicht maschinell herstellbar. Das Industriezeitalter konnte auch im Hellgrund Einzug halten (geklappert hatte es dort ja schon früher). Nach der allgemeinen Gewerbefreiheit kam Fabrik zu Fabrik. 1862 gab es im Bereich Klin-

genthal noch 165 Geigenmacher, 20 Blechblasinstrumentenmacher, 8 Saitenmacher, 10 Bogenmacher. Mit wenigen Ausnahmen (z.B. Blechblasinstrumente) rüsteten sie alle nach und nach um und bauten Mundharmonikas und »accordions«. Zuerst nur zu Hause, dann in der Fabrik oder als Heimarbeiter am Küchenfenster. Markneukirchen aber, Schöneck, Erlbach und die anderen umliegenden Ortschaften gingen einen anderen Weg. Die Zünfte dort verhinderten den Boom der Industrialisierung. In Schöneck gar schlugen sich einige von der Seite der Musizierenden auf die Seite der Zuhörer und fabrizierten Zigarren. Ansonsten blieb man bei der Saiten-, Holzblas- und Blechblasinstrumentenherstellung.

So wurde die große Palette des Sortiments erhalten, und am Ende des 19. Jahrhunderts gab es auf kleinem Raume ein Bild, das schon erstaunlich außergewöhnlich bleibt. Gerade weil es so abseits lag und es so verdammt schwer war hin- und wegzukommen. »Bis nach Amerika wollen wir unsere Instrumente schon leicht bringen, wenn wir nur erst in Oelsnitz sind!«, konnte mancher noch am Anfang unseres Jahrhunderts ruhigen Gewissens behaupten, und er übertrieb dabei nicht nur in dem, was die Wege betraf. Die Absatzgebiete der Instrumente lagen von Beginn an nicht im Vogtland und nicht in dessen unmittelbarer Nähe. Die von Anfang an stetig und schnell sich steigernde Produktion von Instrumenten verlangte ebenso stetig und schnell eine Ausweitung des Handels. Hinzu kam relativ früh, daß einerseits die eigenen Rohstoffe nicht mehr ausreichten und andererseits viele der Instrumente für ihren Bau Edelhölzer verlangten, die in den heimischen Wäldern nicht wuchsen und auch nicht in Europa, wie Sapeli, Zebrano, Mansonia aus Afrika, Fernambuk aus Brasilien, Cocobolo aus der Karibik, Palisander aus Südamerika und Indien, die Florida-Zeder, Grenadille, Blauholz, Ebenholz, Buchsbaum, Schlangenholz usw. Man brauchte in größeren Mengen Schafdärme, Elfenbein, Pferdehaar, Perlmutt, Goldfisch, Schildpatt, Büffelhorn u.a.m.

Bereits um 1750 bezieht man Klangholz, Fichte und Tanne, in größeren Mengen aus dem Böhmerwald und dem Bayrischen Wald und Bergahorn aus Tirol. 1793 baten die Markneukirchner Geigenmacher um Buchenholz aus den kurfürstlichen Wäldern um Kottenheide. Aber der Bescheid ist abschlägig, die Bestände reichen kaum mehr aus, um die Klingenthaler Geigenmacher zu versorgen, die von jeher ihr Holz von dort bezogen.

Entweder wurden die Instrumente per Pferdewagen bis zu den großen Jahrmärkten gebracht wie Leipzig, Braunschweig, Frankfurt an der Oder, wo selbst beträchtliche Kommissionslager unterhalten wurden. Oder man zog hausierend mit dem Schubkarren enorme Strecken über Land. Der Schubkarren ersparte die Brückenzölle.

Unterwegs bediente man sich der Karrenschieber oder spannte Hunde vor den Karren. Noch um 1800 (oder schon?) war einer mit dem Schubkarren von Markneukirchen bis nach Stolp (Stupsk) unterwegs, und das dreimal jährlich, im Frühjahr, Sommer und Herbst. Andere gingen bis Warschau, Königsberg, Gnesen, Straßburg, Hannover, an den Niederrhein, in die Niederlande, nach Ostfriesland, Dänemark, Schweden. Man hatte Handelsniederlassungen ab 1800 in Böhmen, Mähren, Ungarn, in der Schweiz, Tirol, Frankreich, den Niederlanden, England, Skandinavien, Rußland, Polen, Spanien, Portugal, der Türkei und Amerika, vor allem den USA.[18]

Um den Bedarf an Rohstoffen zu garantieren, errichtete man eigene Darmputzereien in Taschkent, Dänemark oder London ...

Welche großartigen, ja fast leidenschaftlichen Aktivitäten, märchenhaft mit unendlichem Raum für romantische Gefühle und Gedanken, geschah es doch alles im Dienste der edelsten Muse, der Musik.

Und man brachte es zu was in der Ferne. Einer ging nach Amerika, Wurlitzer aus Schöneck, und wurde der Begründer eines der größten Musikunternehmen der westlichen Welt. Der Vater eines anderen ging als Waldhornmacher nach Rußland, und sein Sohn, Reinhold Morizewitsch Glier wurde Musikpädagoge und Komponist, Direktor des Kiewer Konservatoriums, Professor am Moskauer Konservatorium, erhielt mehrmals den Staatspreis der UdSSR und dreimal den Leninorden.

Wie in den abenteuerlich-romantischen Romanen war man unterwegs in den fernsten Ländern der Erde, zu Fuß, zu Pferde, mit dem Kamel oder zu Schiff oder mit dem Schubkarren.

Und zu Hause? Zu Hause kamen keine Reichtümer an. Nicht das Gold des Wilden Westens, nicht die exotischen Kleinodien des Fernen Ostens, nicht die dicken Schinken des Nordens oder die saftigen Früchte des Südens. Nur rohe Hölzer, Schafdärme und Gebein, freilich auch Perlmutt, Silber und Elfenbein, aber nichts davon, um es zu behalten, sich selbst damit zu schmücken. Haus und Hausrat blieben bescheiden und mit ihnen Keller und Küche. Von dem, das hereinkam, mußte das meiste wieder gehen, noch edler, fast lebendig geworden und gewiß ein Stück des tiefen Grundes.

In der ersten Hälfte unseres Jahrhunderts hat sich nicht allzuviel geändert. Die Wege waren besser geworden, aber weiter als zuvor kam man auch nicht. Die letzten egerländischen Umgebindehäuser wurden (bis auf wenige Ausnahmen) durch Steinhäuser ersetzt. Ein paar neue Instrumente kamen hinzu, ein paar alte verschwanden. Die Ortschaften dehnten sich aus, die Häuser rückten enger zusammen, die Familien weiter auseinander. Das Einzelhandwerk hatte es noch schwerer, die Fabriken wurden immer mächtiger. Die Japaner erscheinen zum ersten Male mit Instrumenten auf dem Weltmarkt, aber die gefürchtete Konkurrenz bleibt aus, vorerst. Am Anfang dieses Jahrhunderts ist man in seiner Art in der Welt führend für viele der Instrumente und Zubehöre, dann geht es wieder bergab. – Der Umgang mit Musikinstrumenten blieb in jedem Punkte einer der schwierigsten. Die Launen und das Vermögen der Natur und der Menschen gehen dabei Hand in Hand. Ersteres wirkt sich auf die Qualität der Rohstoffe aus, und letzteres läßt den Bedarf an Musikinstrumenten steigen und fallen wie das Wetter. Und gemeinsam fördern sie für den Bau oder die Handhabung die großen Meister und Talente ganz willkürlich zutage.

Vor dem zweiten Weltkrieg zählte das obere Vogtland zum Armenhaus Deutschlands. Man überlebte, weil man schon schlechtere Zeiten überlebt hatte, weil man nur zu oft improvisieren mußte und die Frauen es verstanden, aus dem Nichts den Tisch zu decken. Es wäre eine Lüge, würde in Anbetracht dessen jemand schlußfolgern, hier wäre unter Tränen etwas geschaffen worden, das in der Welt den Menschen unzählige Freude brachte. Nein. Das Weinen hatte man in den Jahrhunderten zuvor verlernen müssen. Tränen gab es schon längst nicht mehr, sonst wäre man darin ertrunken. Dies muß gesagt werden, auch im nachhinein, denn wer dachte schon in den Konzertsälen an dergleichen? Es sollte auch niemand daran denken, dafür war man zu stolz und wollte auch niemandem die gute Laune verderben. Man war zu sehr darauf angewiesen …

Bis zu den Sternen

Vor mir liegen die Bilder zu diesem Buch. Ich sehe die alte Treppe des Landwüster Bauernmuseums hinab und muß an all das denken, was hier vergessen wurde zu sagen, was keinen Platz finden konnte in der Eile und Kürze. Was nicht gesagt hätte werden können, da es im Verborgenen liegt. Ich sehe die Bilder, und es tröstet mich, dort das Fehlende zu finden. Viel hat sich geändert seit dem letzten Krieg. Der tiefe Grund ist geblieben.

Viel hat sich geändert. Über manches läßt sich noch immer deftig streiten. Über eines gewiß nicht. Wohl zum ersten Male hatten die Väter Zeit, sich ans Bett ihrer Kinder zu setzen. Es ist so selbstverständlich geworden, als wäre es immer so gewesen. Das aber war es nicht.

Die Kulturgeschichte dieses Fleckens zeigt am deutlichsten, wie hart das Leben war. Es ging nicht vorüber, ohne seine Spuren zu hinterlassen. Es ist um so erstaunlicher, wie man dem widerstand. Selbst in den schlimmsten Zeiten war man nicht verkommen, ging der Stolz nicht verloren, hielt man sich aufrecht bis ins Wunderliche.

Von Beginn an dem Handwerk eng verbunden, vom Grunde her dazu gezwungen, durch die Musik fast geadelt in der Gilde aller Handwerker, zum Handel mit fernen Gegenden schon früh gezwungen, herumgekommen in der Welt, selbst ein Durchgangsland, suchte man nach Bildung, war man gezwungen, sich zu bilden, aber der tiefe Grund ließ nur das Nötigste zu. Gern hätte man sich gelöst, um träumend den Klängen der Musik zu folgen. Aber das rauhe Land kroch bis in den Ofen. Ämter für Lehrer hat es früh gegeben und immer wieder Leute, die ihre Gedanken und ihre Kraft den Belangen der Welt draußen zuwandten, von der eigenen kleinen Geschichte bis hinauf zu den Sternen. Aber die Sorge um den Lebensunterhalt ließ nie den freien Raum, den der Geist benötigt, um seinem Vermögen ganz zu folgen, nicht in der Wissenschaft, nicht in der Kunst, nur mitunter im Handwerk.

Es hat sie unter den Leuten dort oben immer gegeben, die Wissenschaftler und die Künstler, die exzellenten Ingenieure, Historiker mit Leidenschaft und Talent, wie Erich Wild, dem viele Kenntnisse über die Geschichte des Vogtlandes zu verdanken sind. Es wurde komponiert, gedichtet, gemalt, geschnitzt, so gut es halt der Geldbeutel zuließ. Der Konstrukteur der ersten deutschen Lokomotive und der größten Backstein-Eisenbahnbrücke der Welt z.B. kam von dort.[19]

Es gab Vereine zur Weiterbildung, wie den 1872 gegründeten »Gewerbeverein« in Markneukirchen. In diesem wurde 1883 vom Lehrer und Organisten Paul Apian-Bennewitz, durch Anregung des Gitarren-, Mandolinen- und Harfenbauers Viktor Wettengel, zur Gründung des Gewerbemuseums aufgerufen, das heute als Musikinstrumenten-Museum Markneukirchen zu den Kostbarkeiten unter den Museen der DDR zählt. Es besaß, wie konnte es anders sein, von Beginn an eine Doppelfunktion. Zuerst sollte es der beruflichen Ausbildung des Instrumentenmacher-Nachwuchses dienen. Die Möglichkeit der allgemeinen Volksbildung und die der Erbauung sah man aber ebenso. Bereits 1887 kommt eine große Anzahl von ausländischen Musikinstrumenten aus China, Japan, der Türkei, Afrika und Südamerika in die Sammlung. Das Paulus-Schlößchen, in dem sich seit 1942 das Museum befindet, 1784 als barockes Bürgerhaus eines wohlhabenden Fabrikanten und Händlers erbaut, läßt auch für die Architektur den Willen zur Größe und das Gefühl für Form erkennen, gleich der Kirche »Zum Friedensfürsten« in Klingenthal, die 1736/37 erbaut, als Zentralbau mit oktogonalem Grundriß an die markantesten Leistungen barocker Kirchenbaukunst wie der Frauenkirche in Dresden anknüpft. Dergleichen bauen nur wenige in der Zeit. Selbst der Jugendstil läßt sich, miniaturhaft zwar, aber bezaubernd finden, wie in dem handtuchschmalen Häuschen in der Klingenthaler Thälmannstraße.

Der Museumsgründung waren die Gründungen der Musikschulen vorangegangen: 1834 in Markneukirchen, 1843 in Klingenthal. 1909 und 1911 folgen auch Erlbach und Schöneck. Freilich waren es zunächst nur Gewerbeschulen, in denen auch Zeichenunterricht gegeben wurde (unerläßlich für den Musikinstrumentenbau), aber sie brachten auch eine größere Möglichkeit der Bildung in die Täler und beförderten das eigene Musizieren. So wie ja auch der Wintersport sehr früh, aber eben beruflich gebunden, Einzug hielt. 1886 erschien der Lehrer Beck mit einem Prospekt aus Norwegen beim Stellmacher und ließ sich schmale Bretter anfertigen. Am 22. Januar 1895 stand dann in der Klingenthaler Zeitung: »Der Briefträger, welcher die Strecke Schöneck–Schilbach–Marieney besorgt, hat sich mit Schneeschuhen versehen und diese Art der Postbeförderung als außerordentlich fördernd bezeichnet.« In den dreißiger Jahren dann war Walter Glaß I vom Aschberg Deutscher und Schweizer Meister. 1949/54 wurden Herbert Friedel und Herbert Leonhard Republikmeister. Selbst das blieben noch Einzelepisoden. Als aber Harry Glaß 1956 die erste Olympische Medaille für die DDR erringt, wird das Gebiet um den Aschberg zu einem Weltzentrum des weißen Leistungssports.

Viel hat sich geändert in den letzten nun fast vier Jahrzehnten. Der Sport macht es nur am spektakulärsten deutlich. Der tiefe Grund ist sanft geworden. Die bittere Armut ist verschwunden, nicht selten ist sie ihrem Gegenteil gewichen. Mancher Traum ist Gestalt geworden. Es gibt sie inzwischen in großer Zahl und oft mit beachtlichem Ruf, die Wissenschaftler und Künstler. Am 28. August 1978 fliegt der erste Interkosmonaut der DDR in den Kosmos, Sigmund Jähn; es ist ein Vogtländer.

»Mei Hamet, wie bist du schii …«

Die Bilder dieses Buches sind für mich nicht allein deshalb so außergewöhnlich, weil sie zum Besten gehören, das in der Fotografie der DDR bisher gemacht wurde. Sie sind es, weil sie kein anderer hätte machen können als eben ein Vogtländer. Niemand hat bisher die vogtländische Landschaft so tief und genau nachempfunden wie Mattheuer in seinen Gemälden. Niemand hat bisher die Landschaft und die Menschen des Musikwinkels, ihre Gesichte und Gesichter so nahe und doch mit allem liebevollem Respekt getroffen wie Karl-Heinz Blei in seinen Fotografien. (Auch wenn er dieses Lob nicht annehmen wird.)
»Mei Hamet, wie bist du schii …« In dieser Zeile eines Liedes lag immer eine Frage verborgen: Wie bist du schön?
Ist sie schön? Nein! Nicht wie es schnulzige Heimatdichter glauben machen möchten. Es ist keine Landschaft, mit der man ein Verhältnis haben könnte. Wenn, dann wird es immer eine Ehe. Ihre Schönheit gleicht den armen Elternhäusern, in denen trotz Not die Söhne und Töchter nicht verkommen konnten. Nur wer darin aufgewachsen ist, wird den Sinn dieser Worte ganz verstehen.
Der tiefe Grund ist sanft geworden. Aber wie lange ist es her? Die Musikinstrumentenproduktion hat einen gewaltigen Aufschwung genommen. Die Fabriken sind groß geworden, sie schwappen fast über den Rand der Täler. Steil ist es bergauf gegangen. Noch immer gibt es die alten und schon die neuen berühmten Musikinstrumentenmachermeister. Und es wird nicht nur gebaut, sondern auch musiziert, damit die Täler klingen. Die Vogtländischen Musiktage bringen jedes Frühjahr junge Musiker aus vielen Ländern in den Musikwinkel zum Wettstreit. Man muß sich nicht mehr selbst aufspielen, will man in den Genuß der eigenen Arbeit kommen, und tut es doch selbst am liebsten …
In hellem Lichte steht die Gegenwart des Grundes. Ein Stück Geheimnis ist geblieben. Älter als die Arche Noah und jünger als mein letzter Tag: Die Musik! Und vor allem das, womit man sie hervorruft, zwischen Himmel und Hölle, Kon-

zertsaal oder Wirtshaus, auf freiem Felde oder in der stillen Kammer, lachend und weinend, oder mathematisch getreu, oder so modern, daß es einen glauben macht, die Geburtsstunde dieser göttlichen Muse zu erleben, als sie schreiend und frierend als blauer Säugling sich anschickte, unsterblich zu werden: gezupft, geblasen und gestrichen, gequetscht und geschlagen, mit der Hand oder nun auch elektronisch gemacht. Unsterblich gleich ihrem Handwerk, das im Musikwinkel am längsten und immer wieder in Blüte steht.

Leipzig, im Winter 1984   Claus Baumann

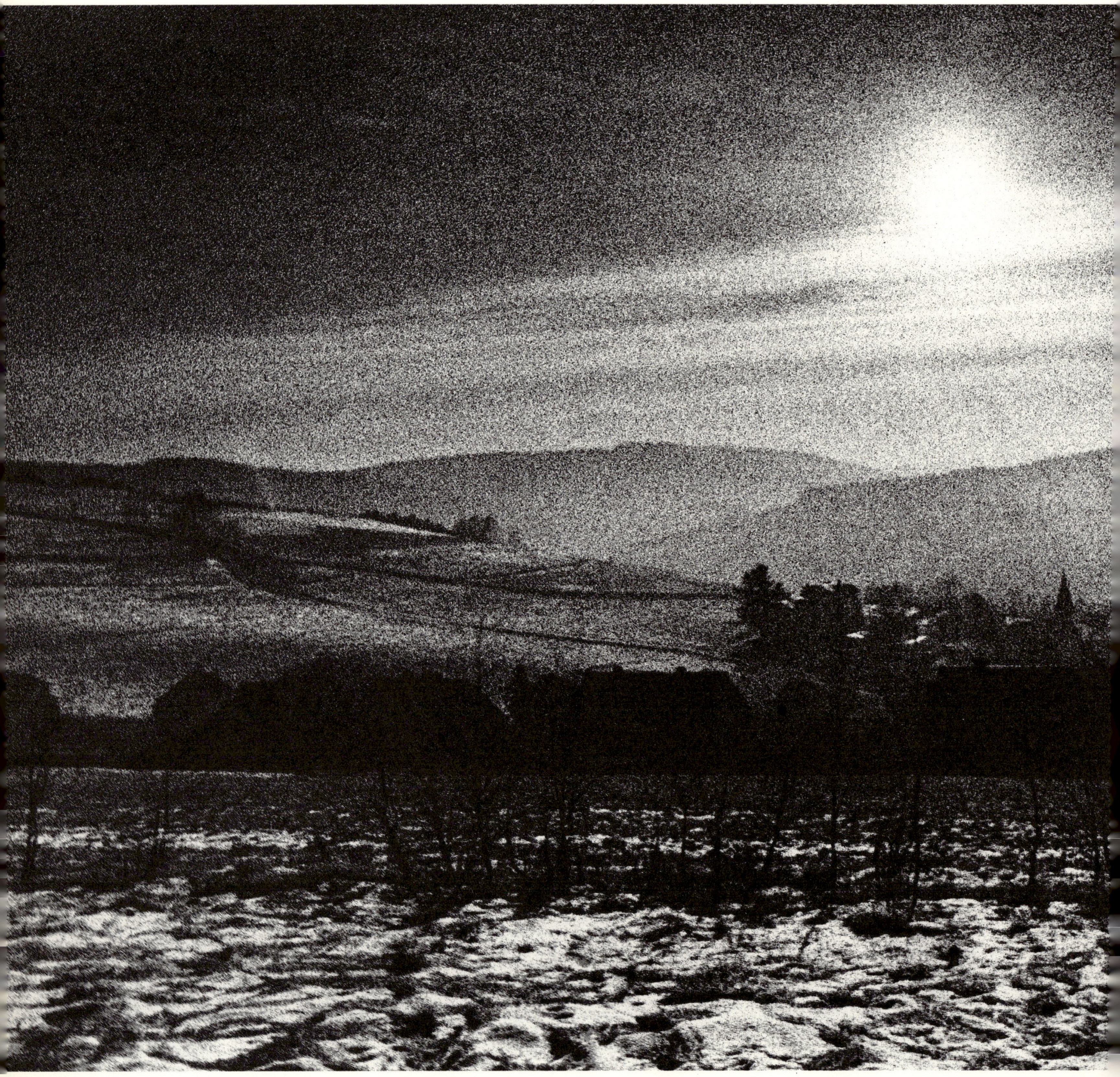

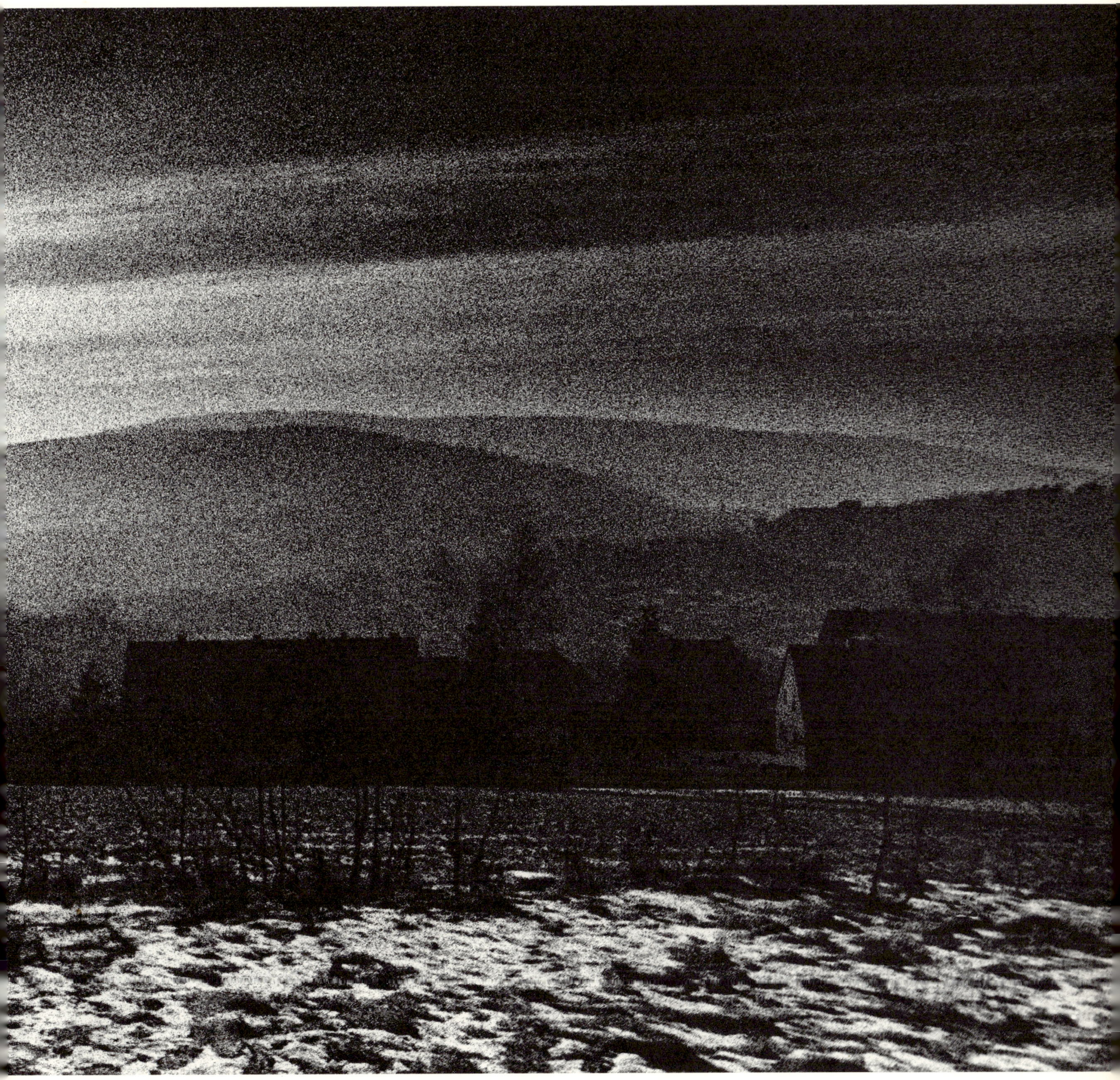

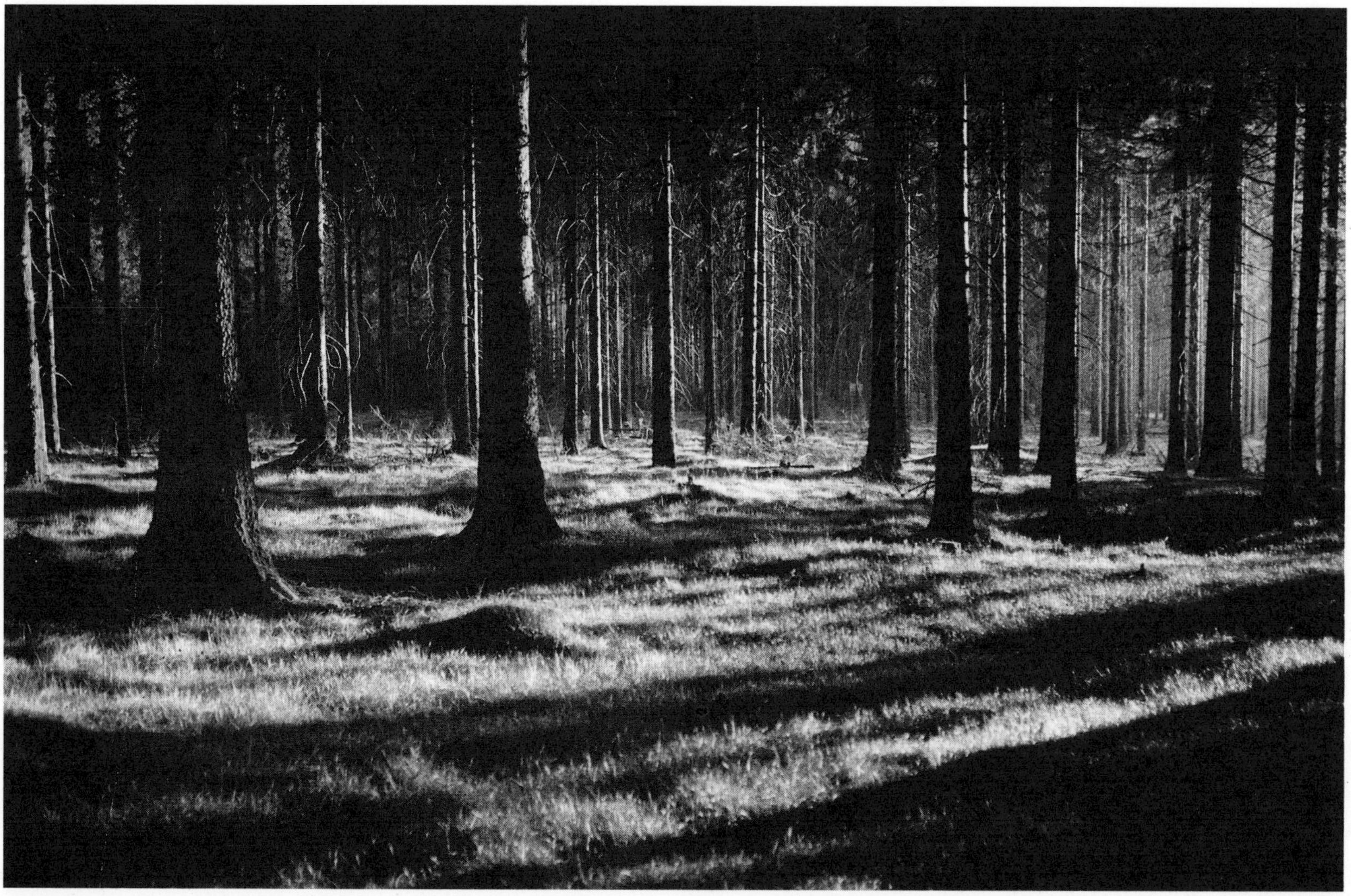

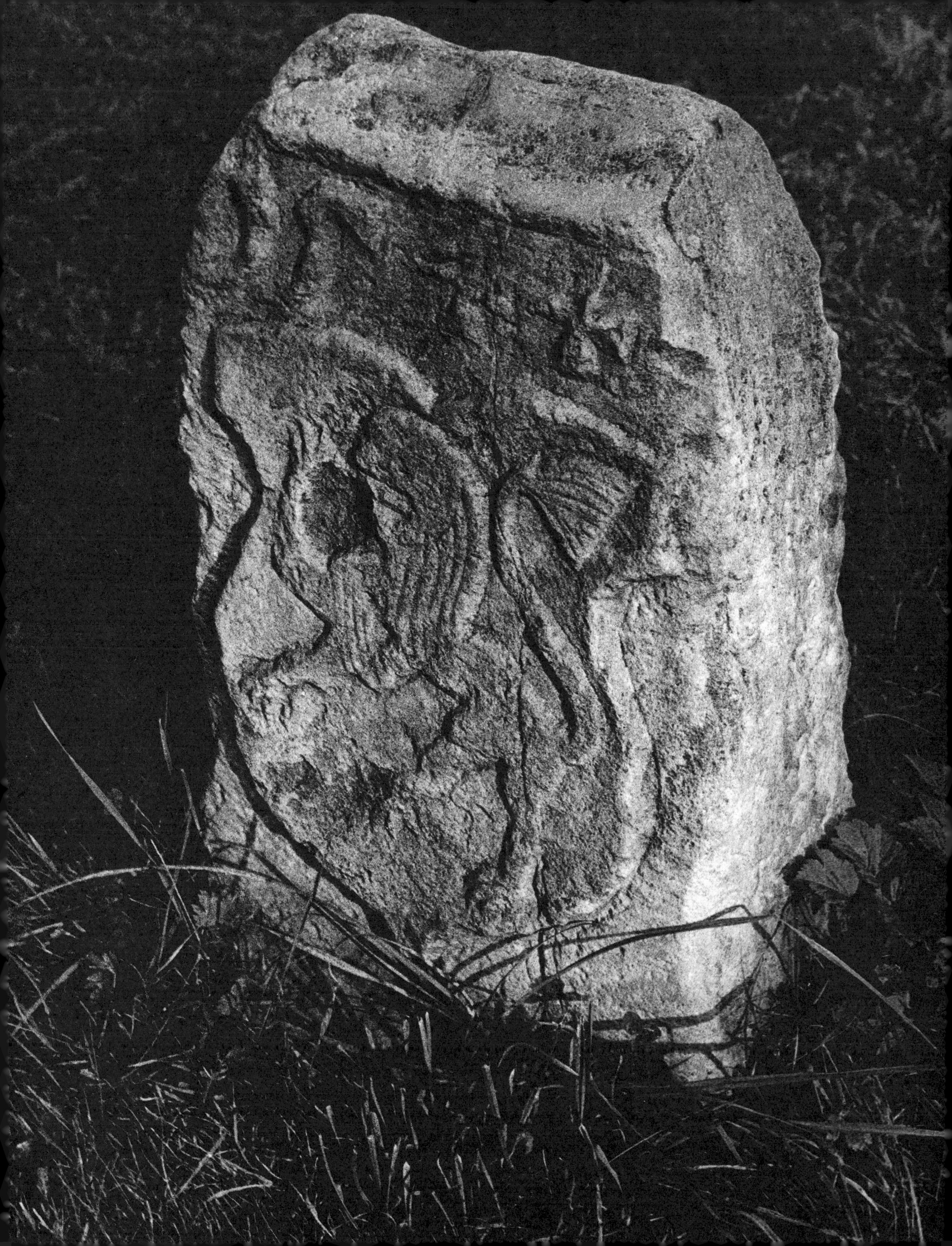

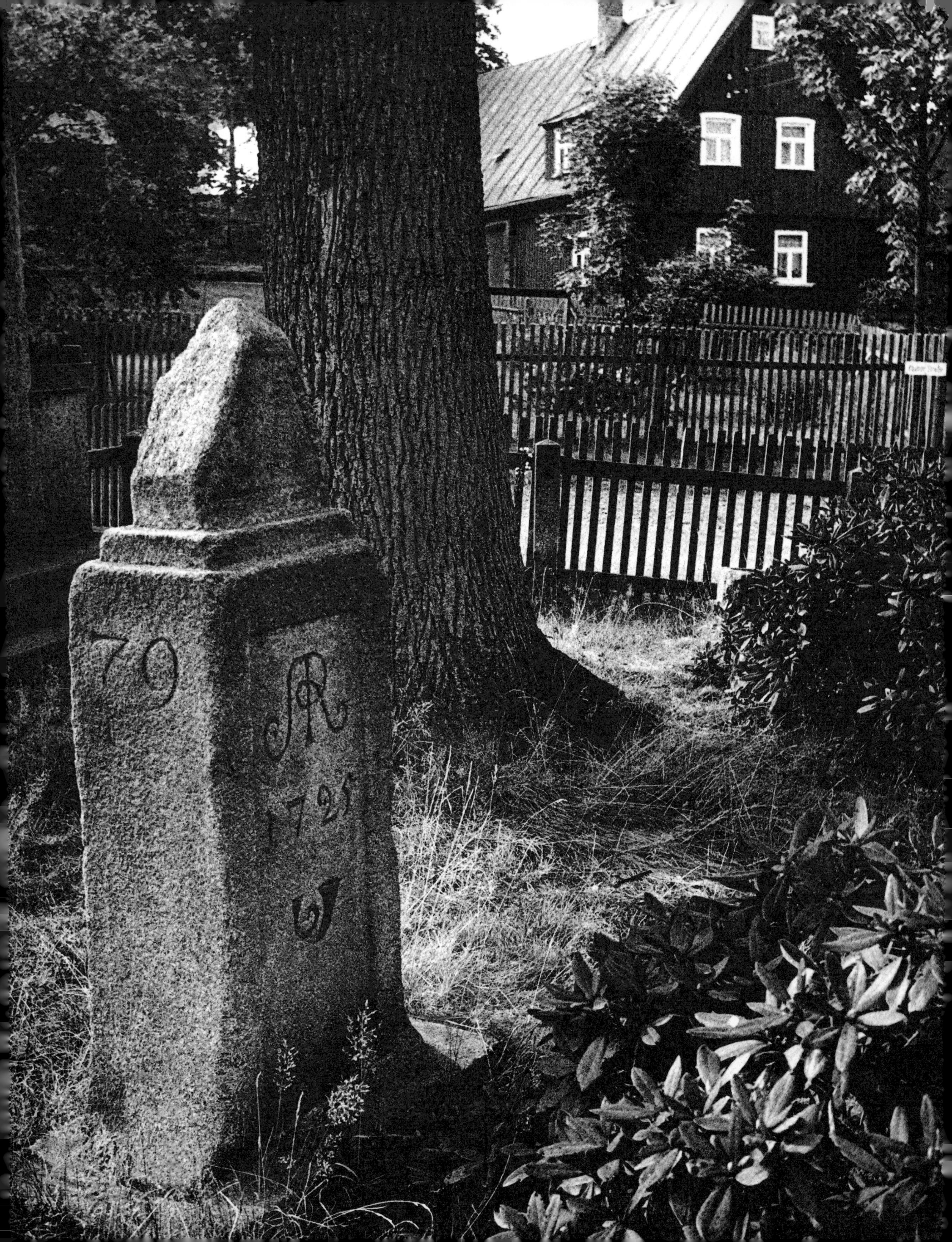
79
1725

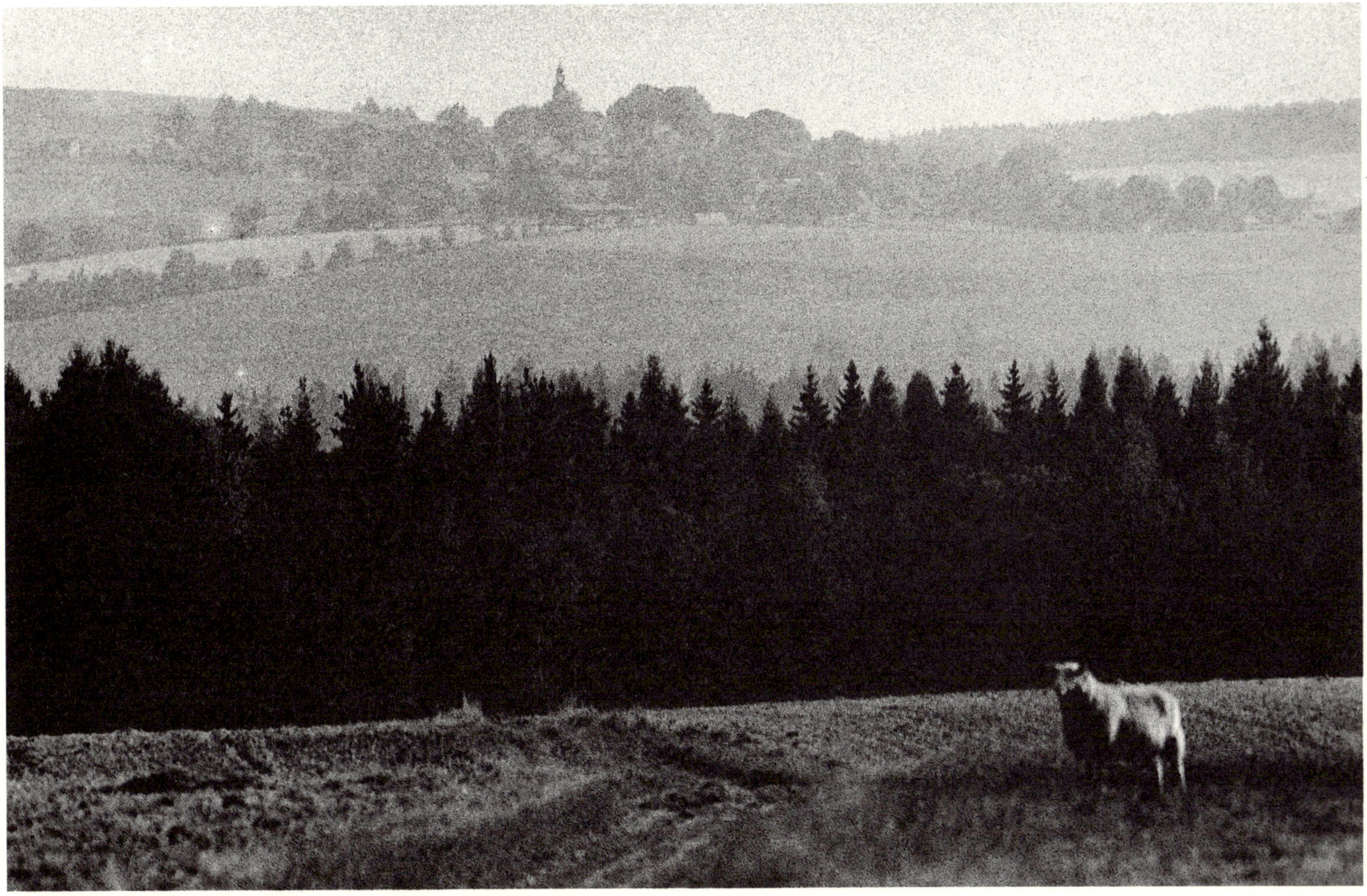

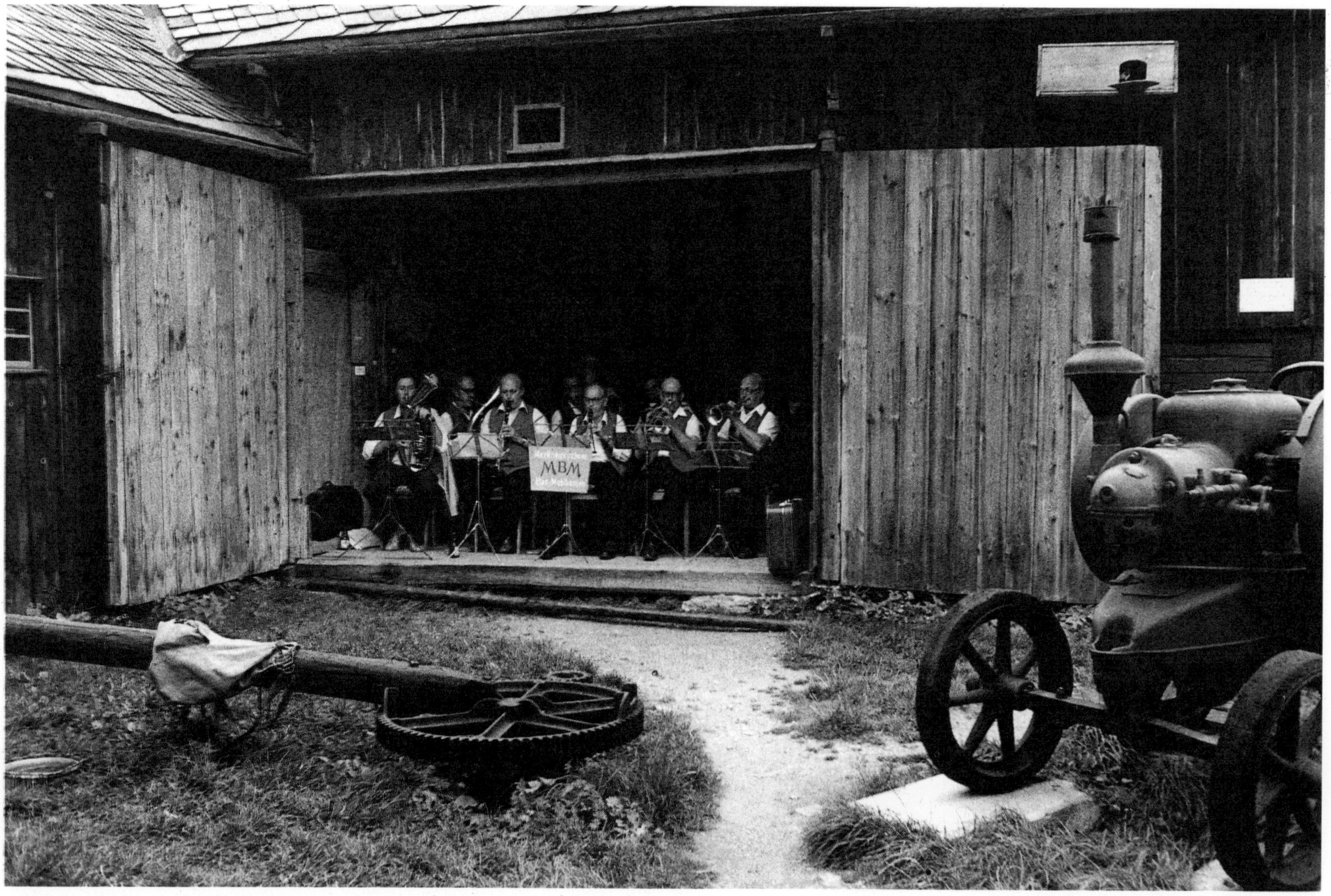
MBM

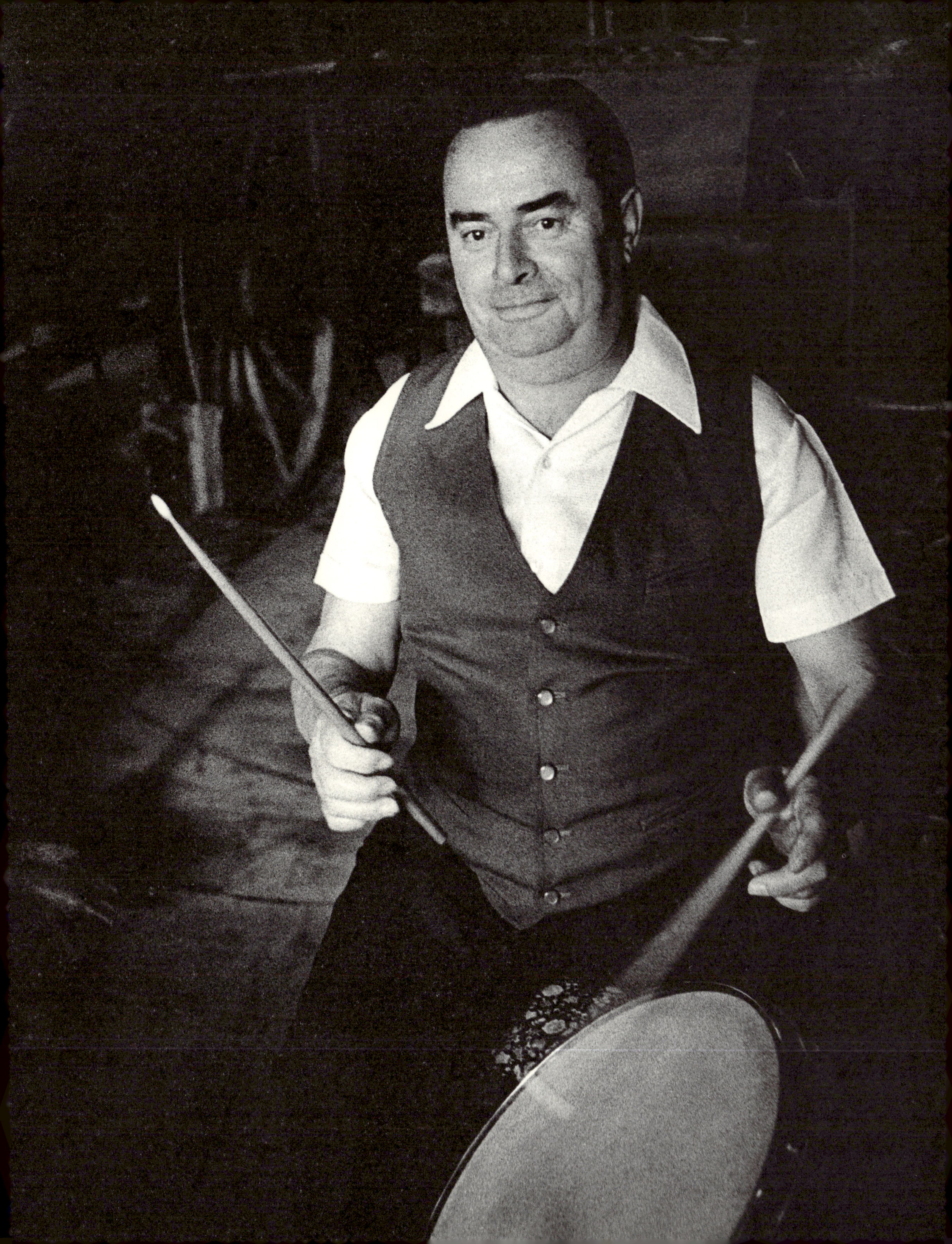

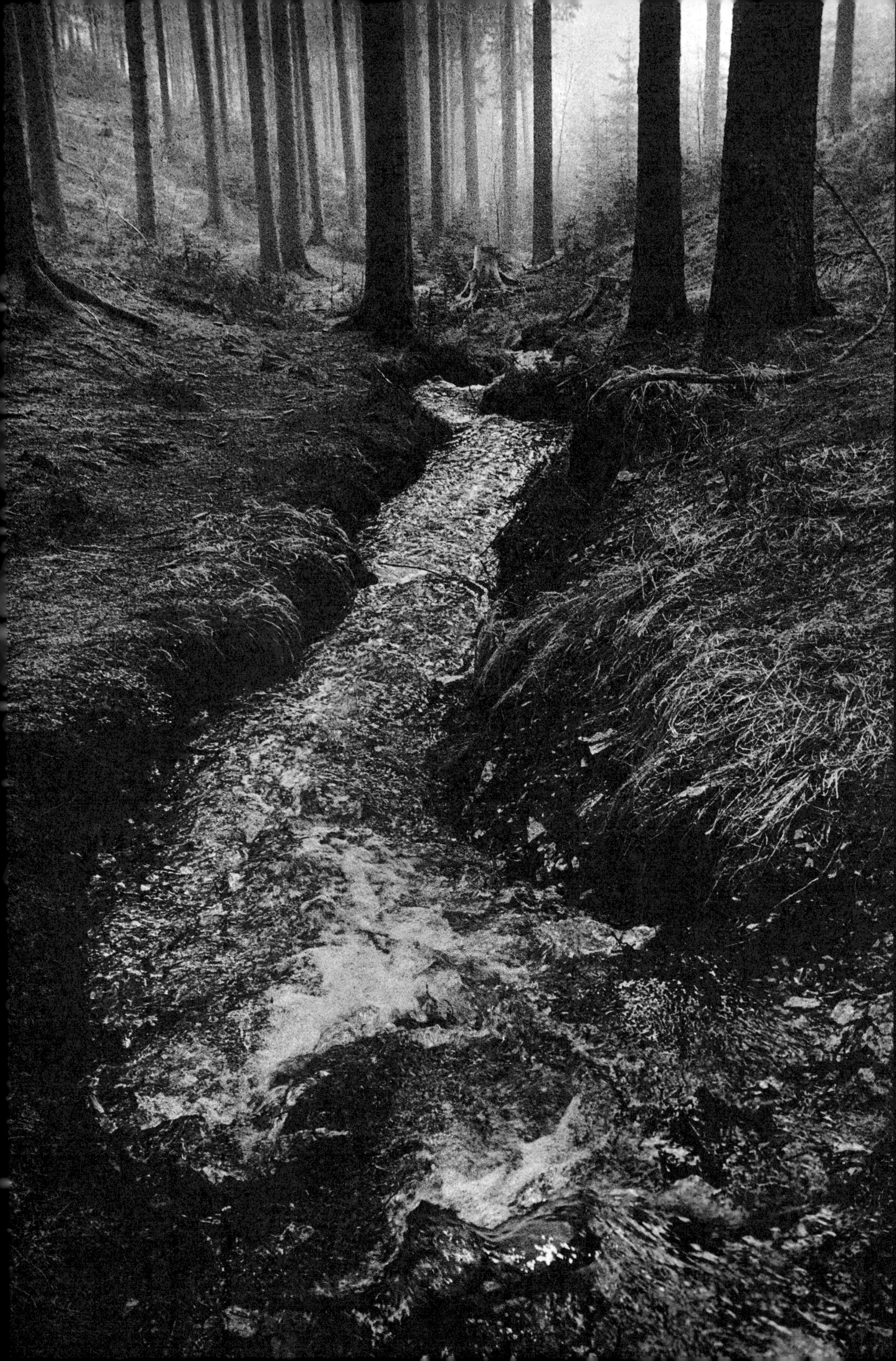

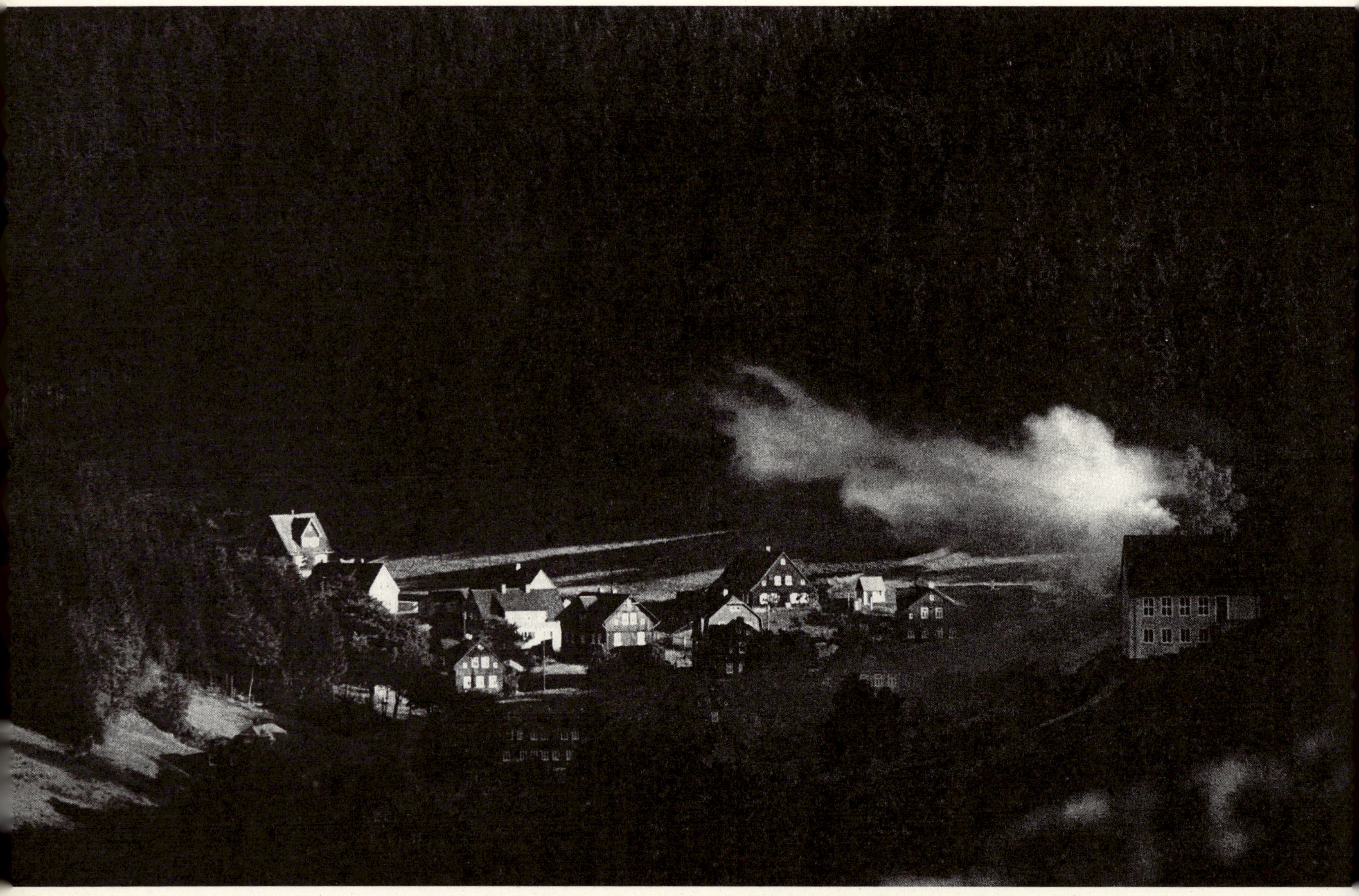

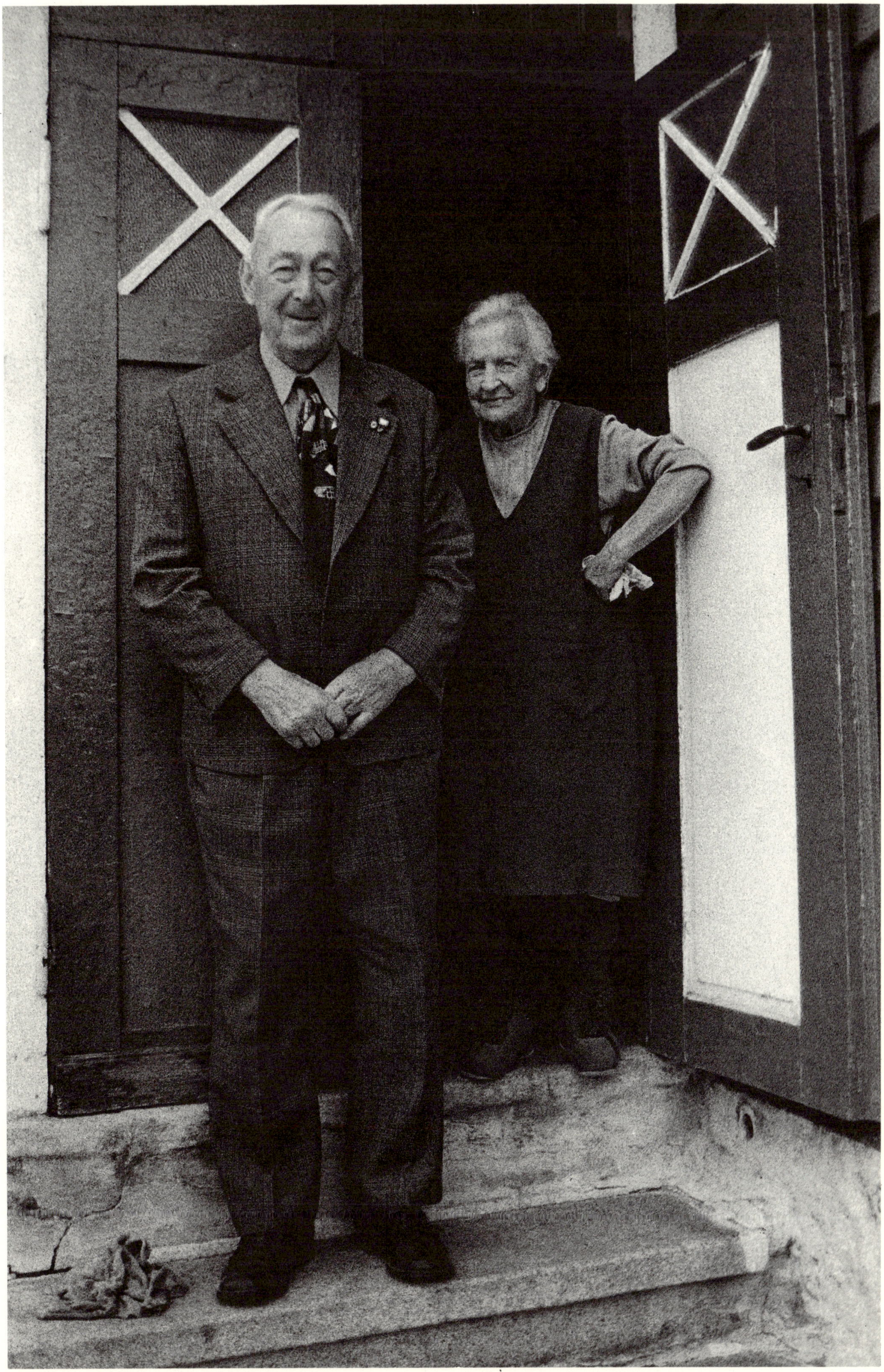

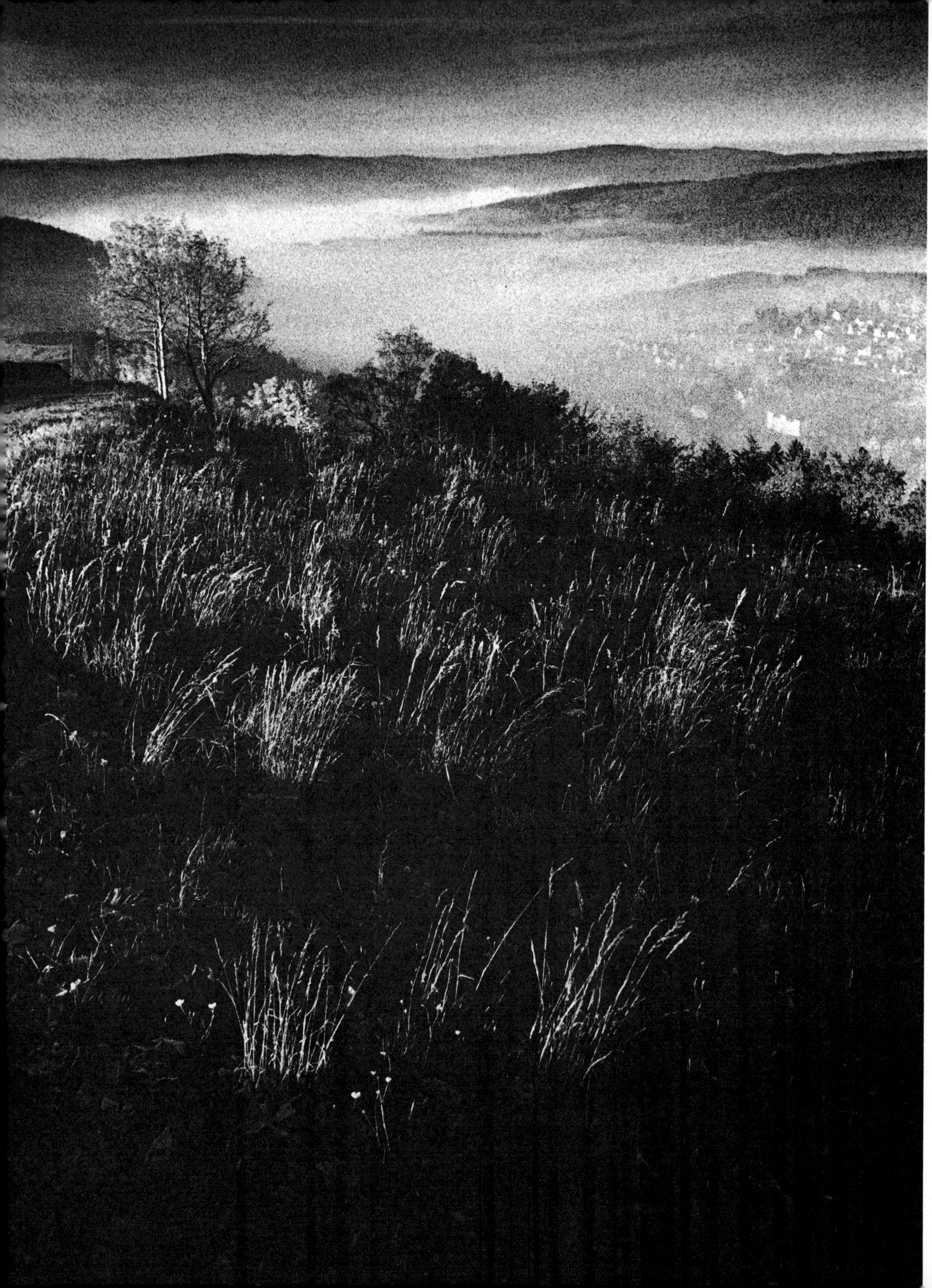

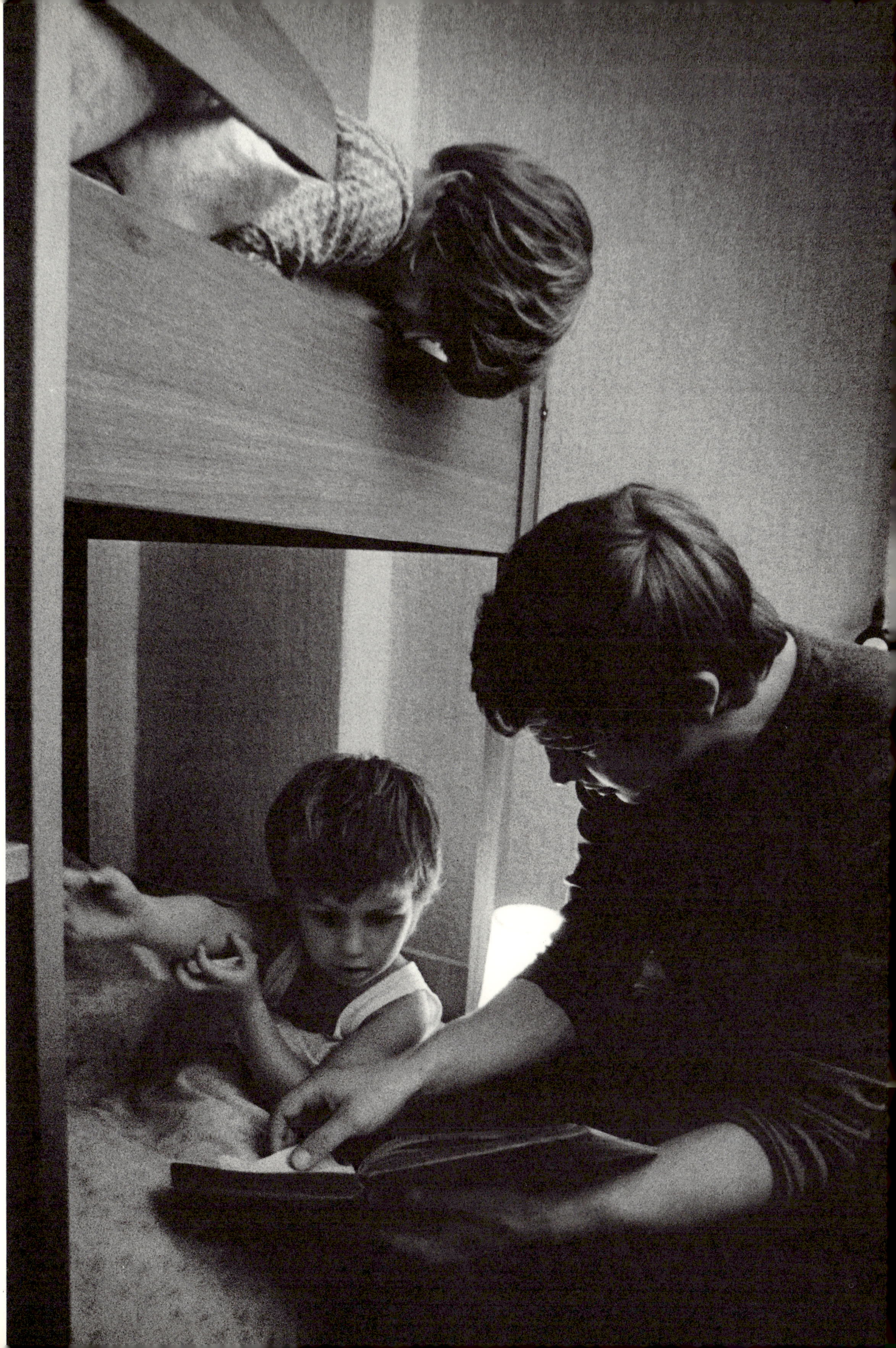

48

49

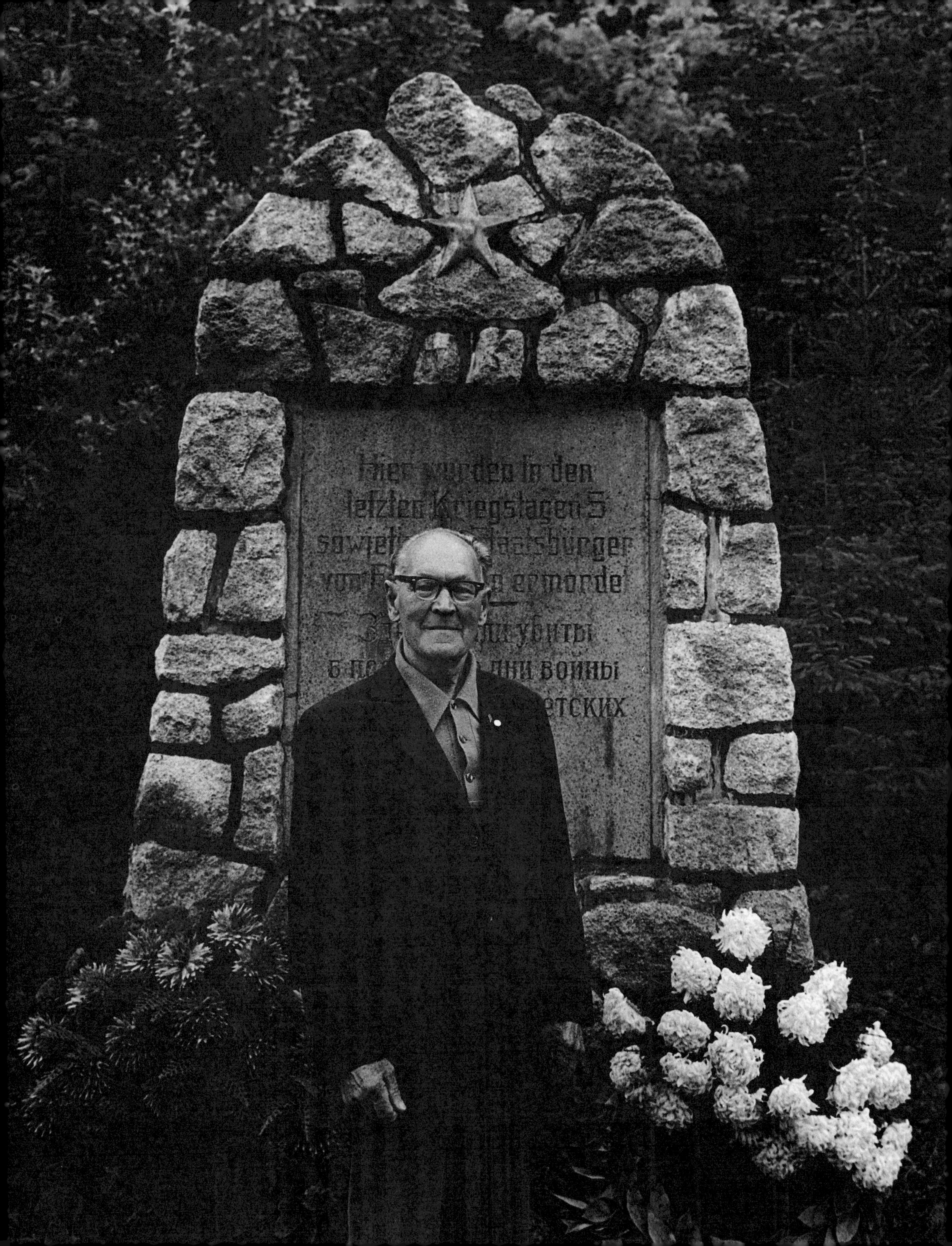
Hier wurden in den
letzten Kriegstagen 5

ZUR ERINNERUNG
AN DEN WELTRAUMFLUG
DES ERSTEN KOSMONAUTEN
DER DDR, DEM SOHN
UNSERER GEMEINDE,
FLIEGERKOSMONAUT
OBERST SIGMUND JÄHN
SALJUT 6/SOJUS 29/SOJUS 31
26.8.-3.9.1978

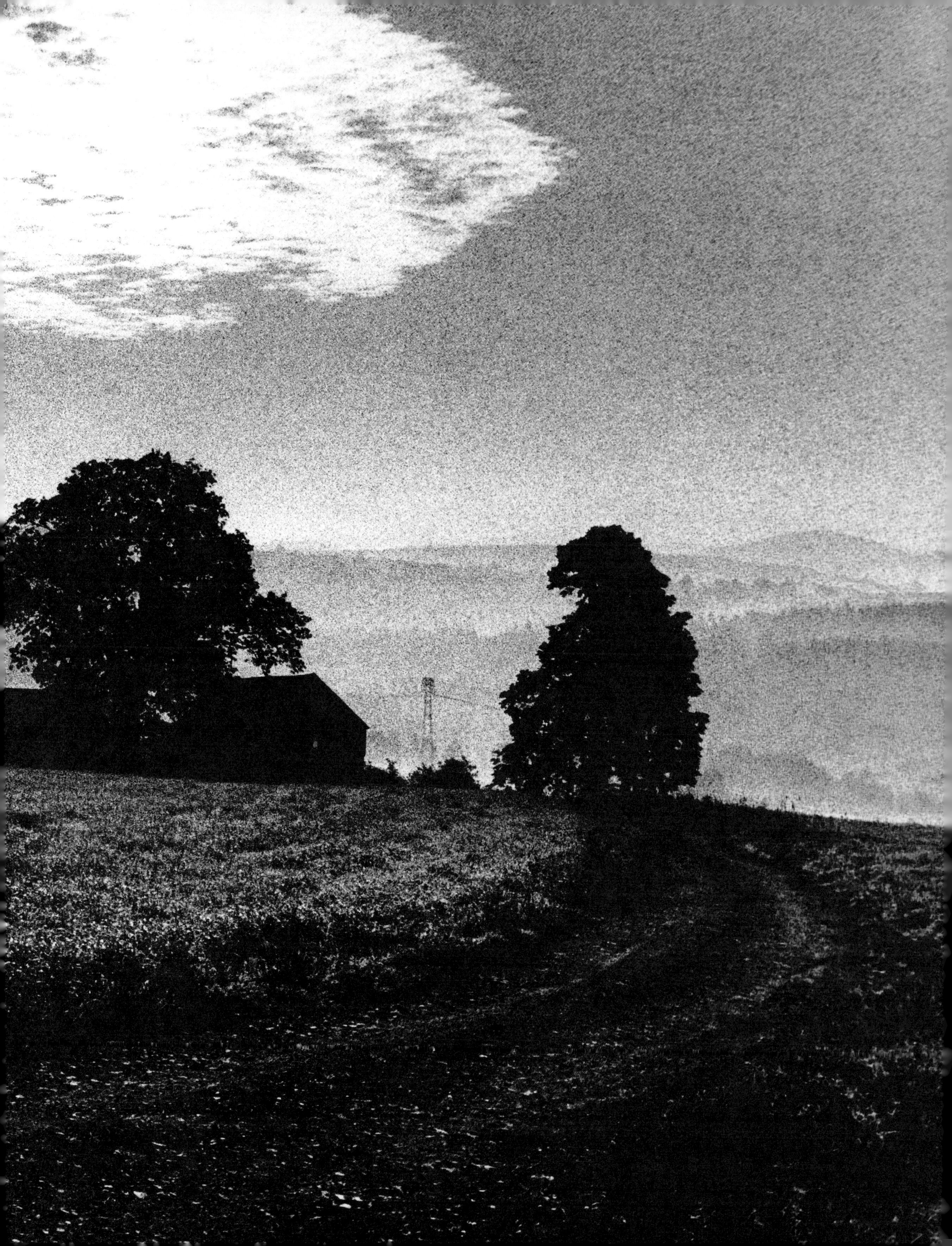

54

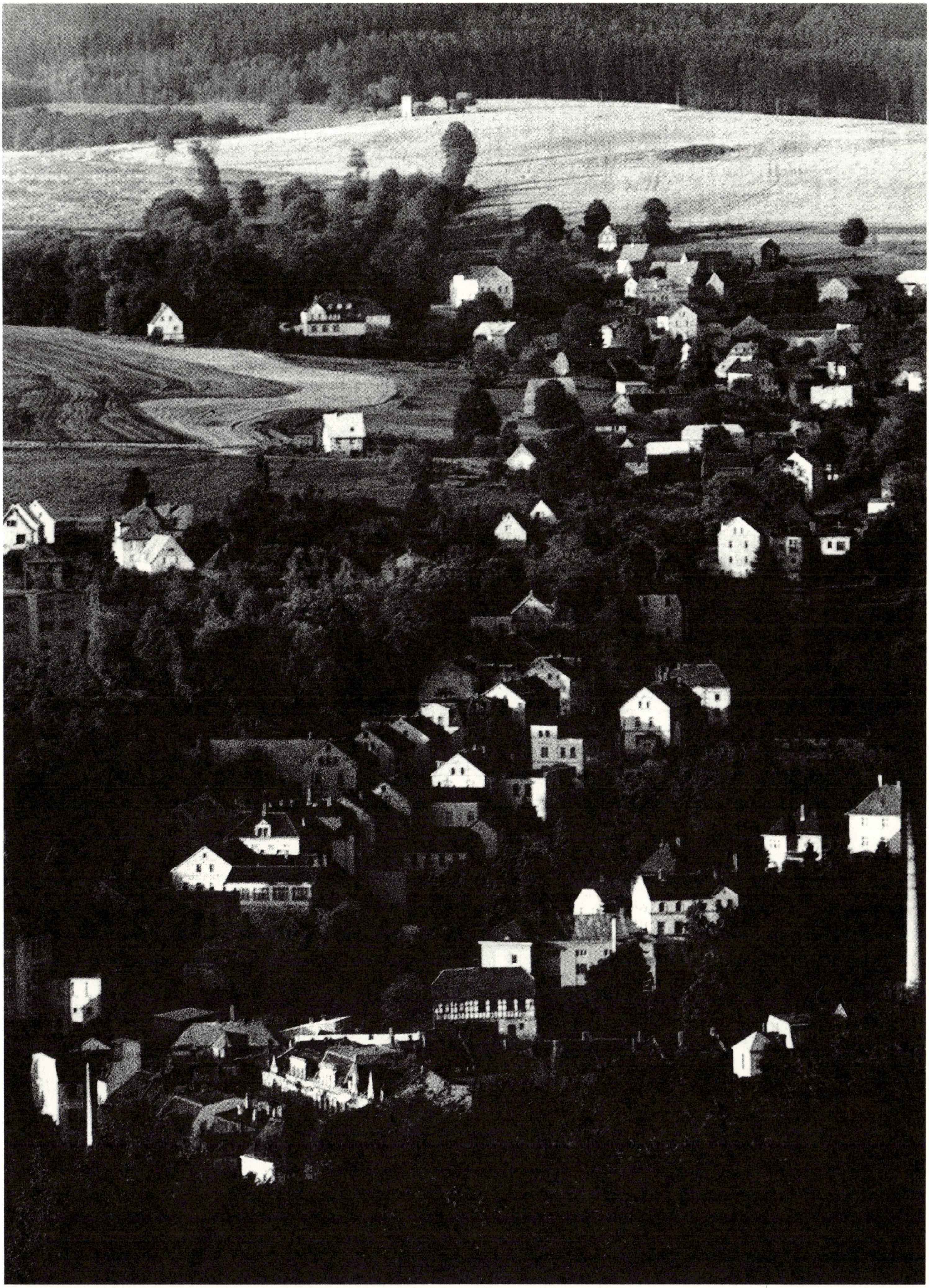

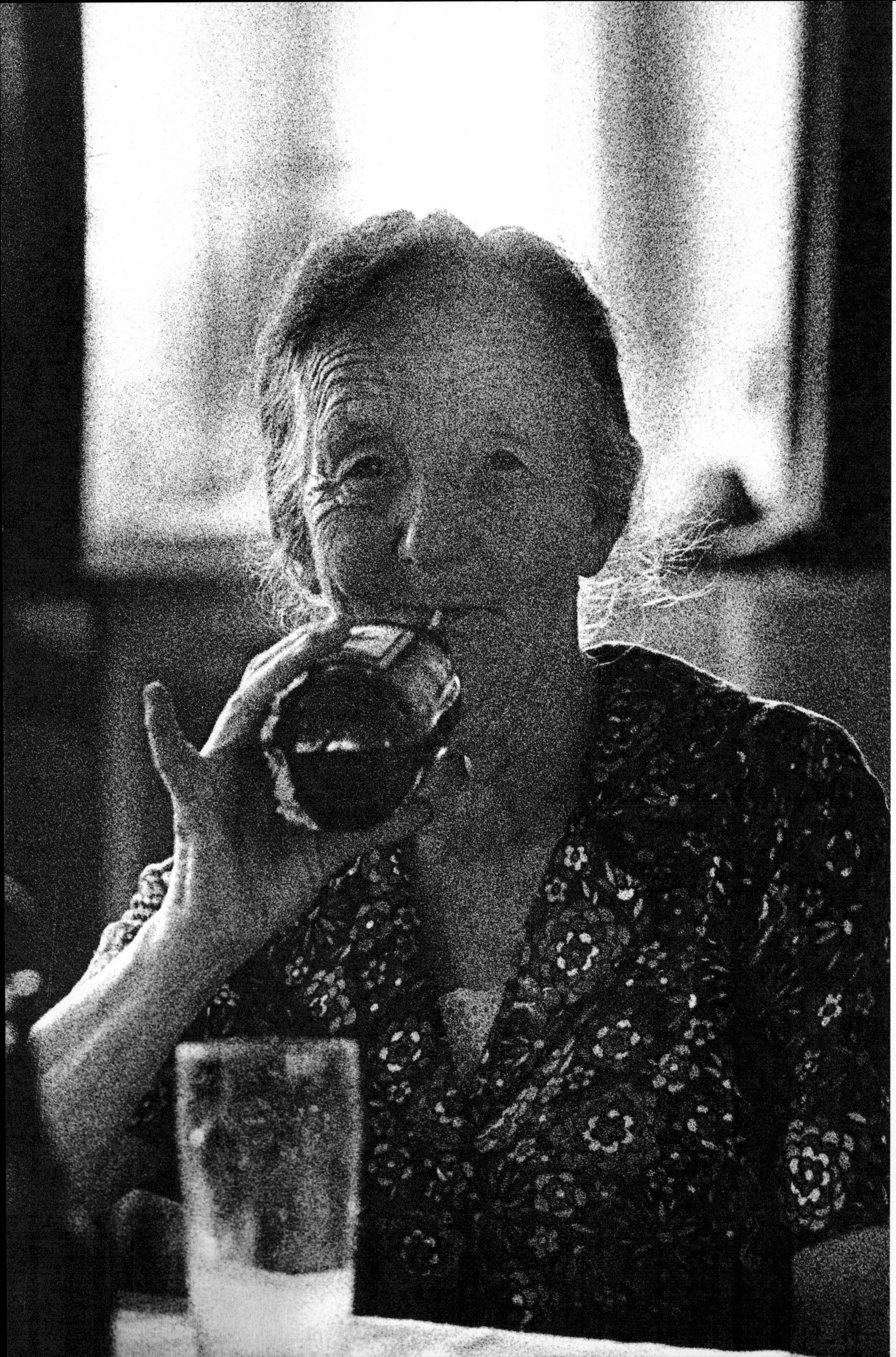
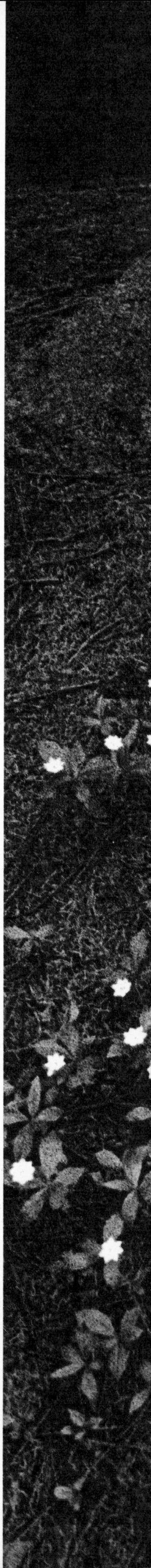

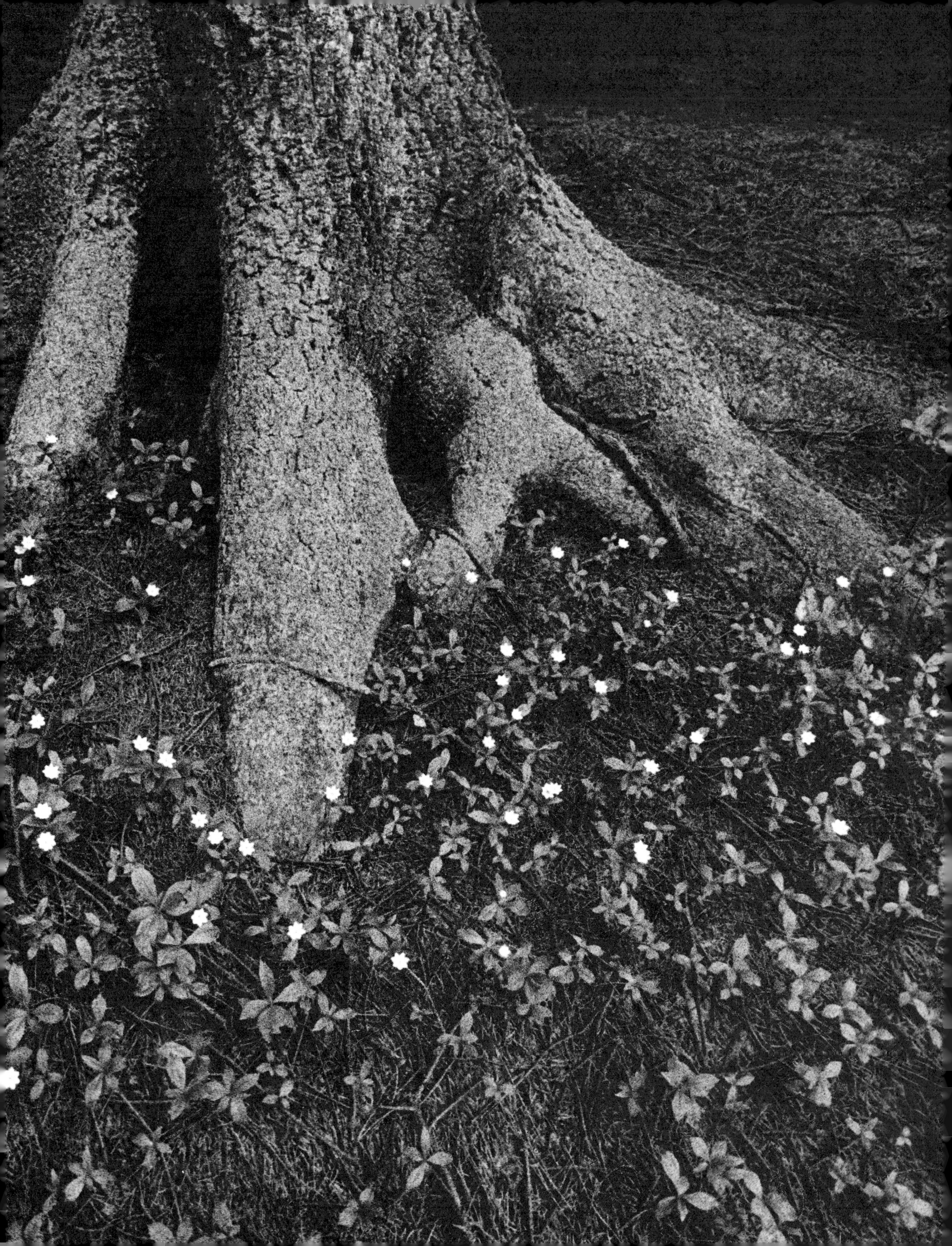

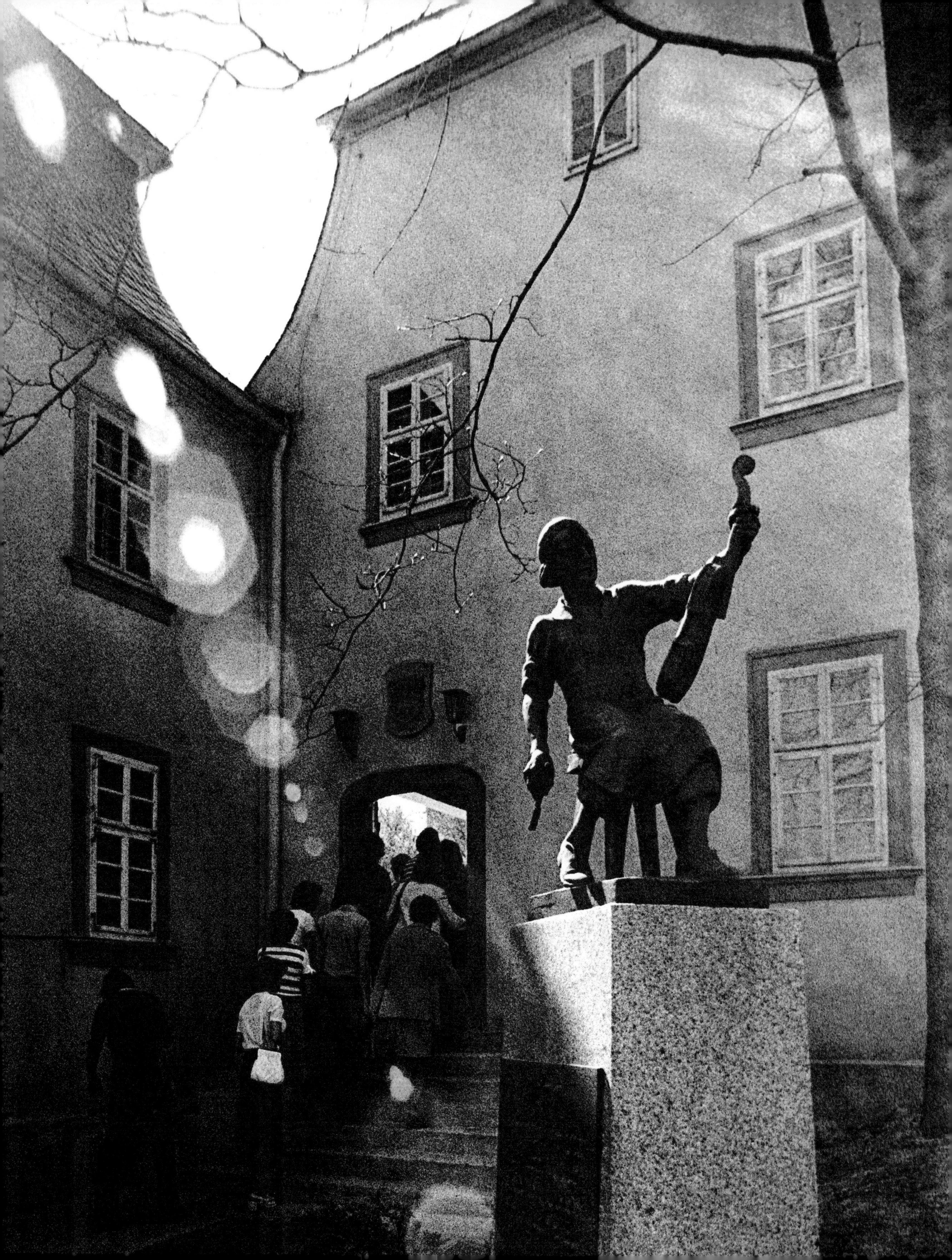

59

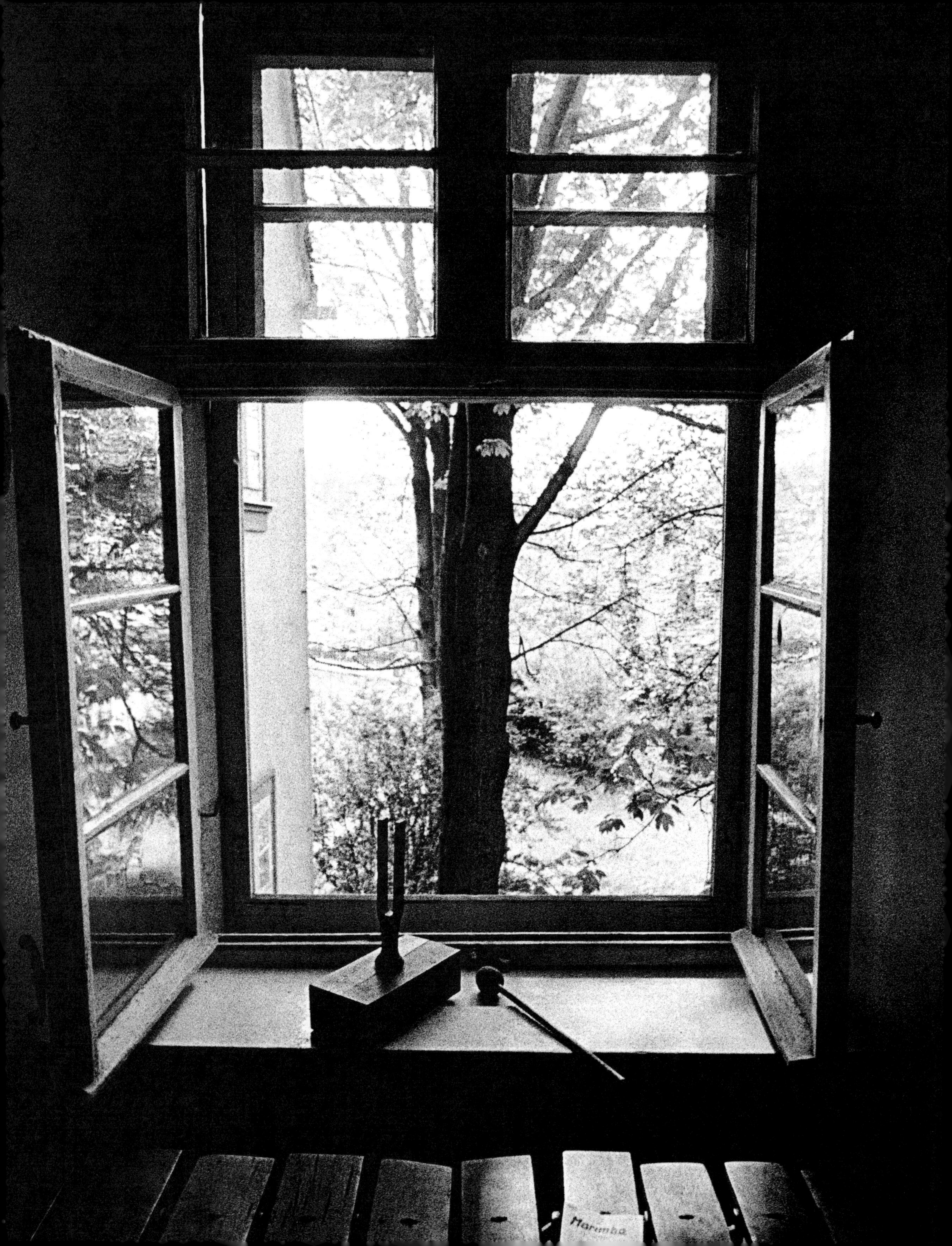
Marimba

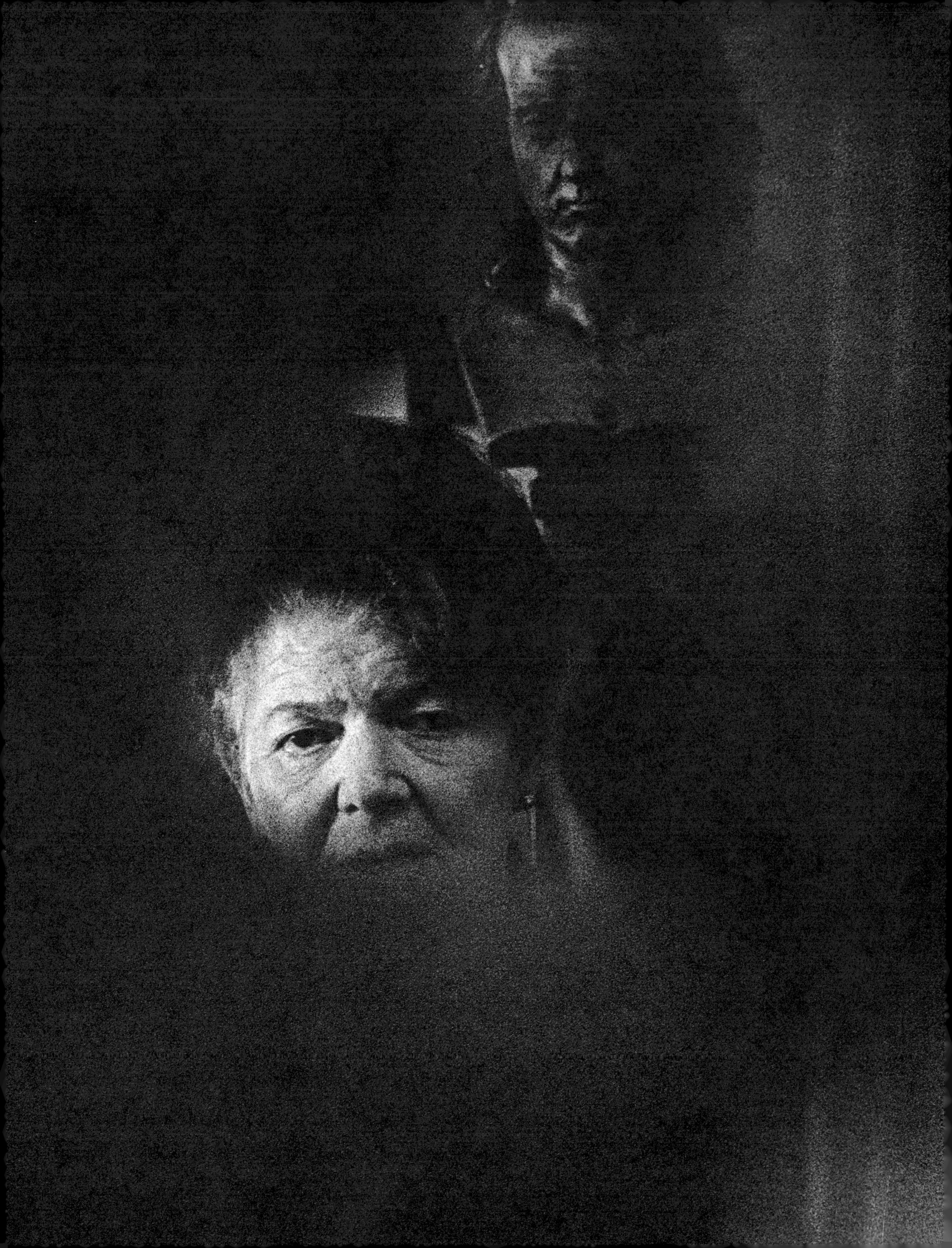

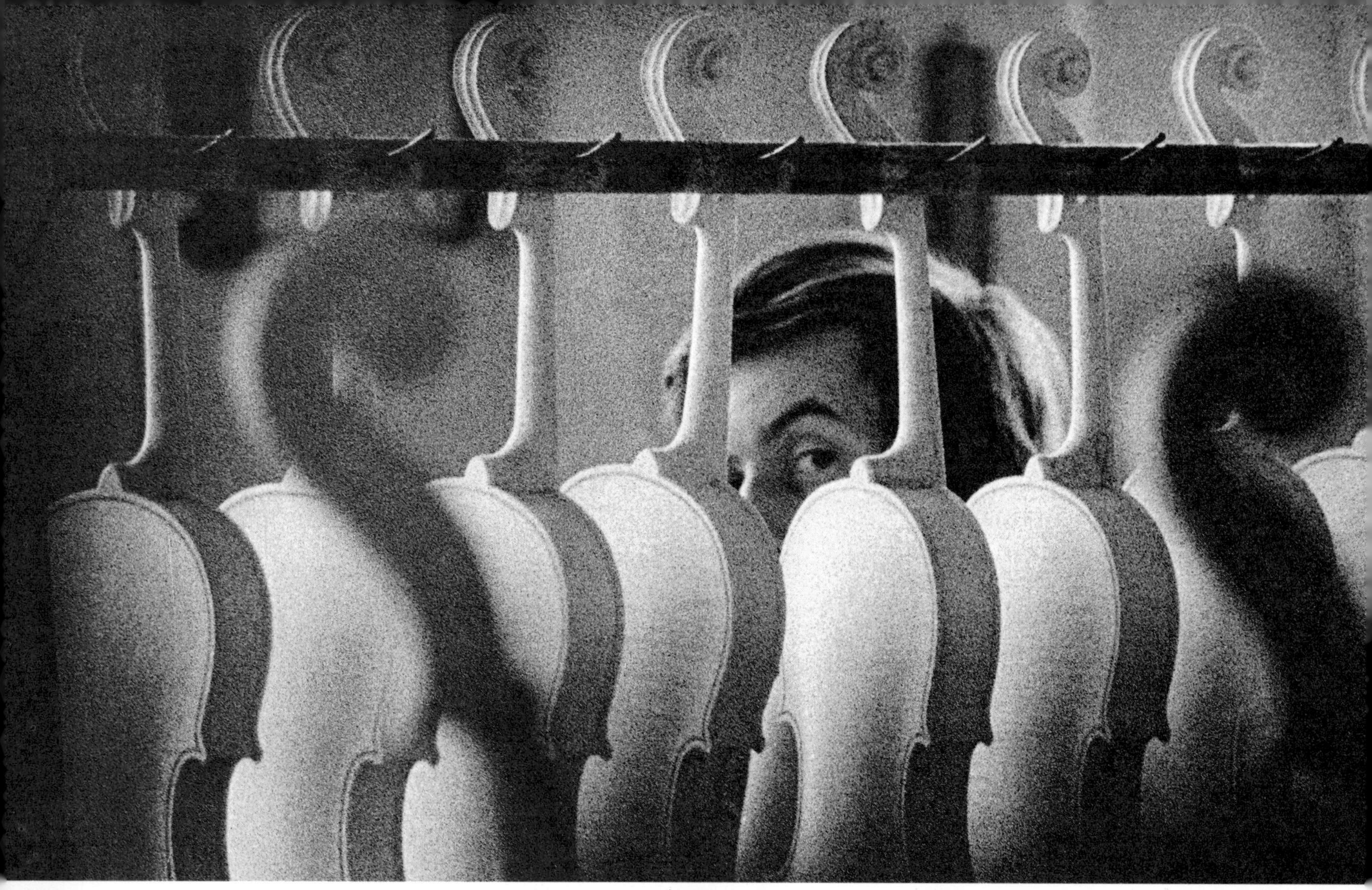
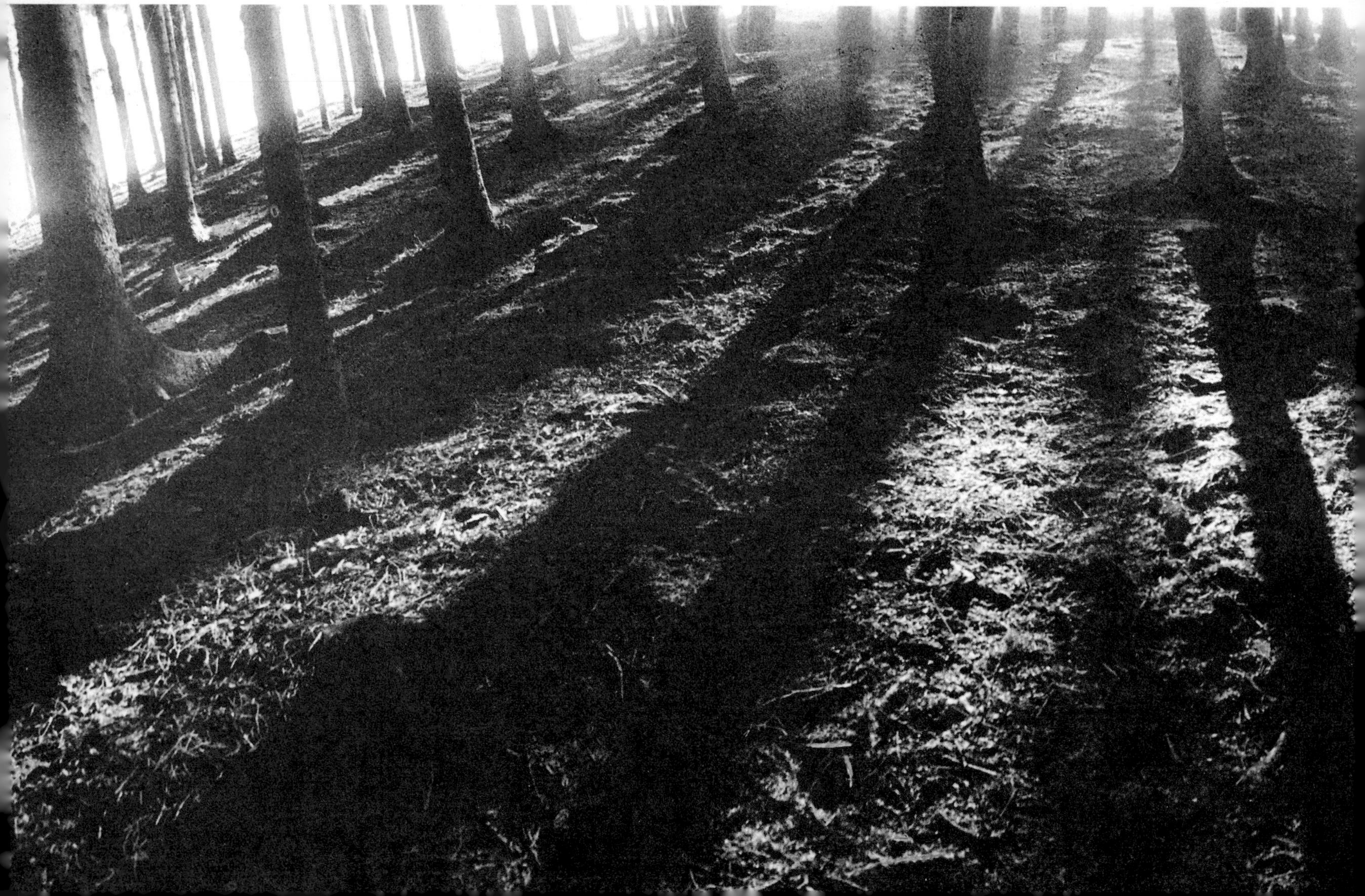

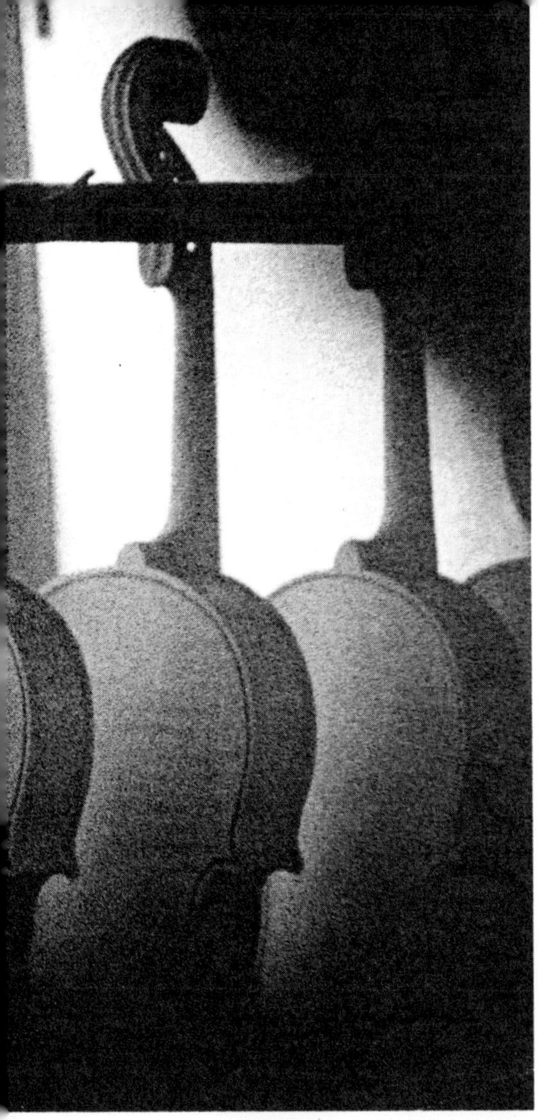

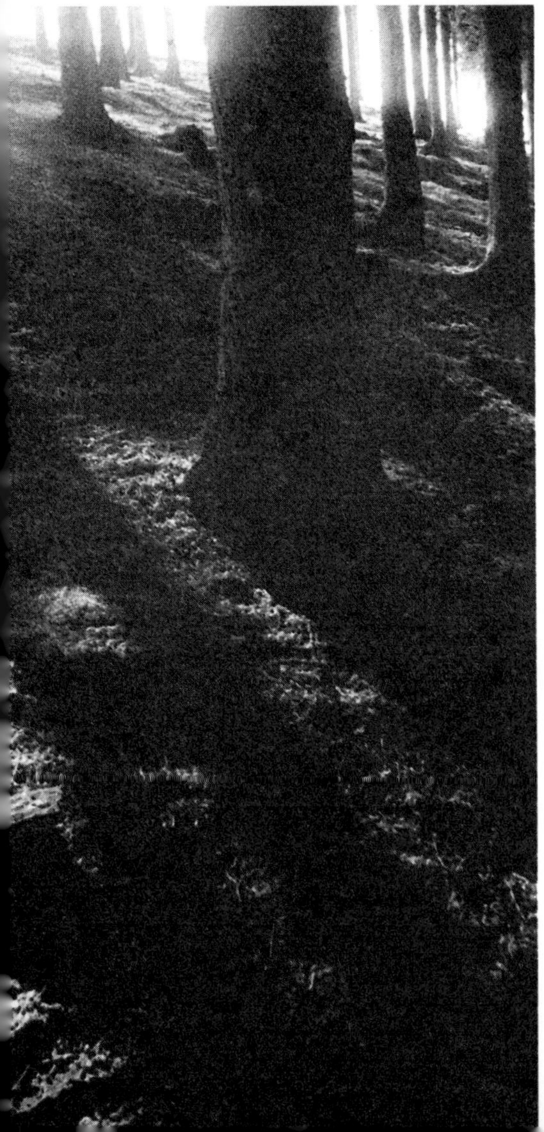

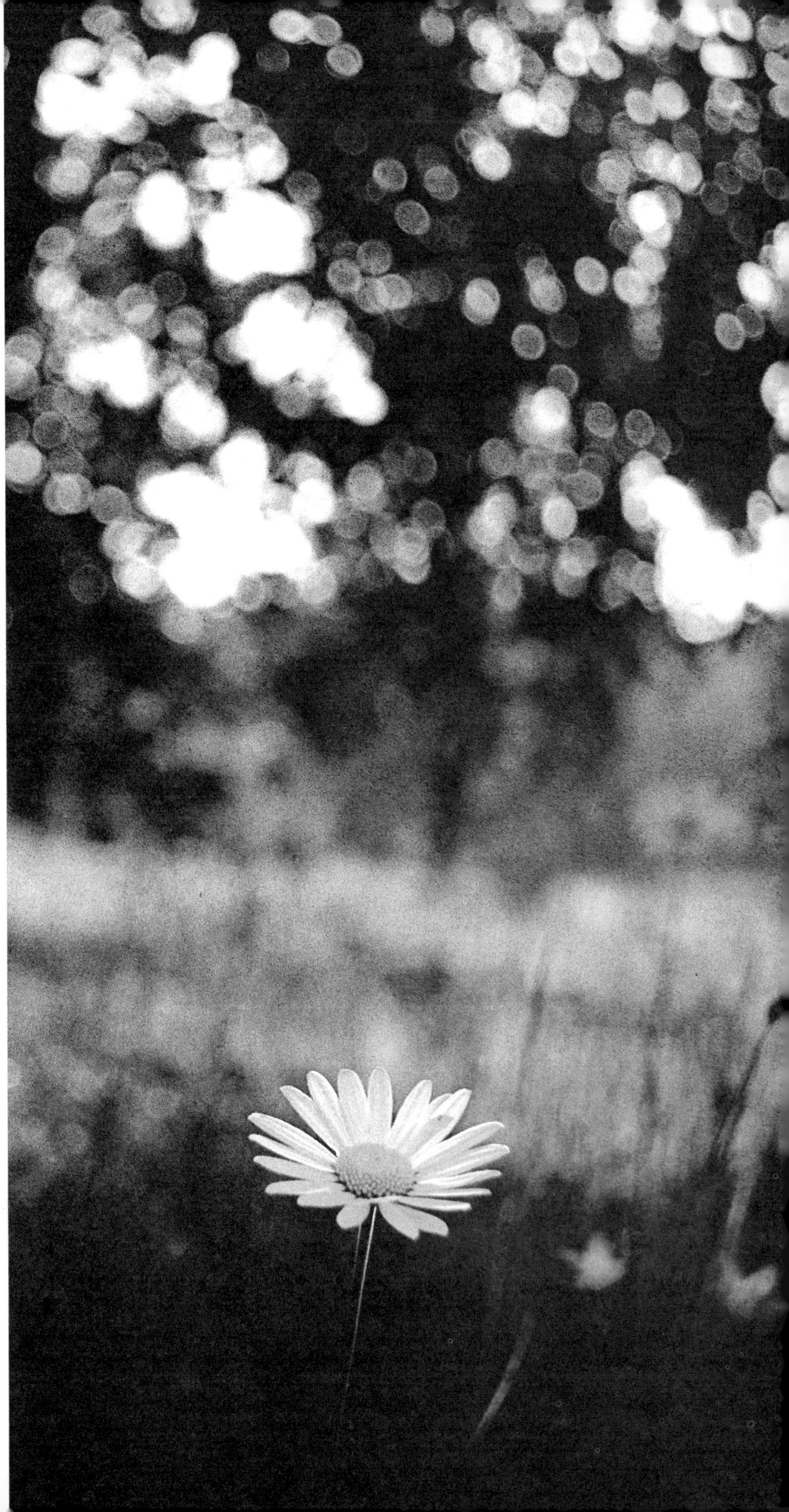

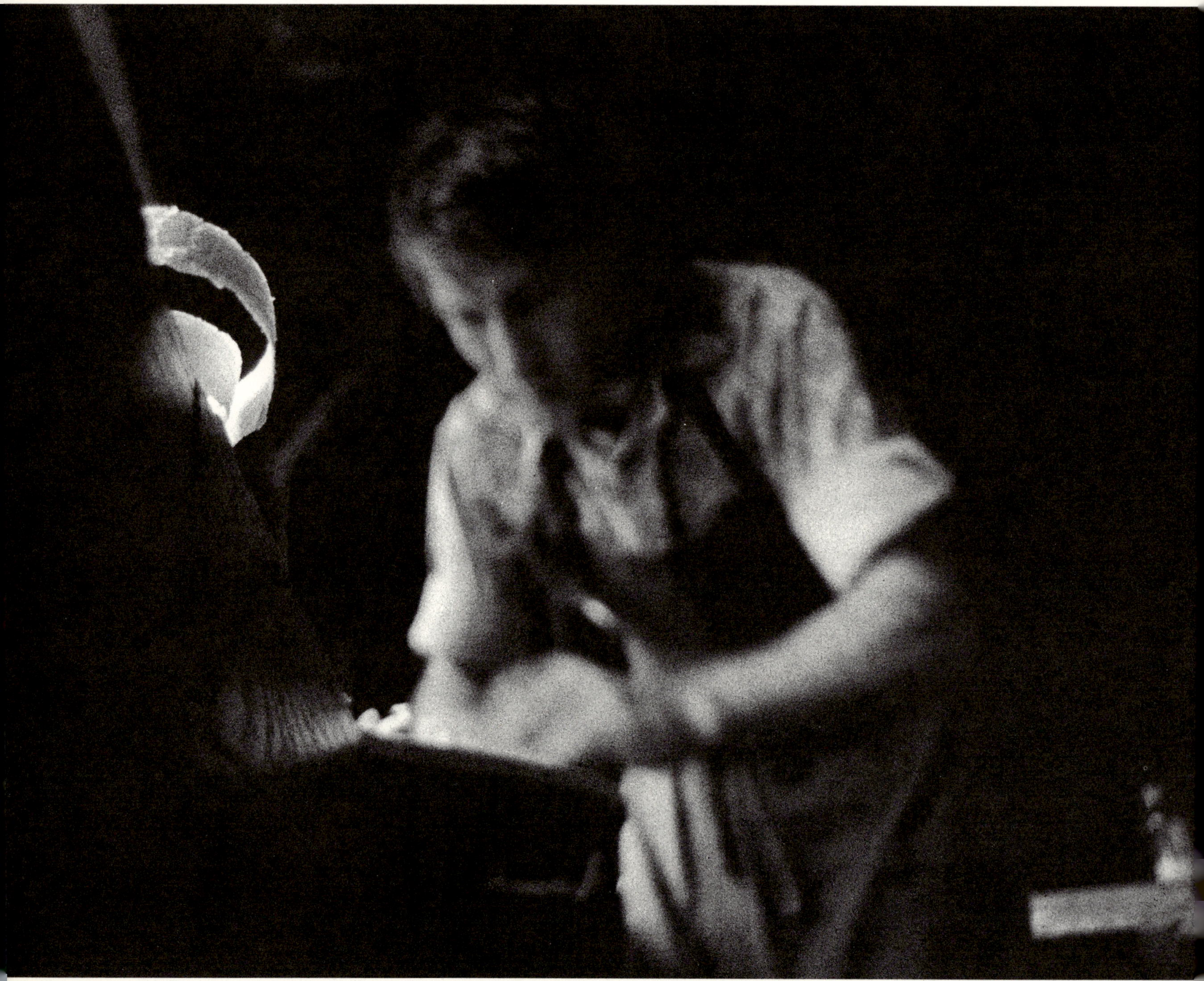

65

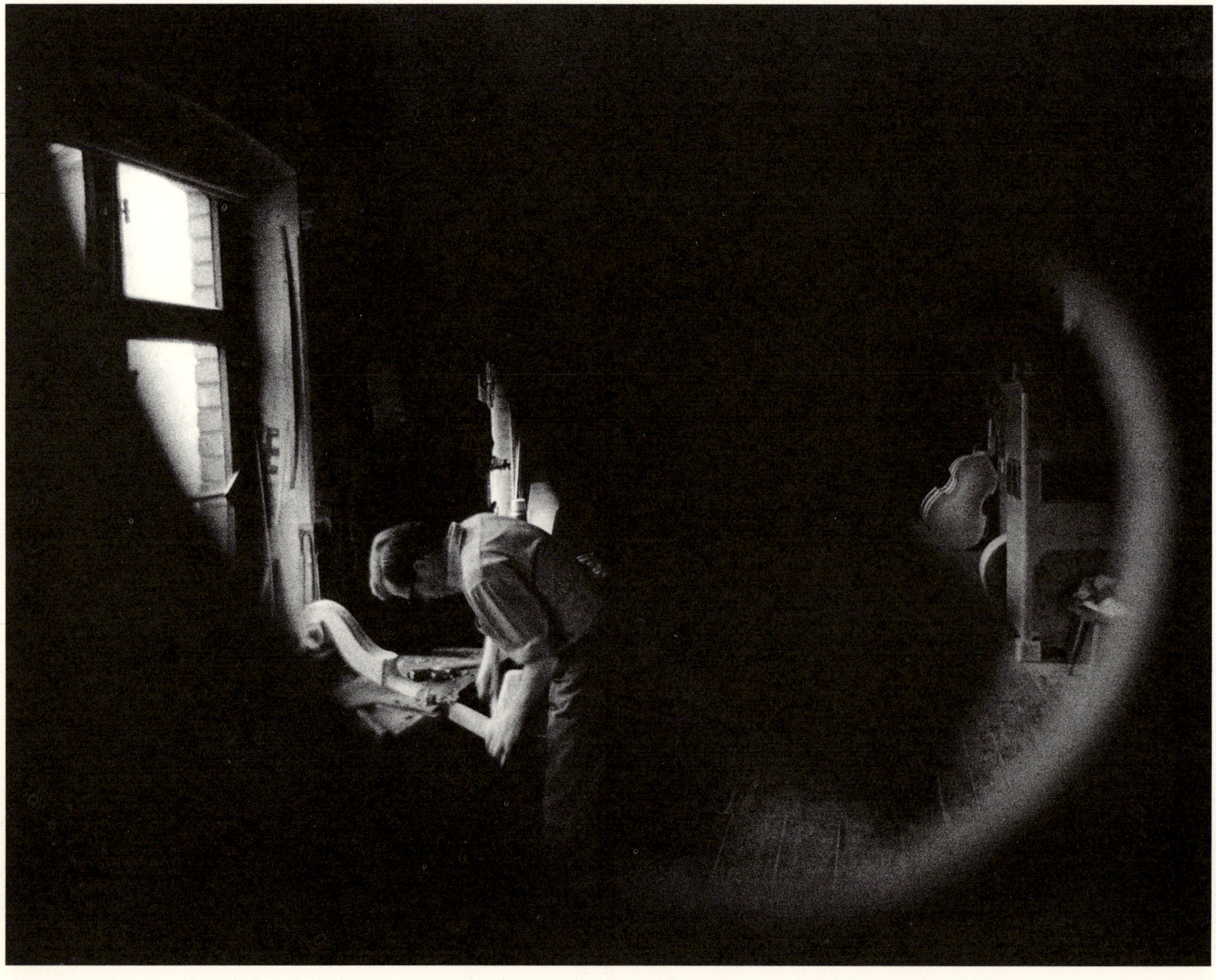

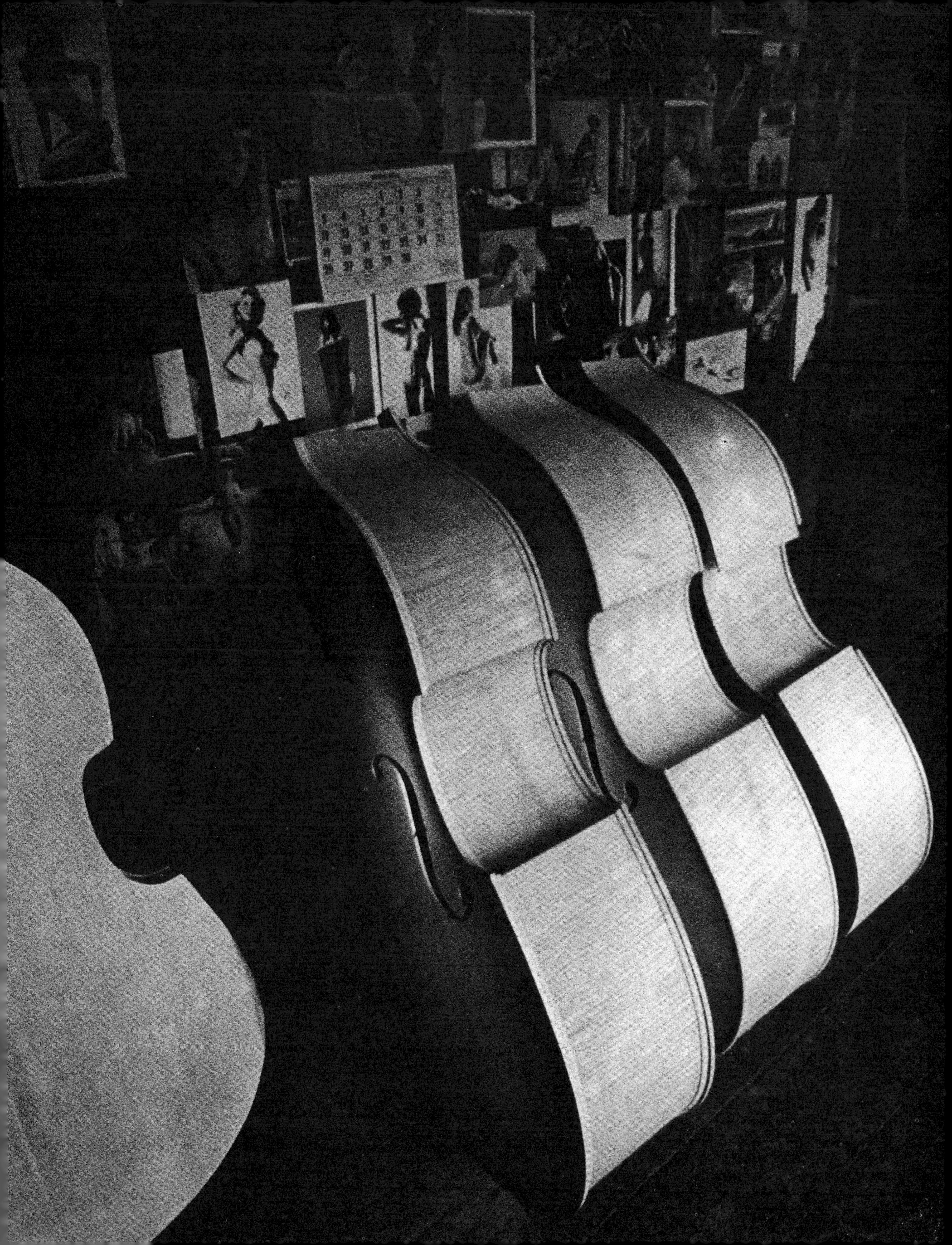

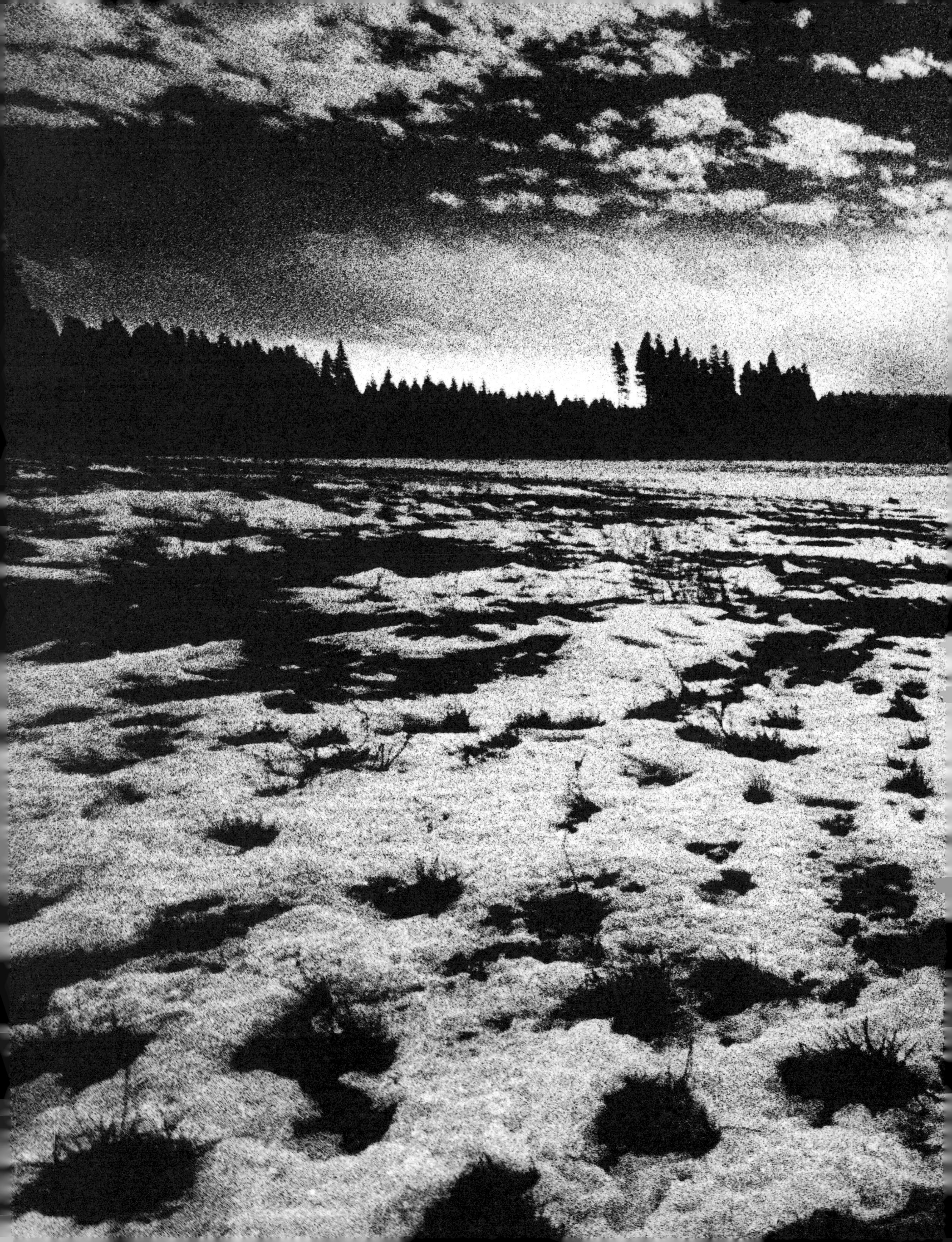

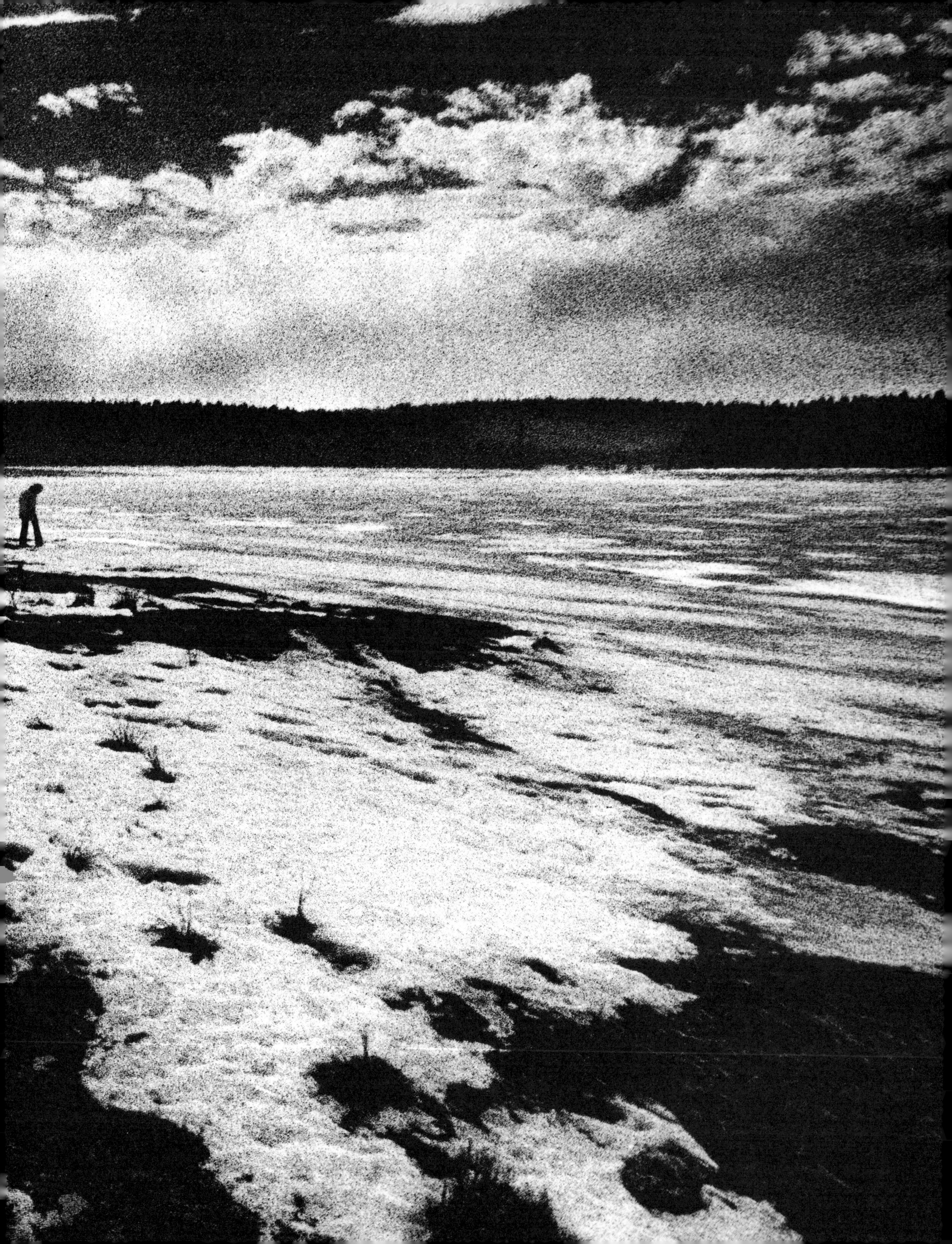

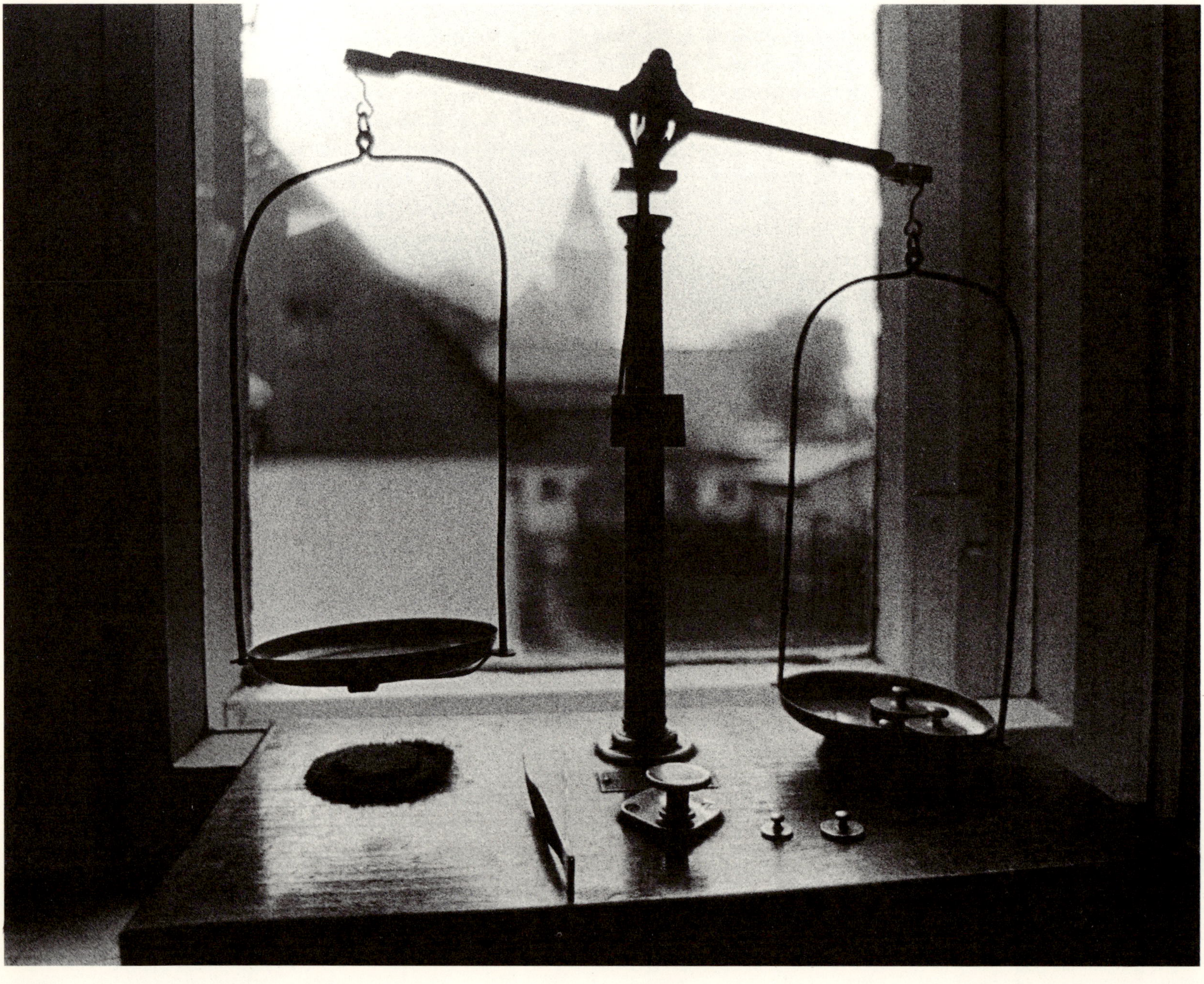

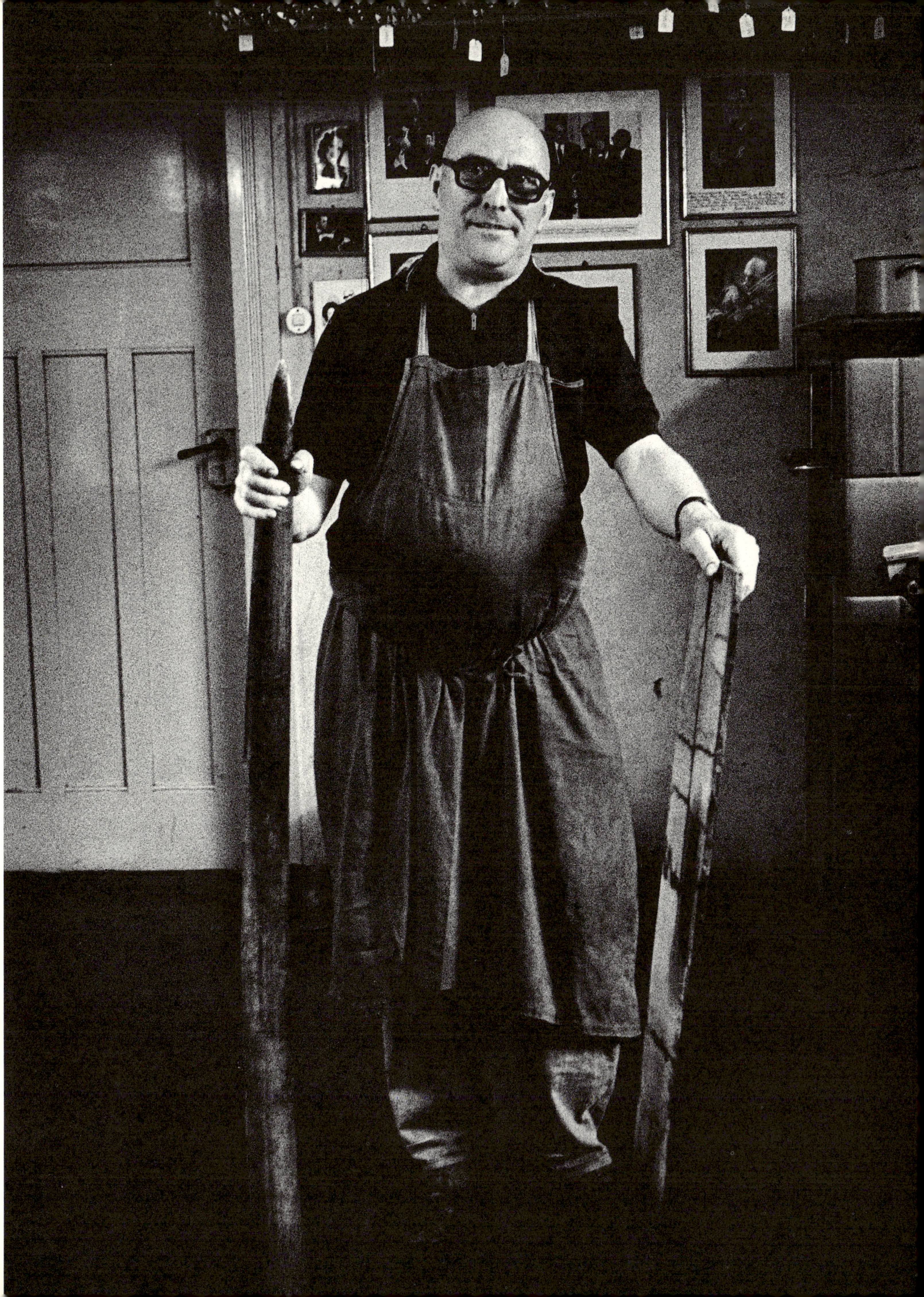

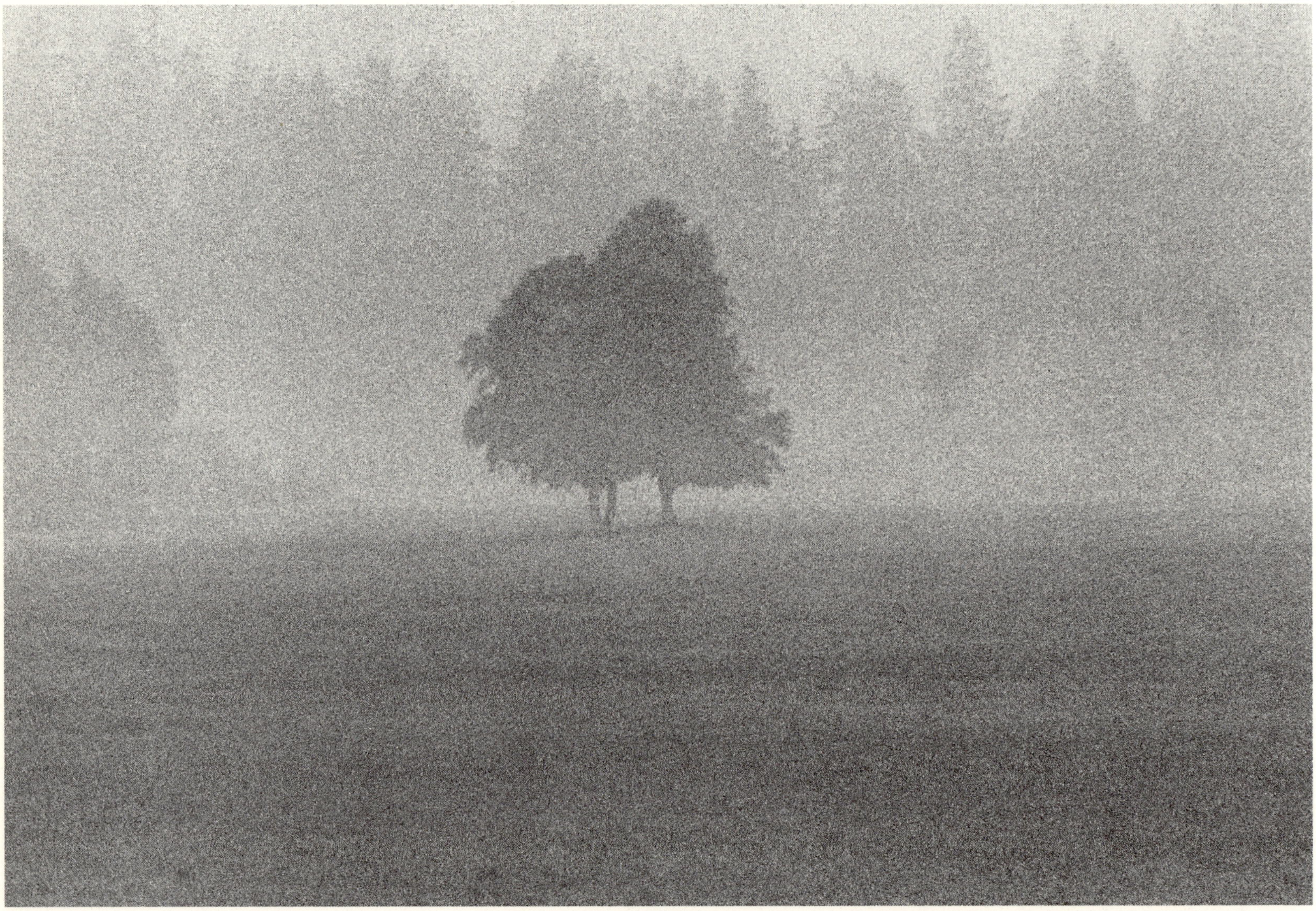

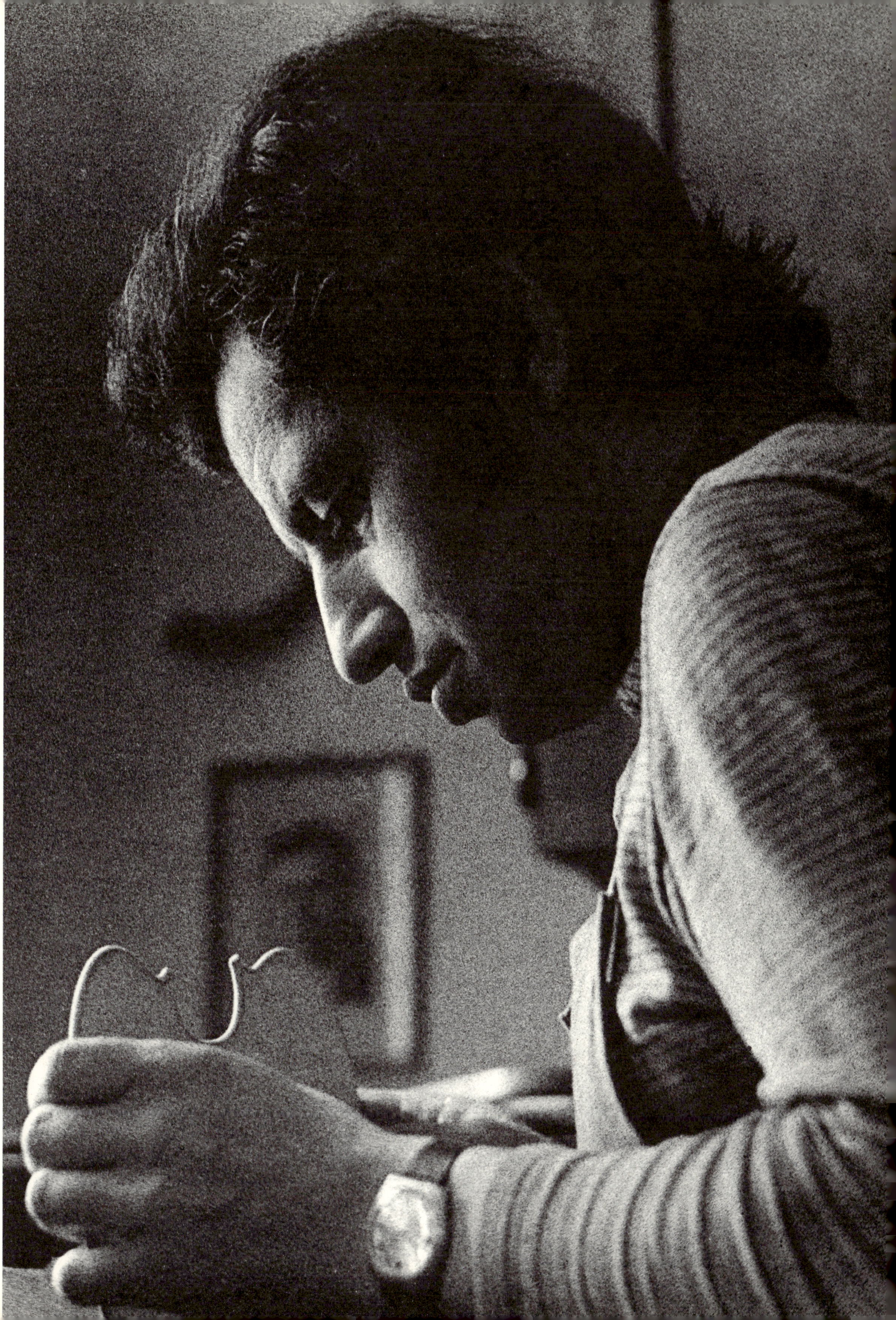

74

75

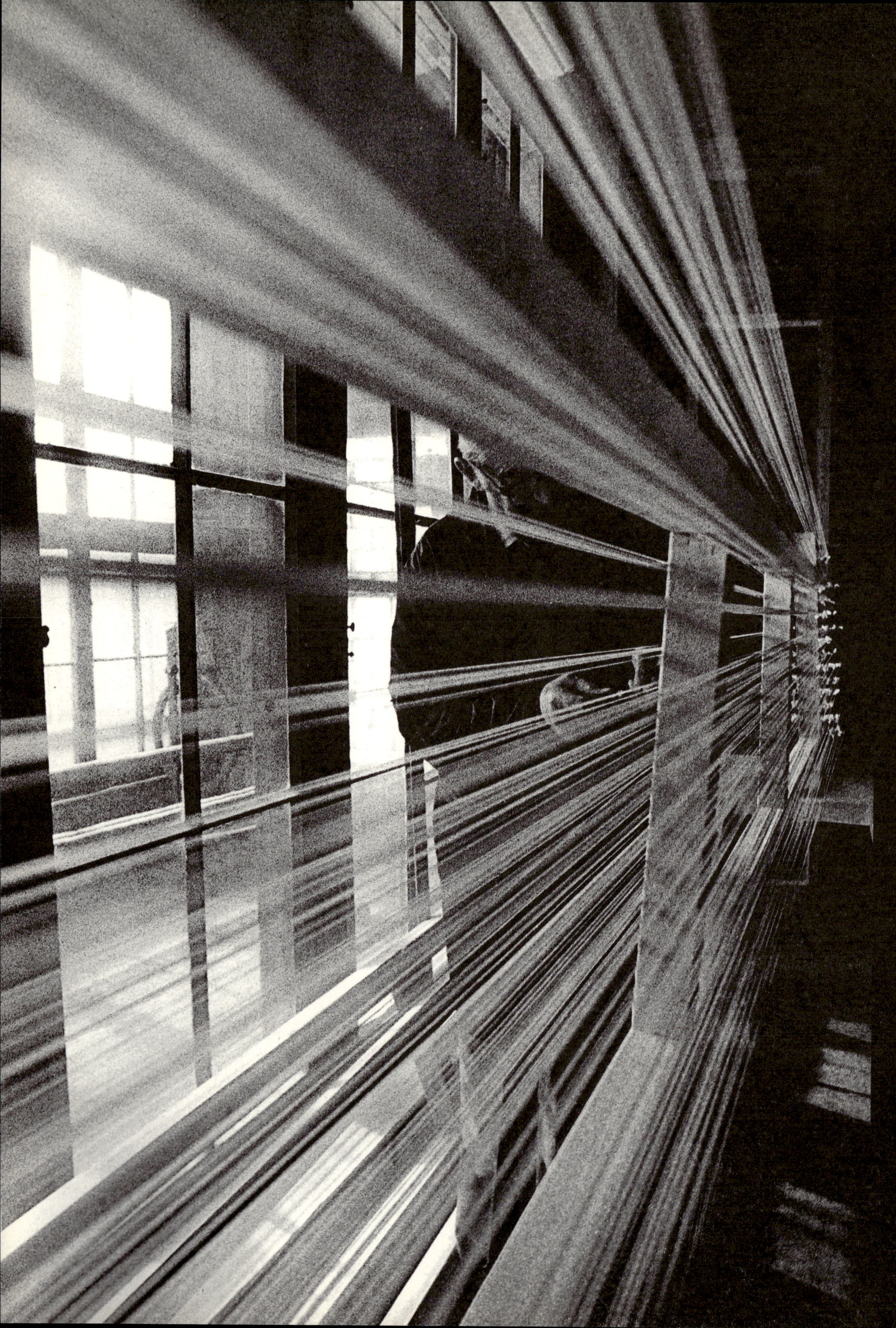

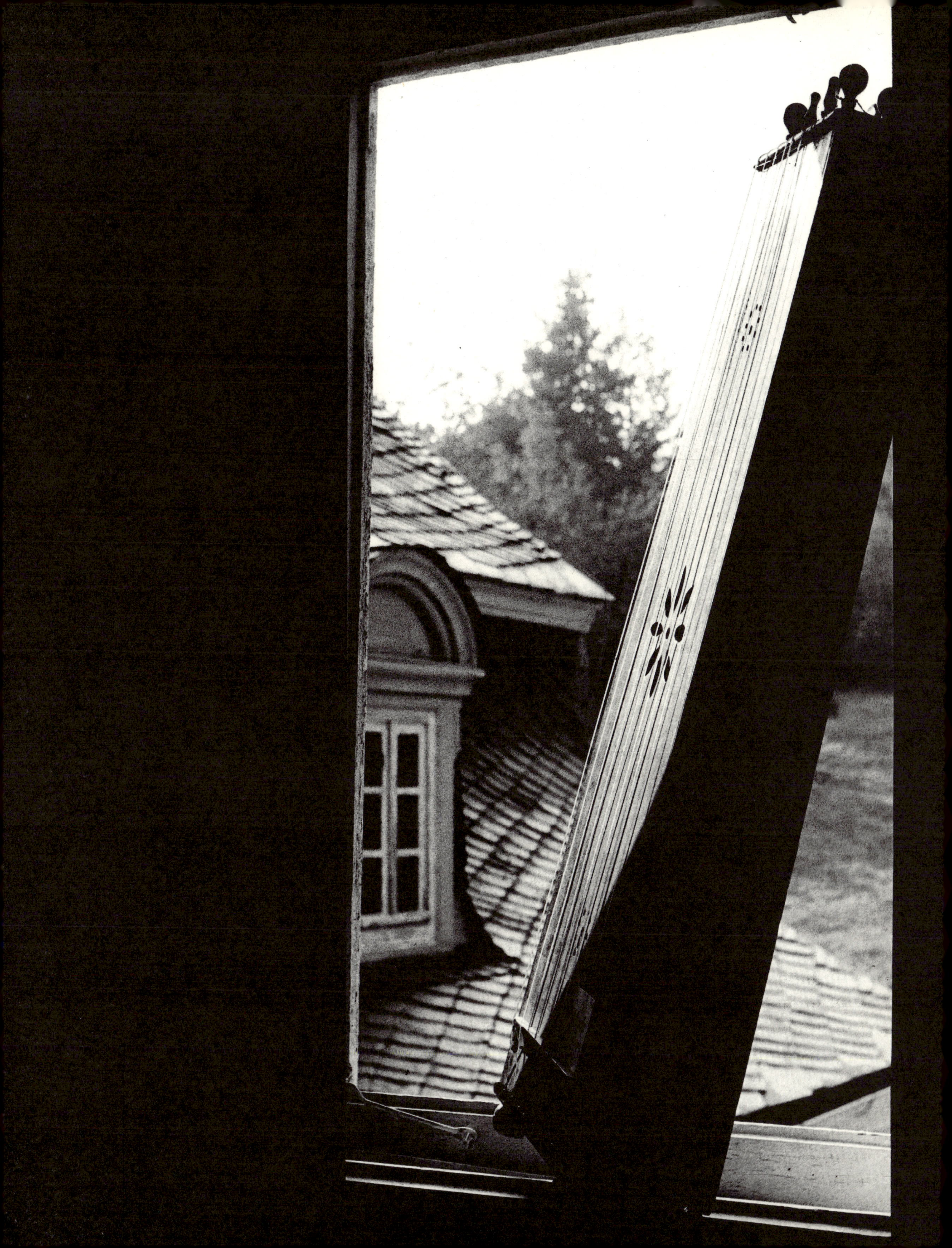

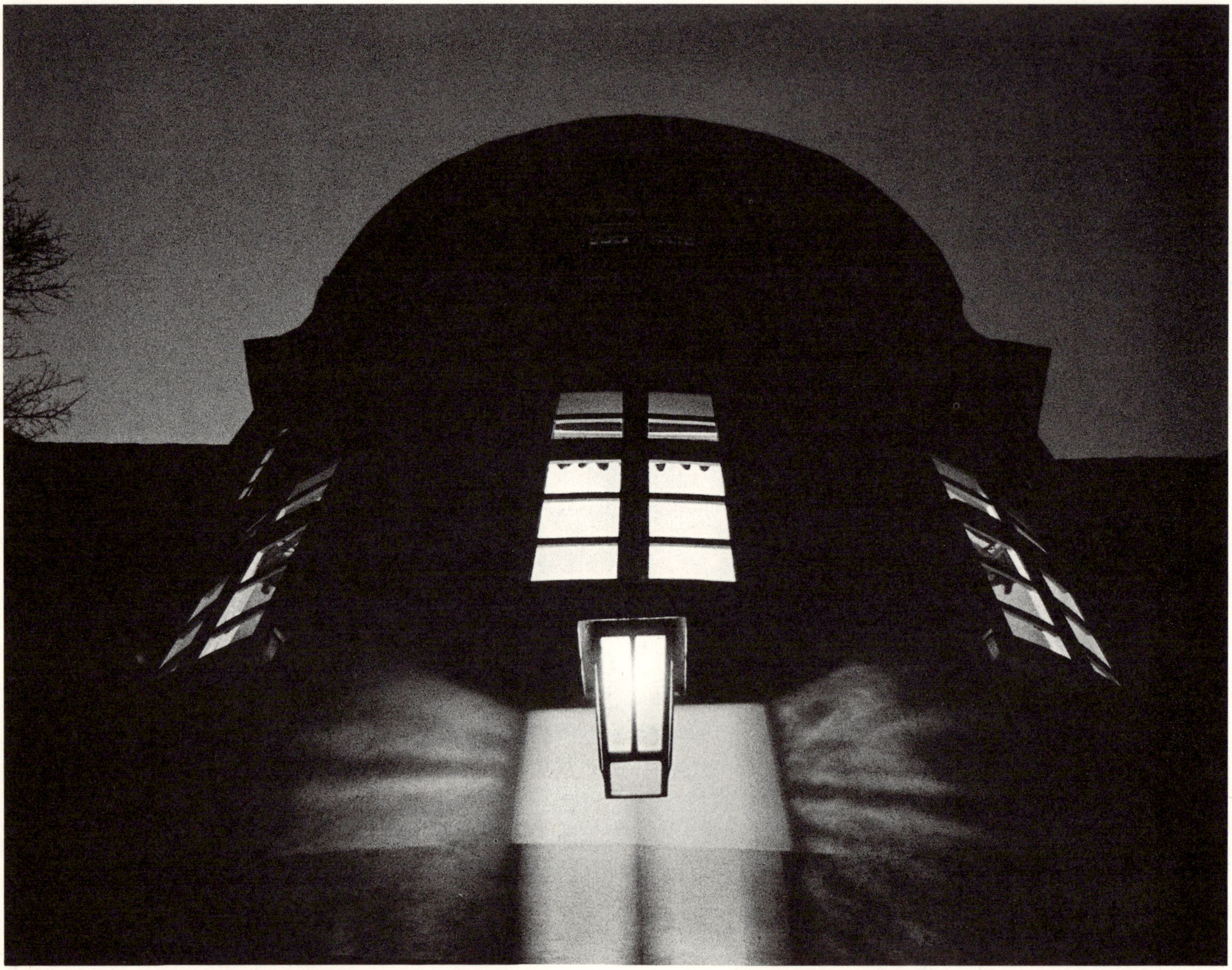

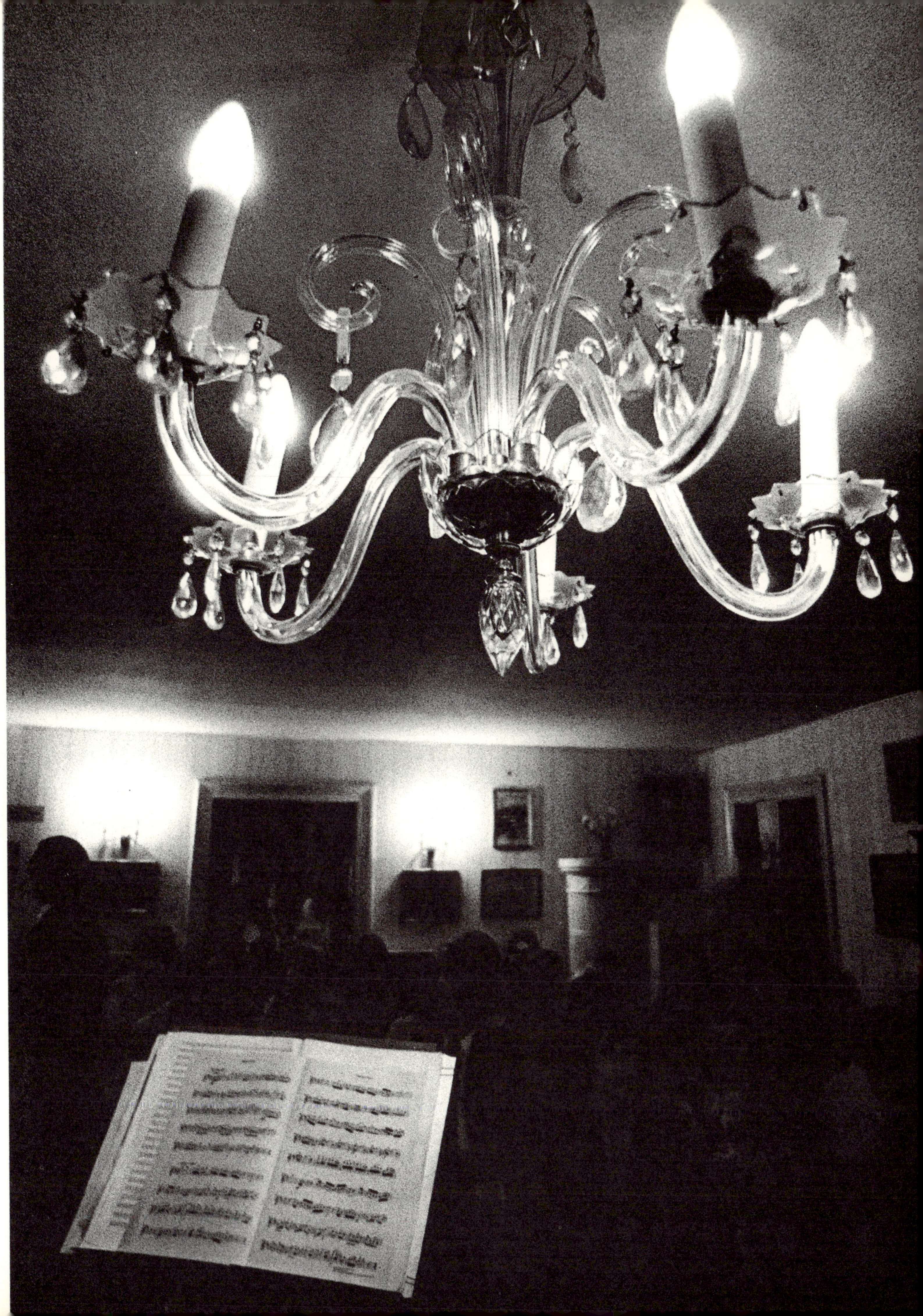

80

81

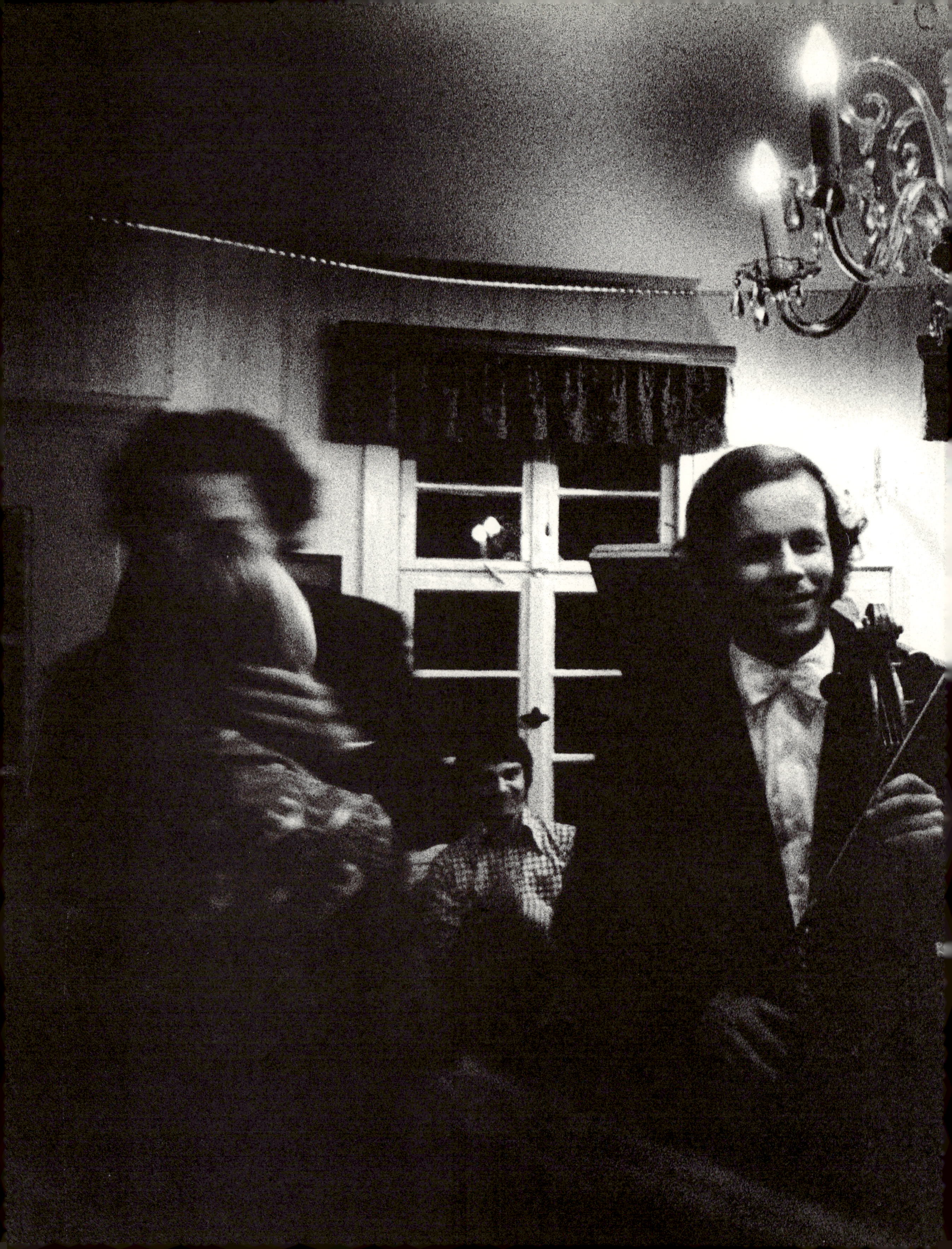

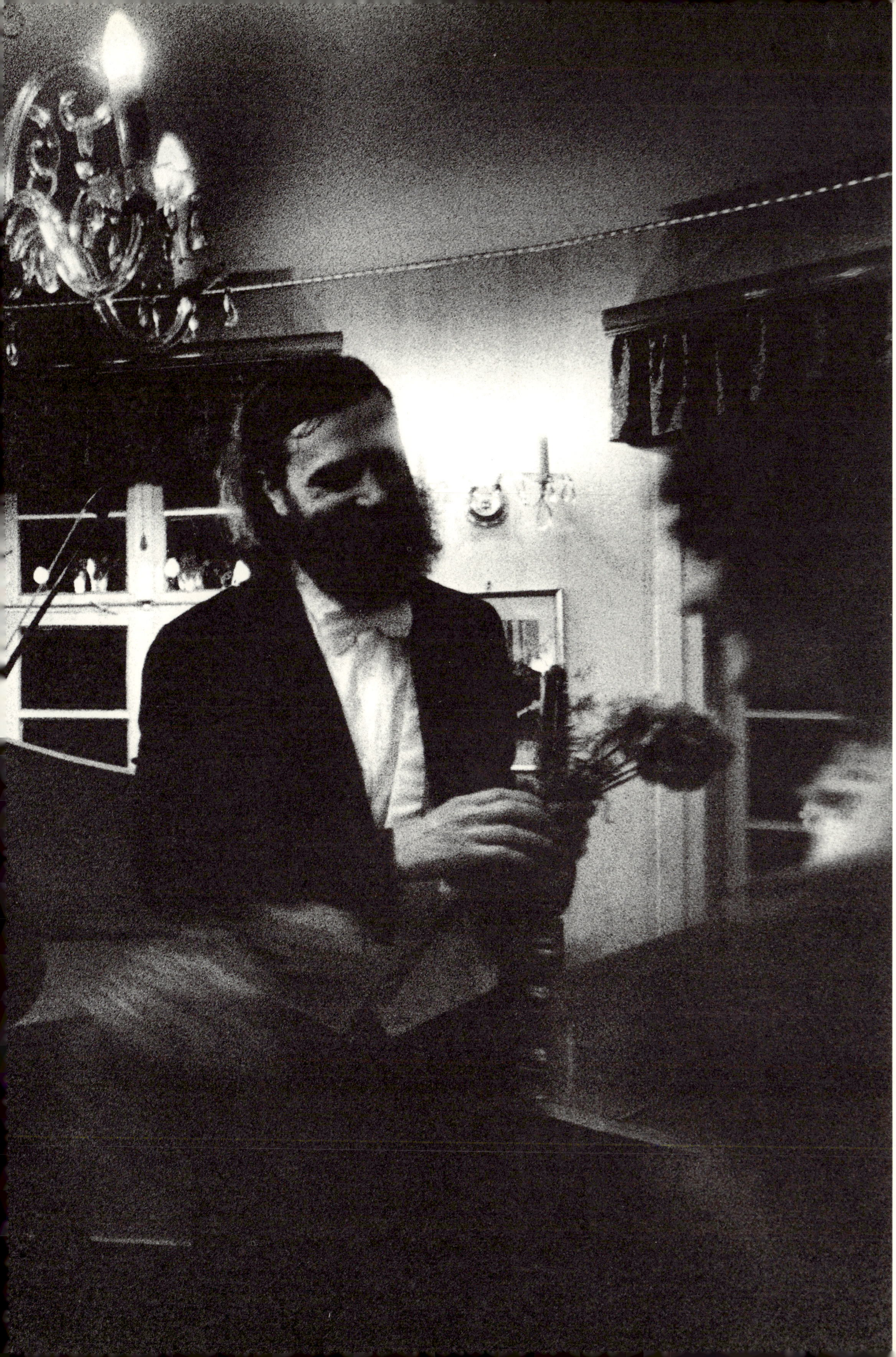

84

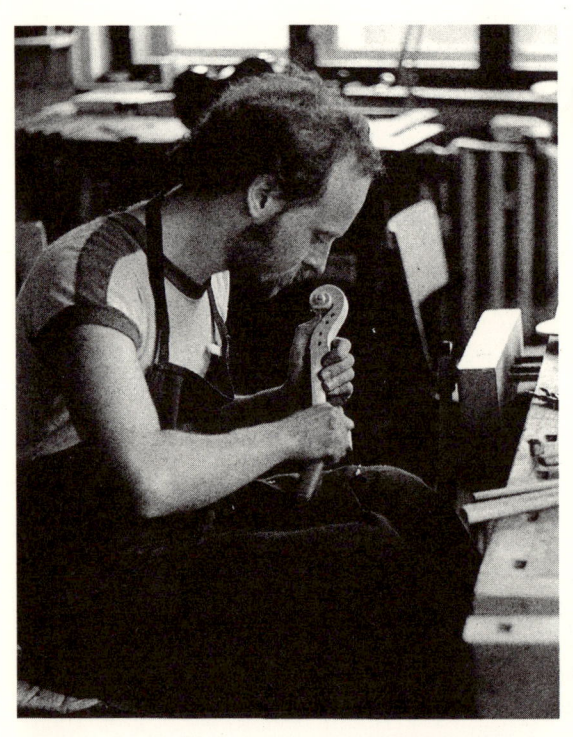

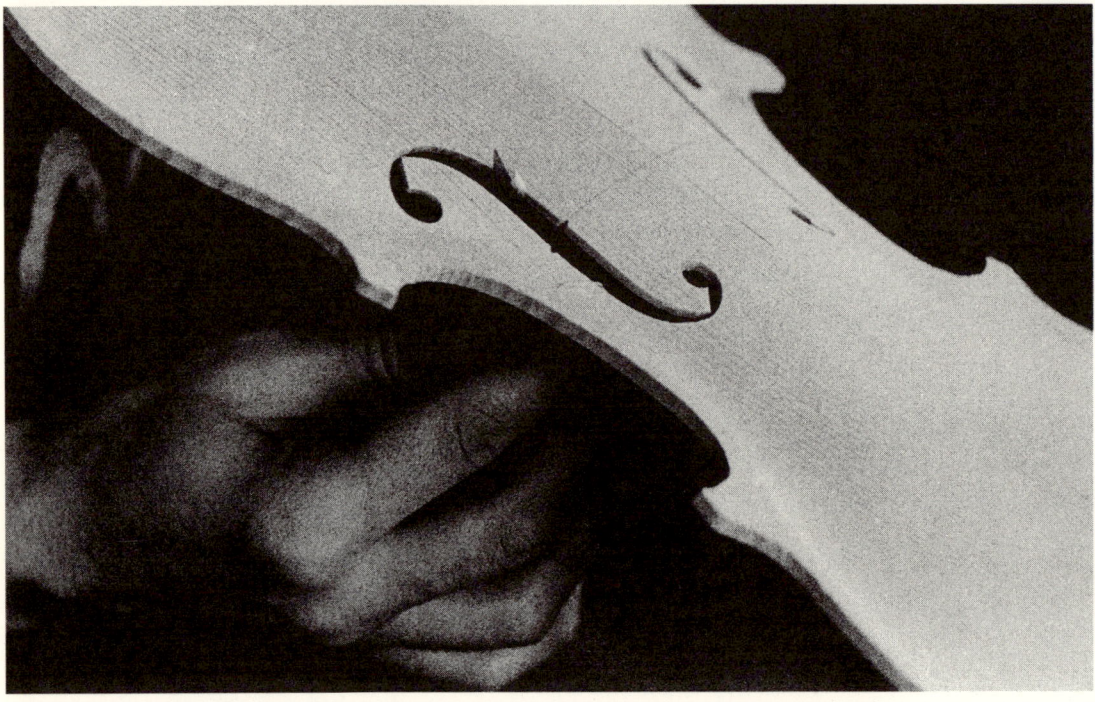

85

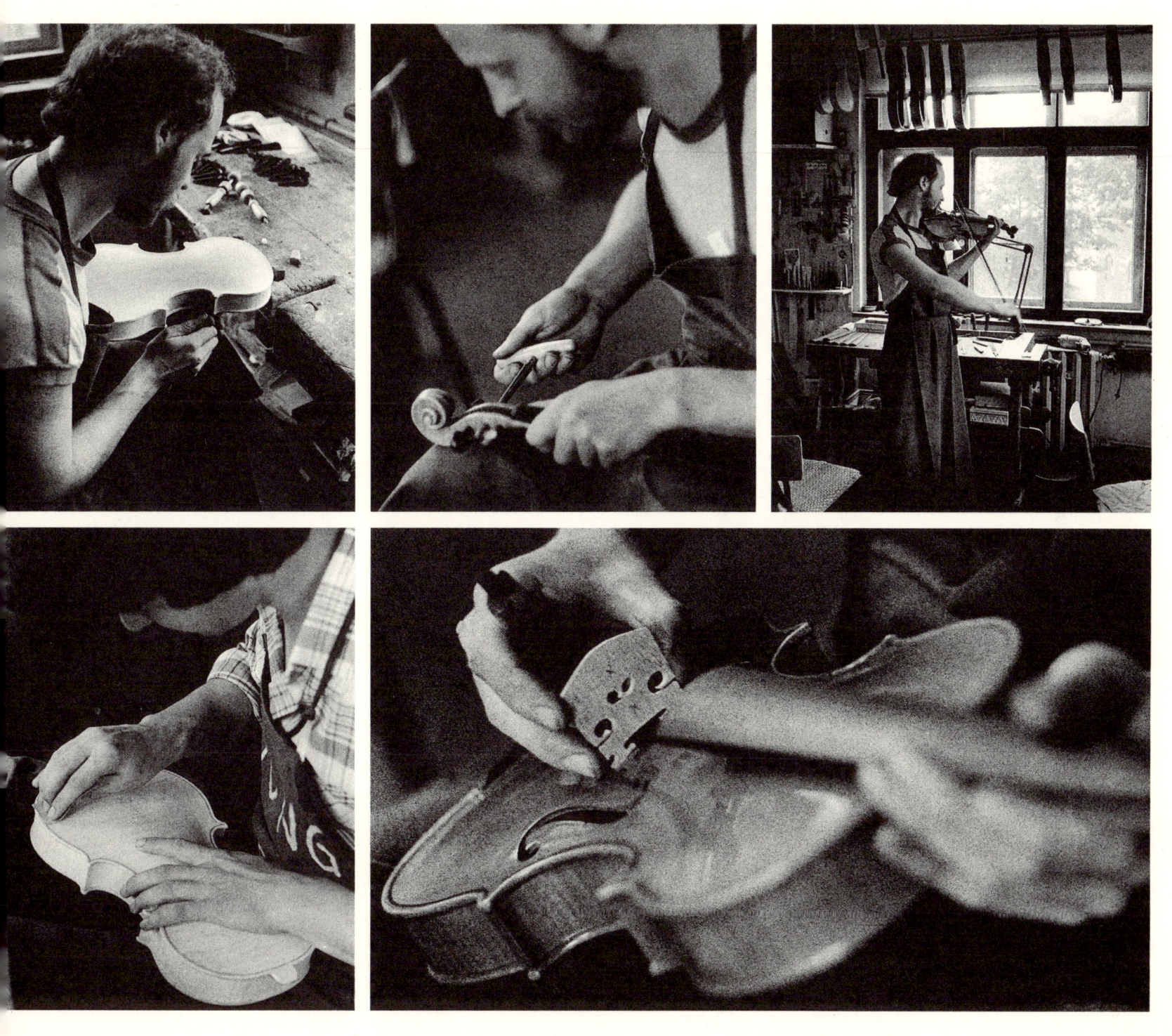

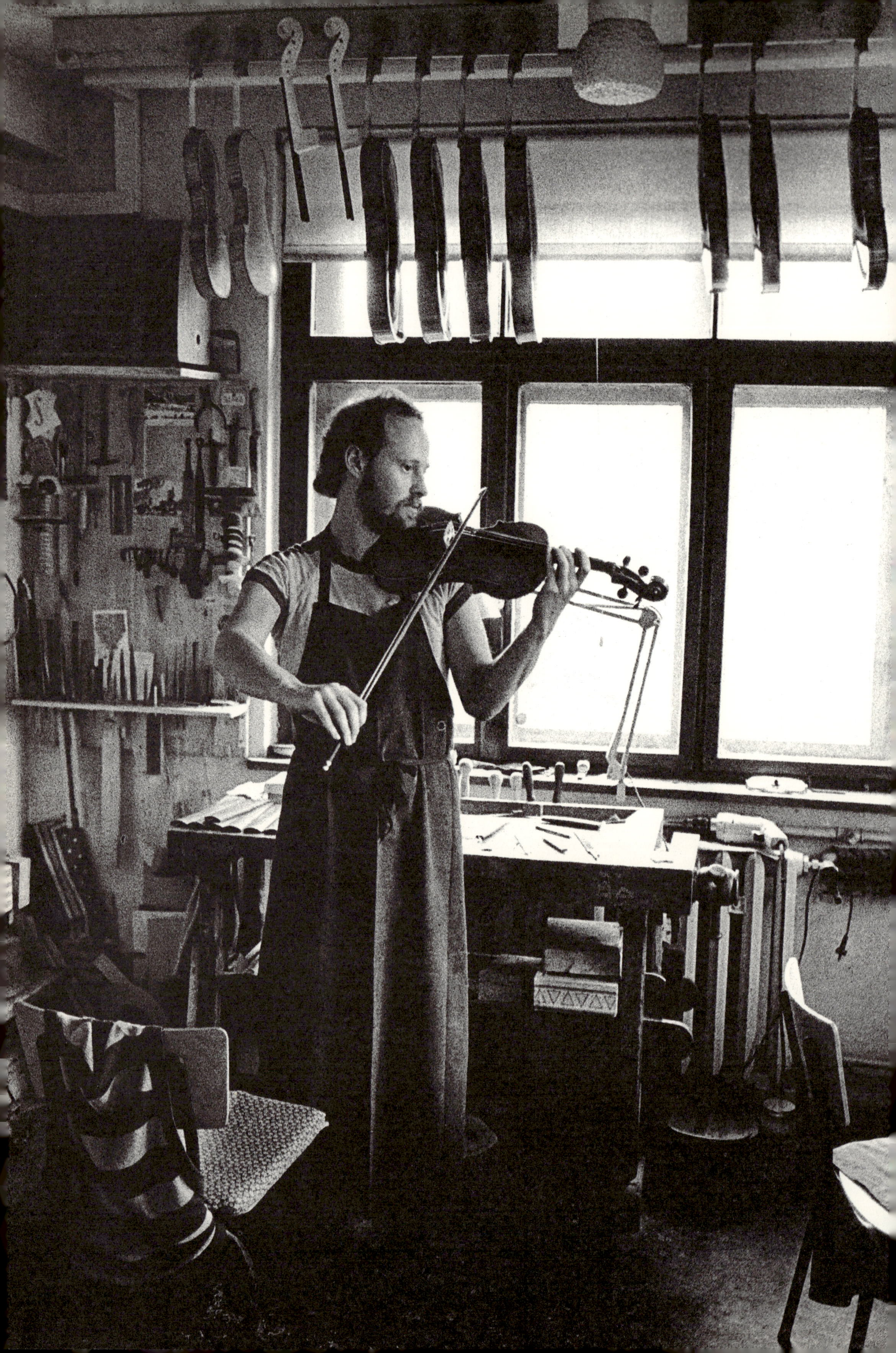

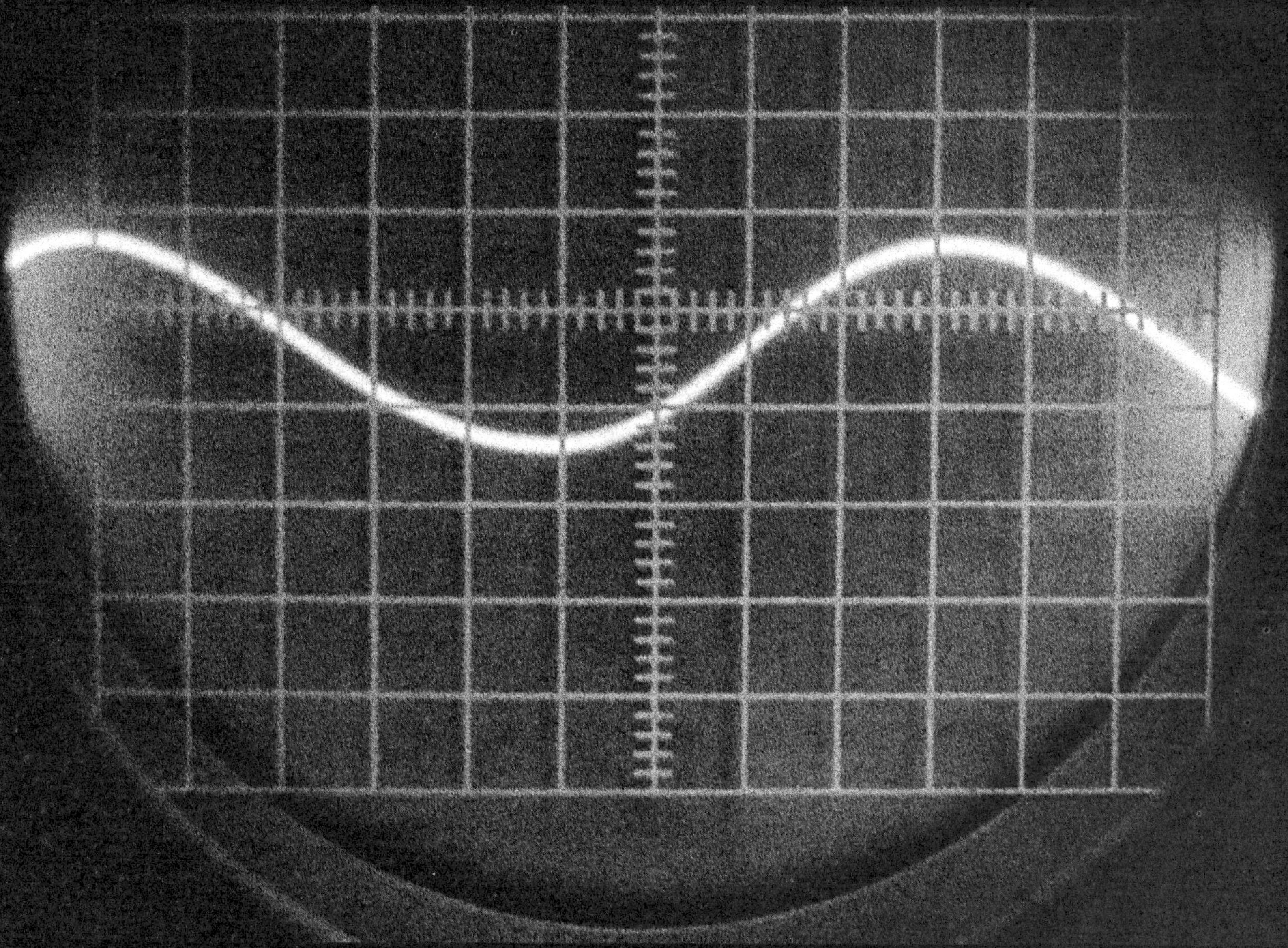

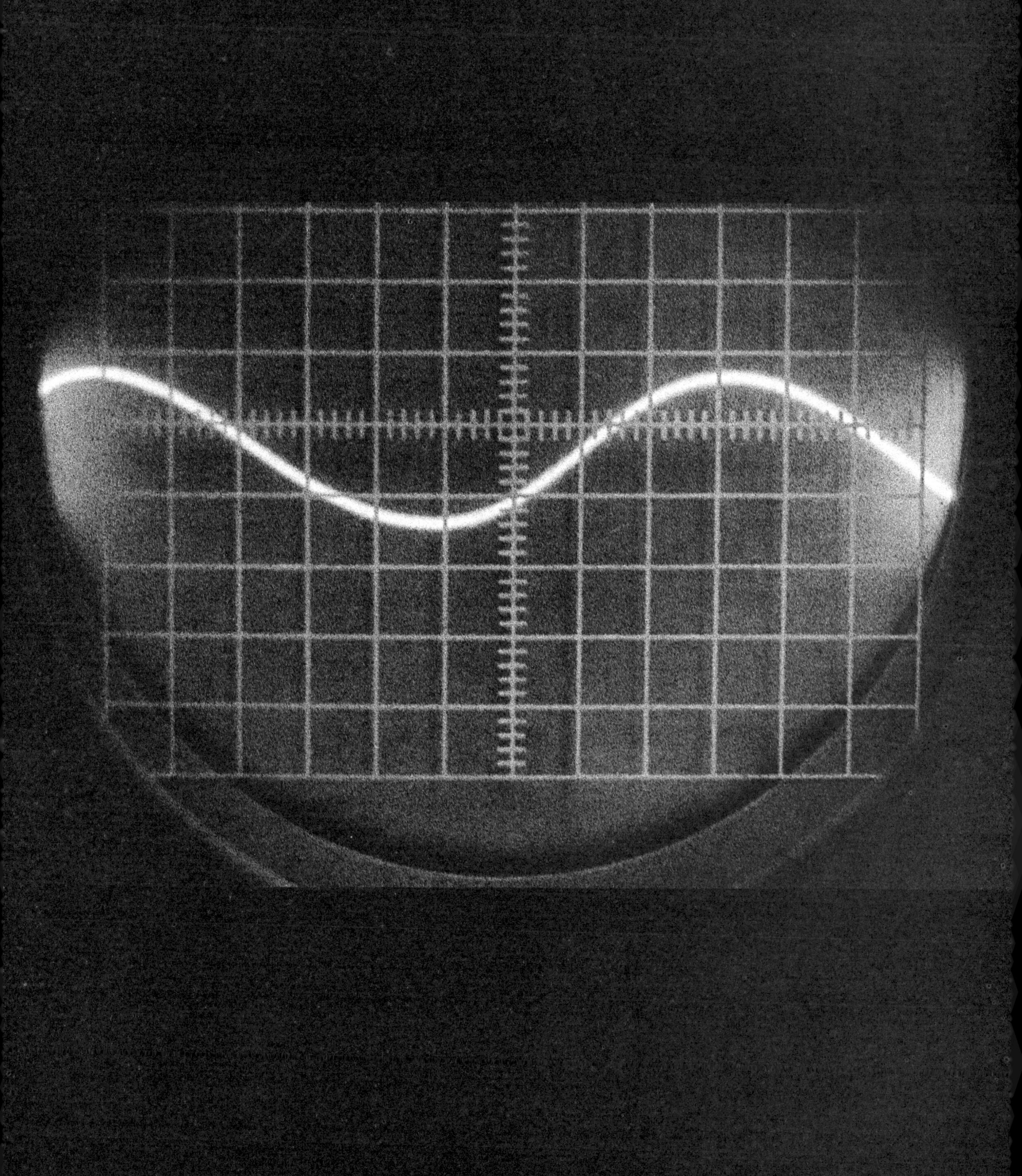

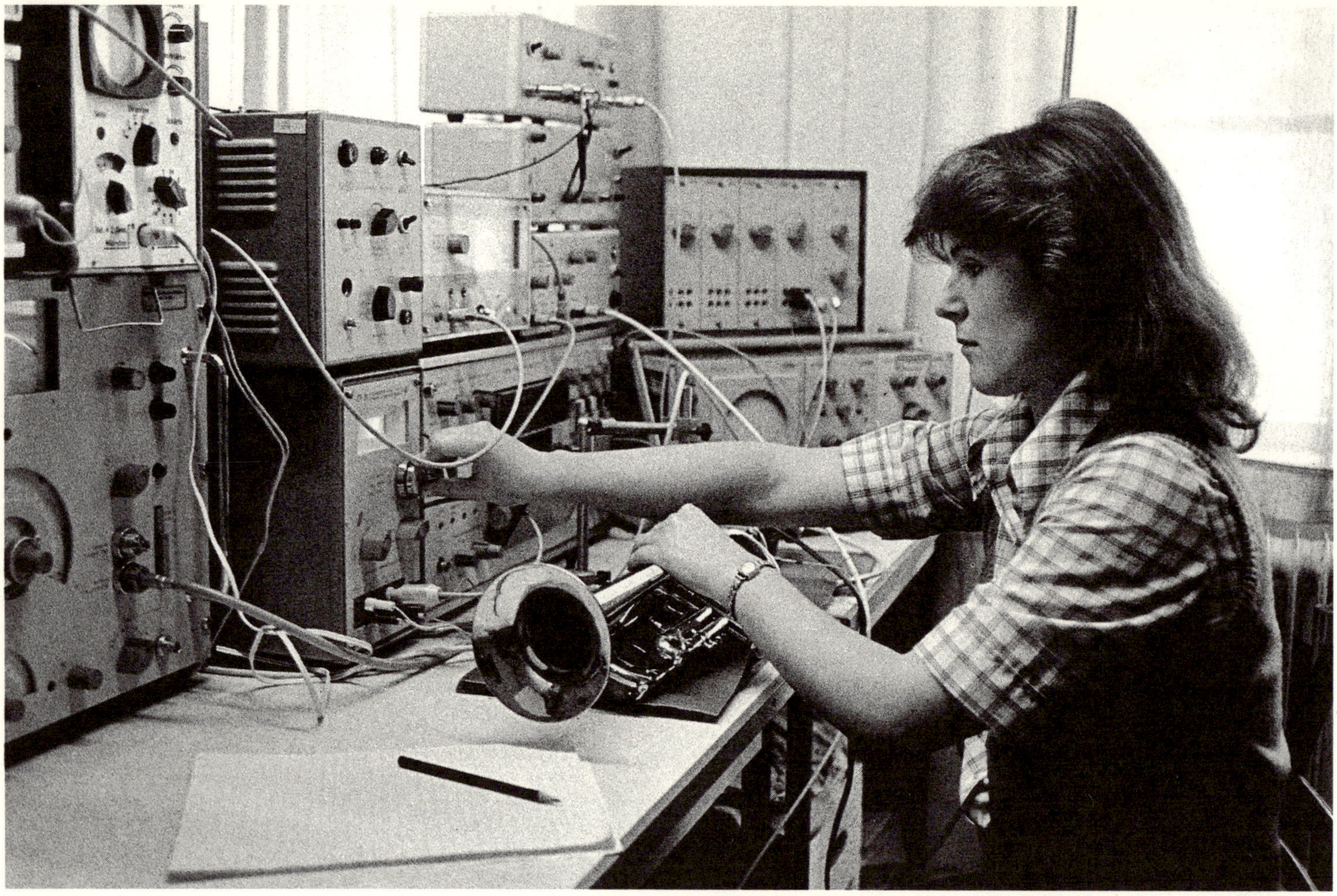

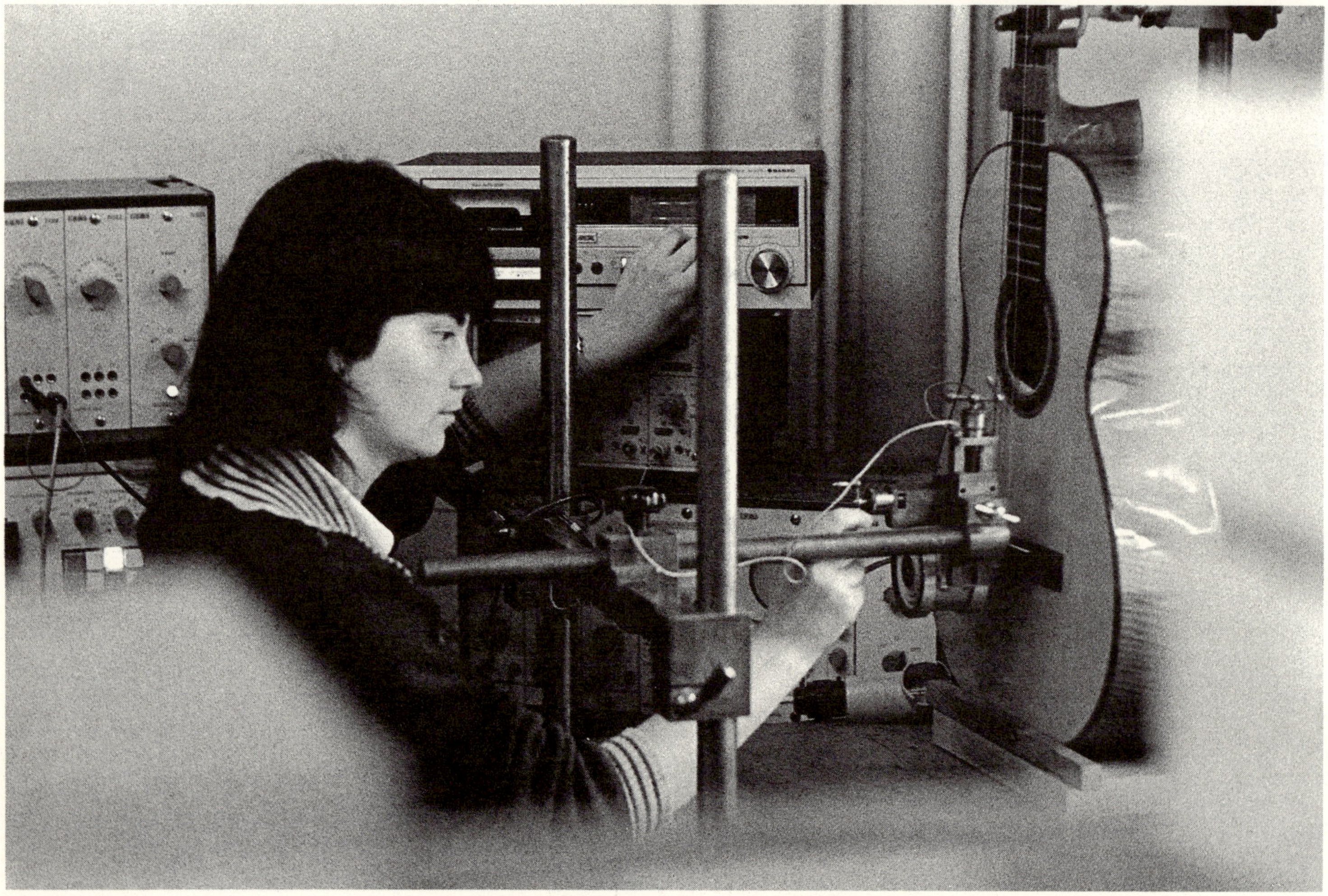

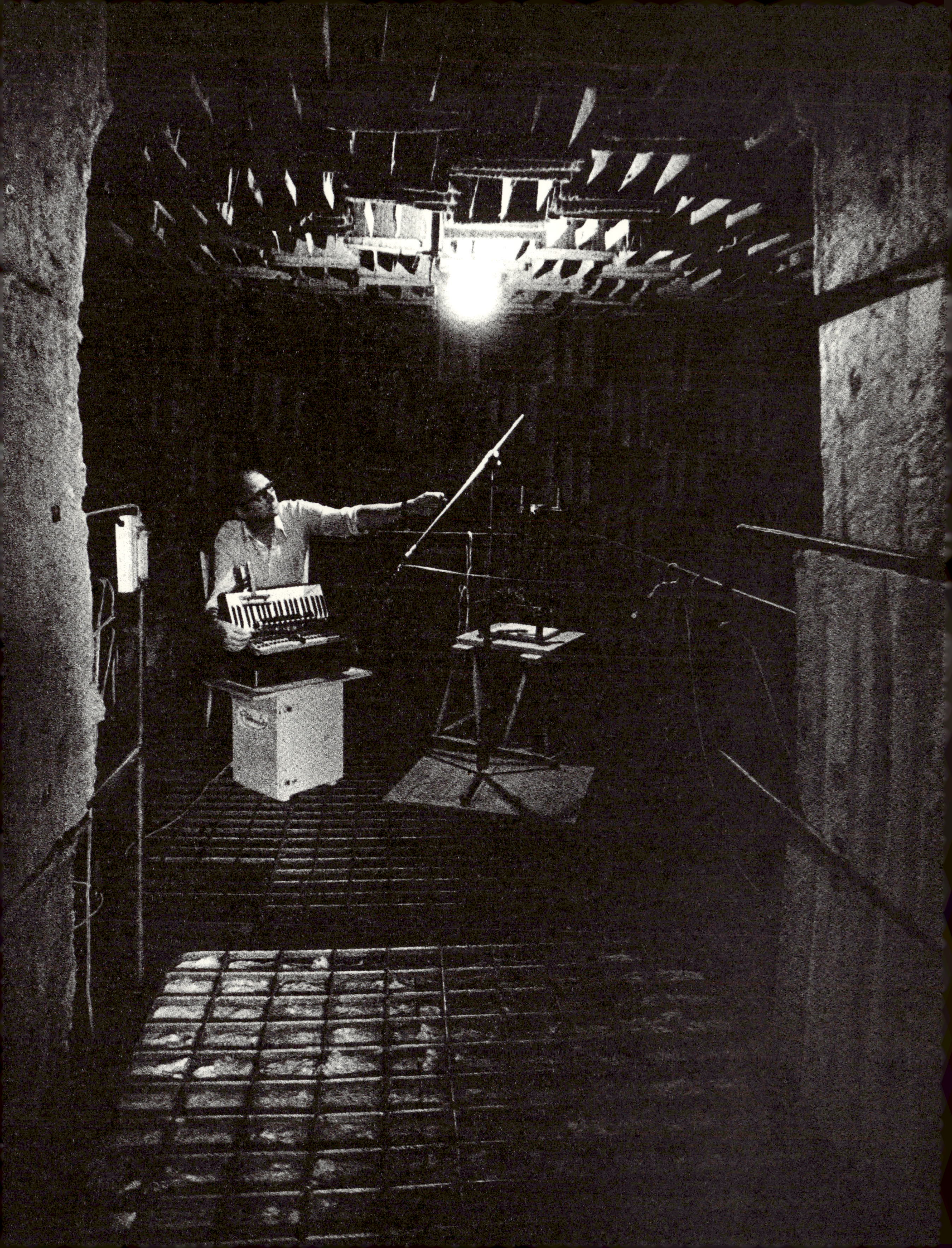

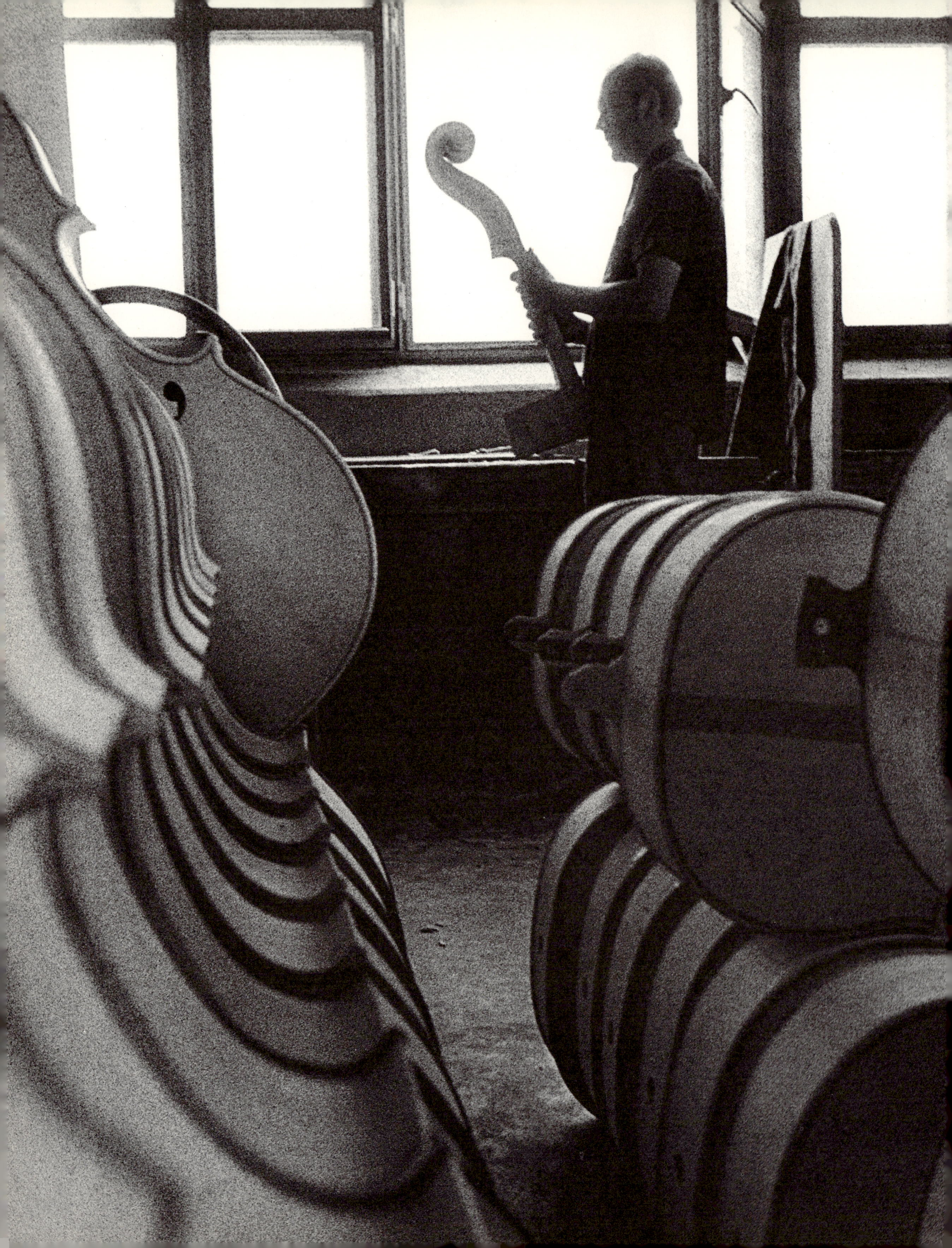

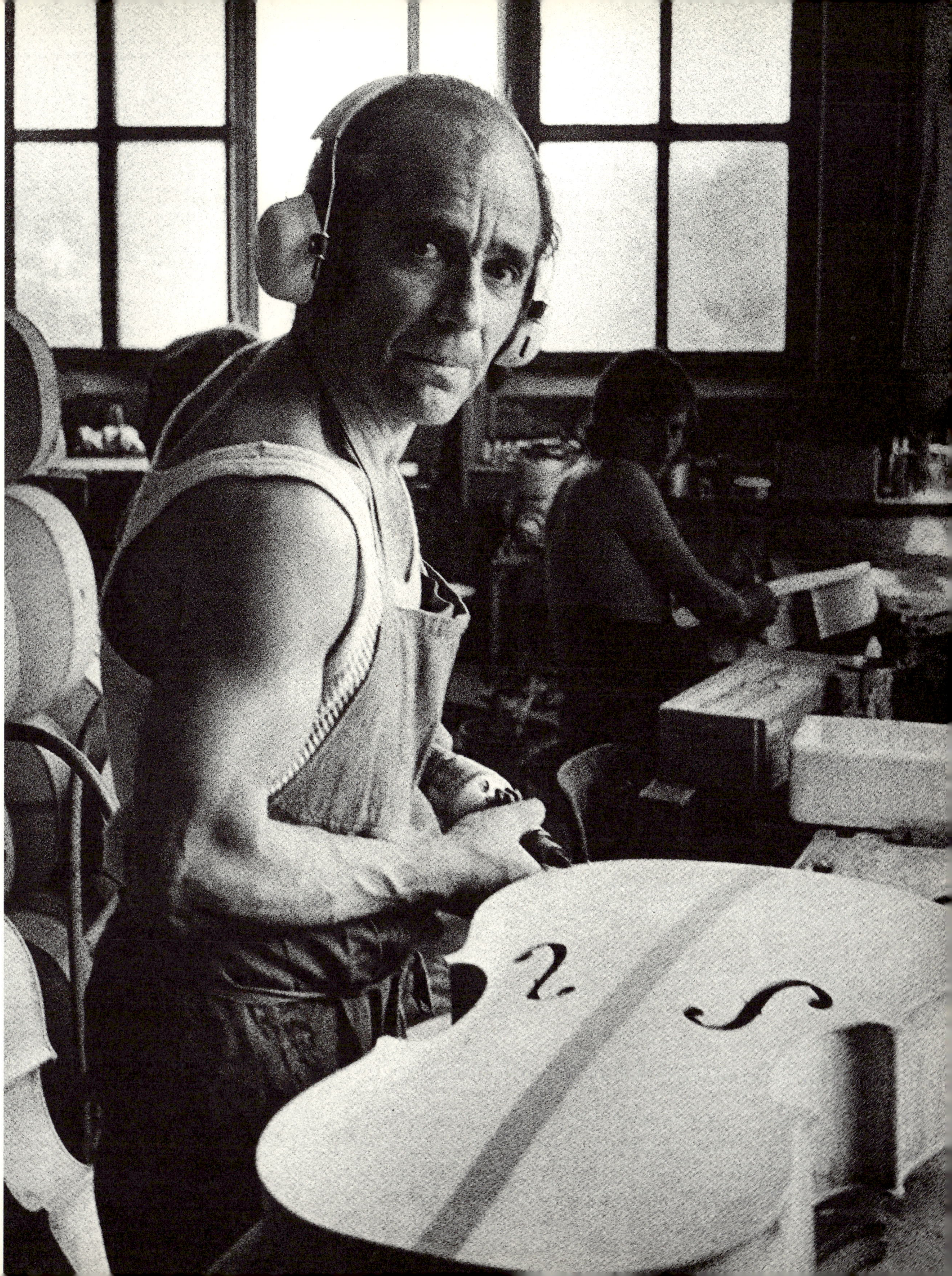

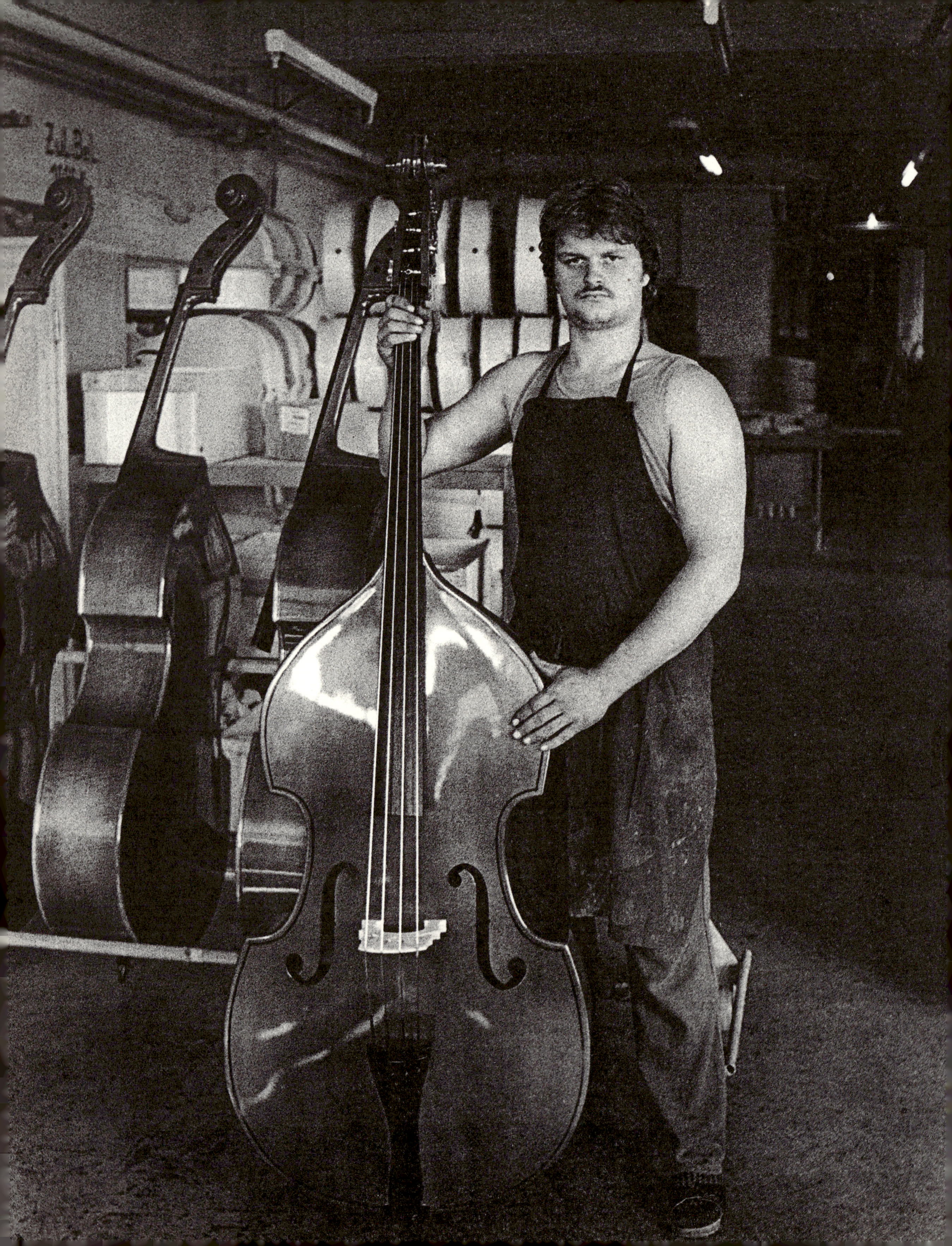

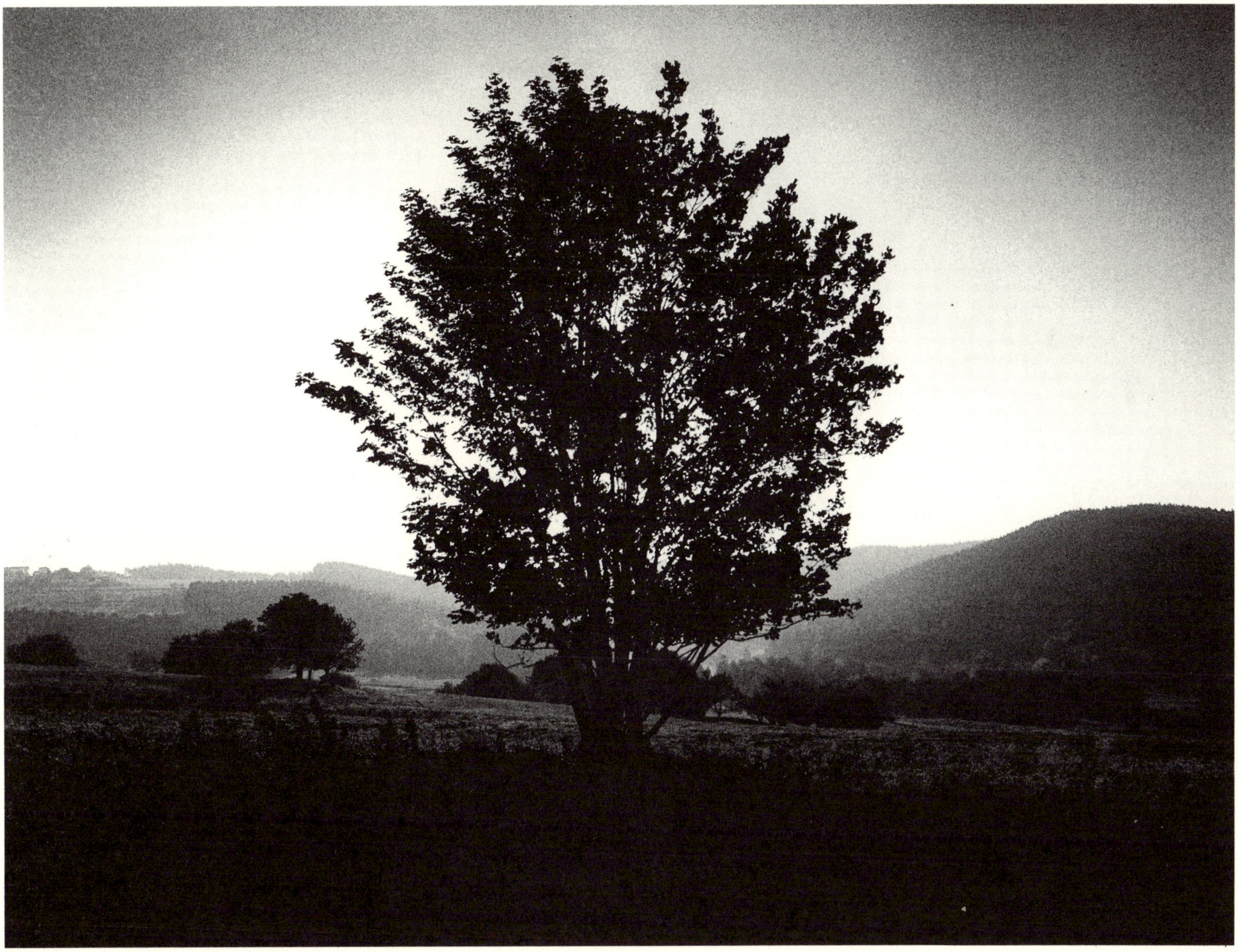

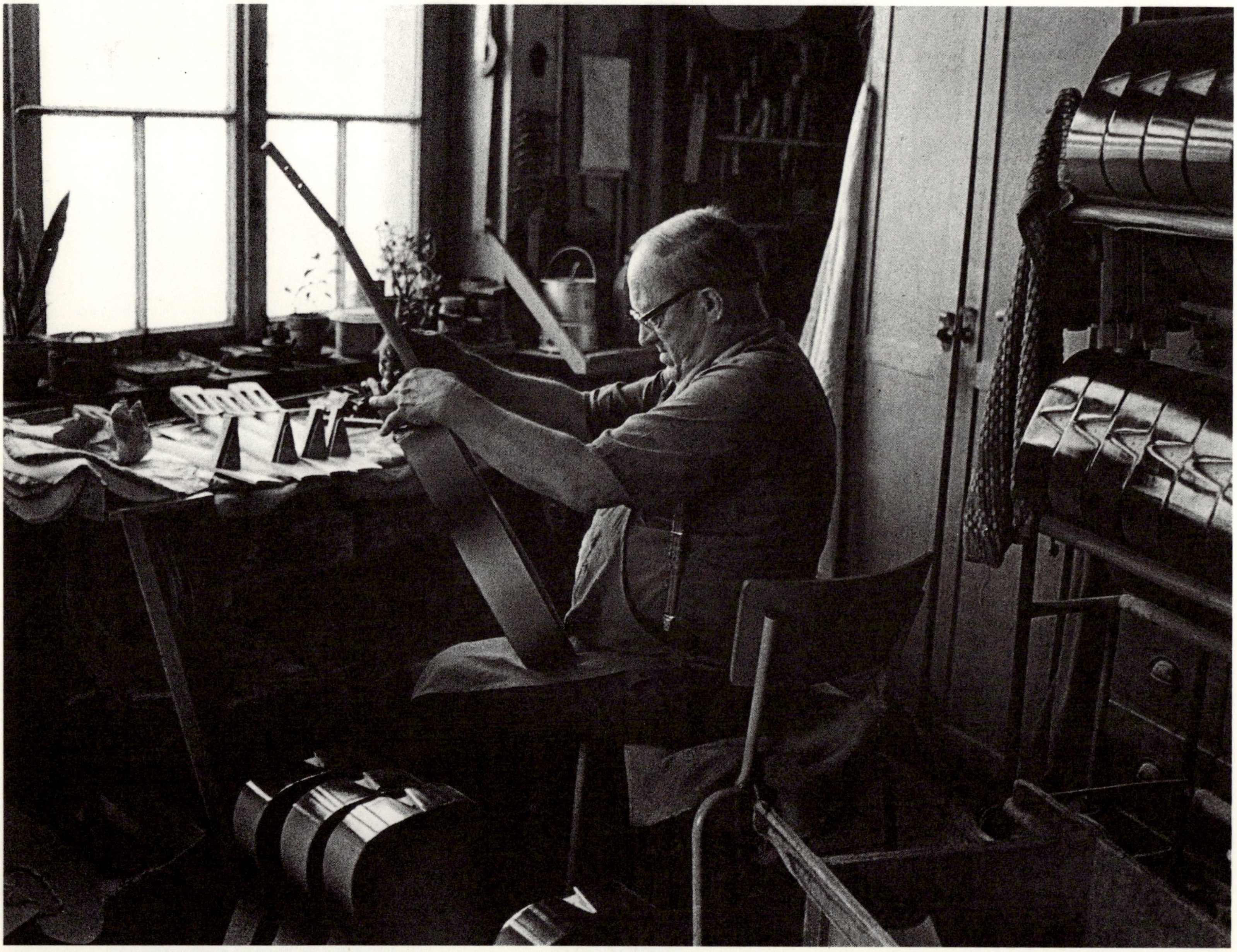

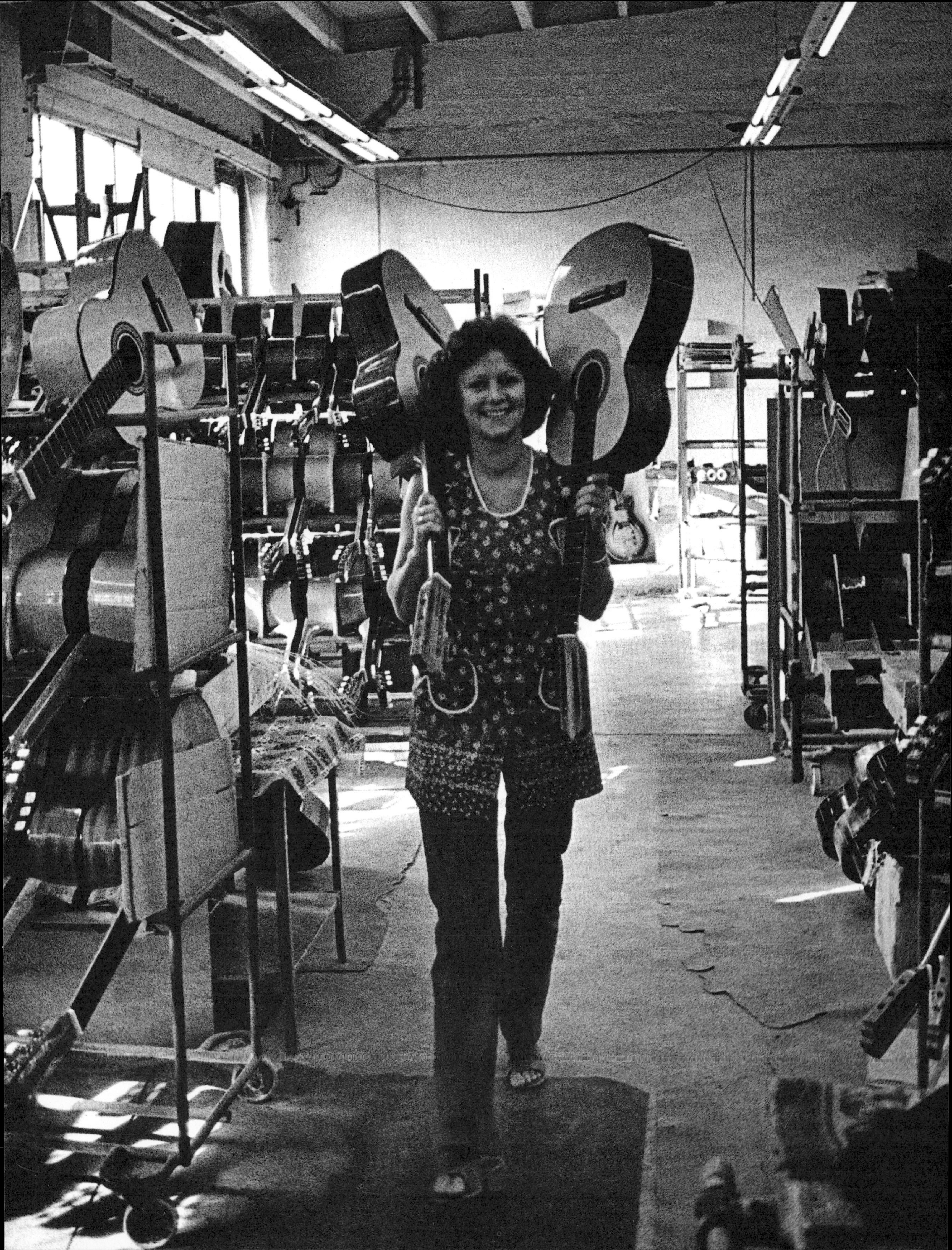

96

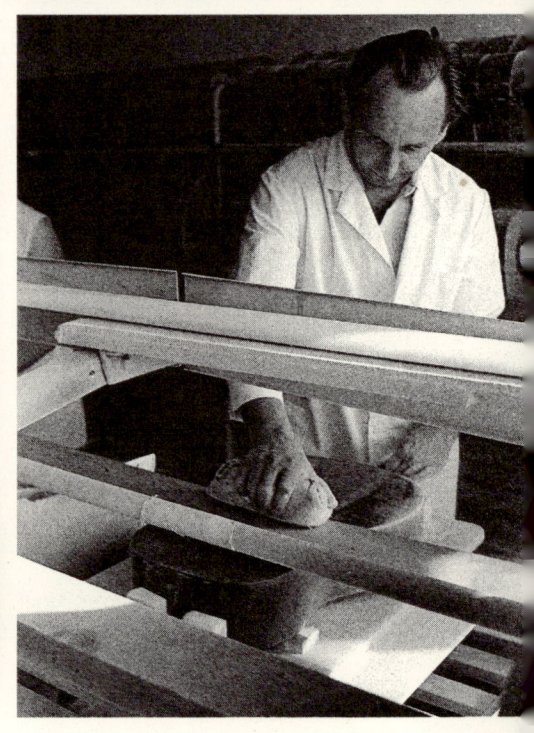

97

Bitte die Uhr nicht berühren

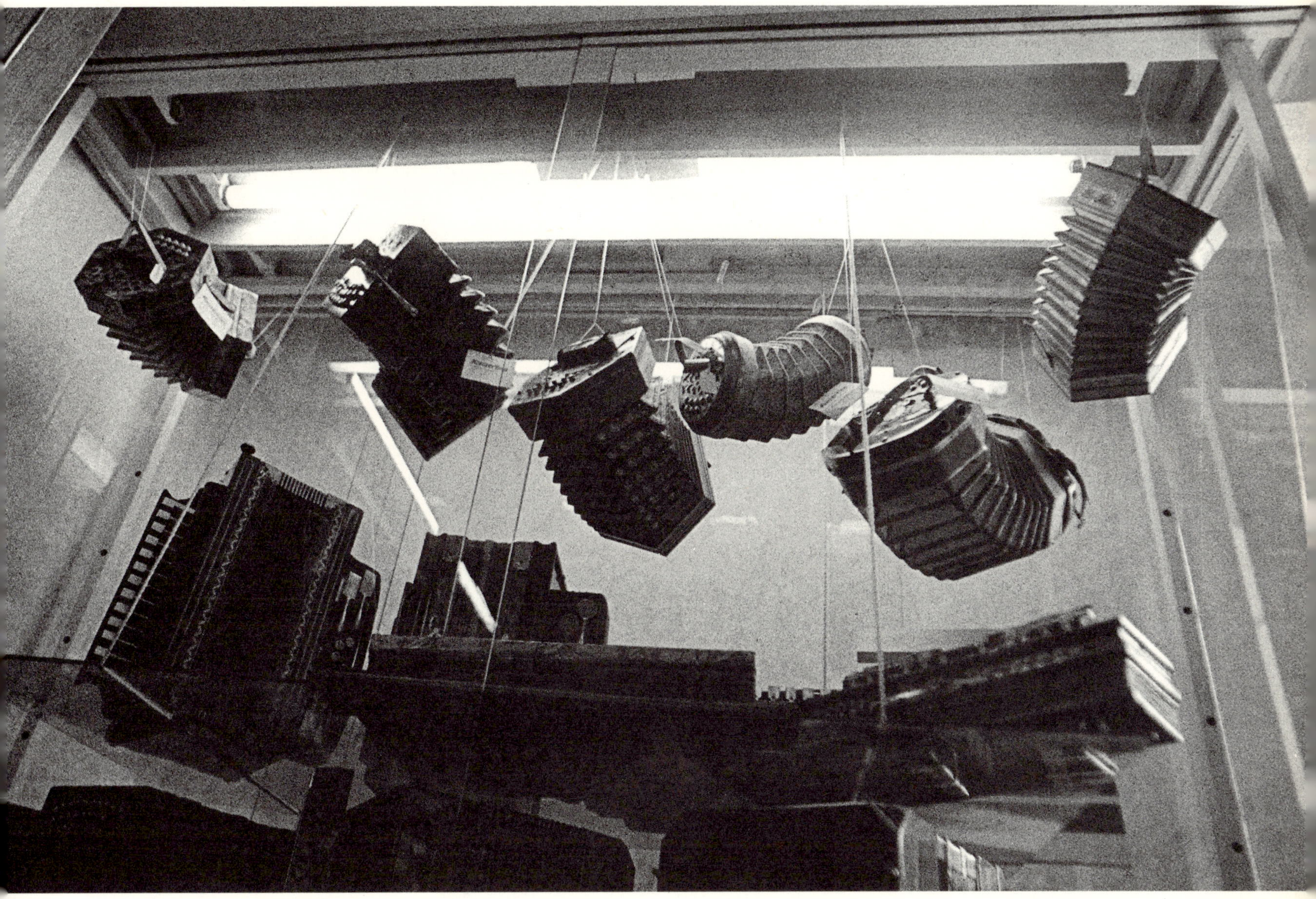

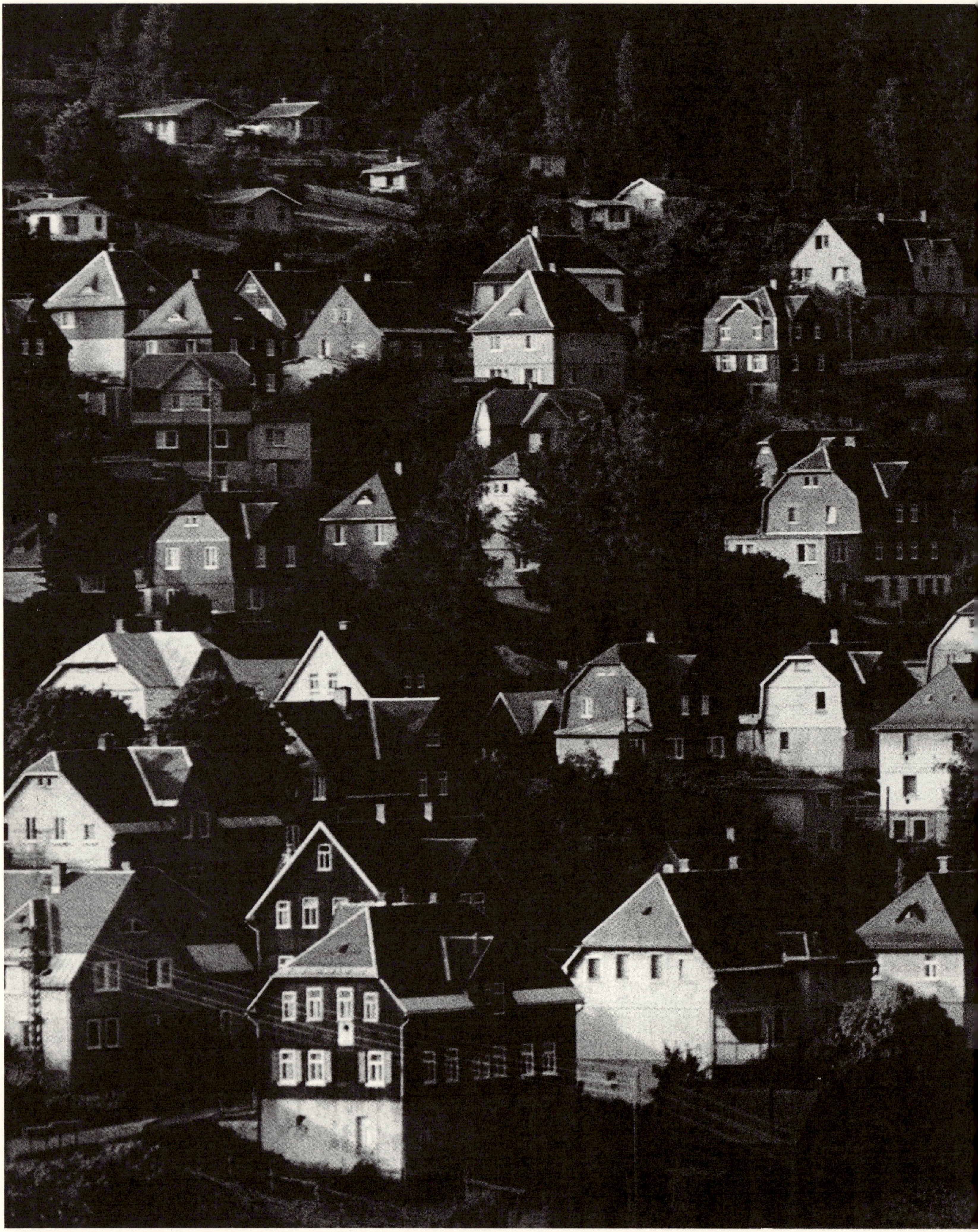

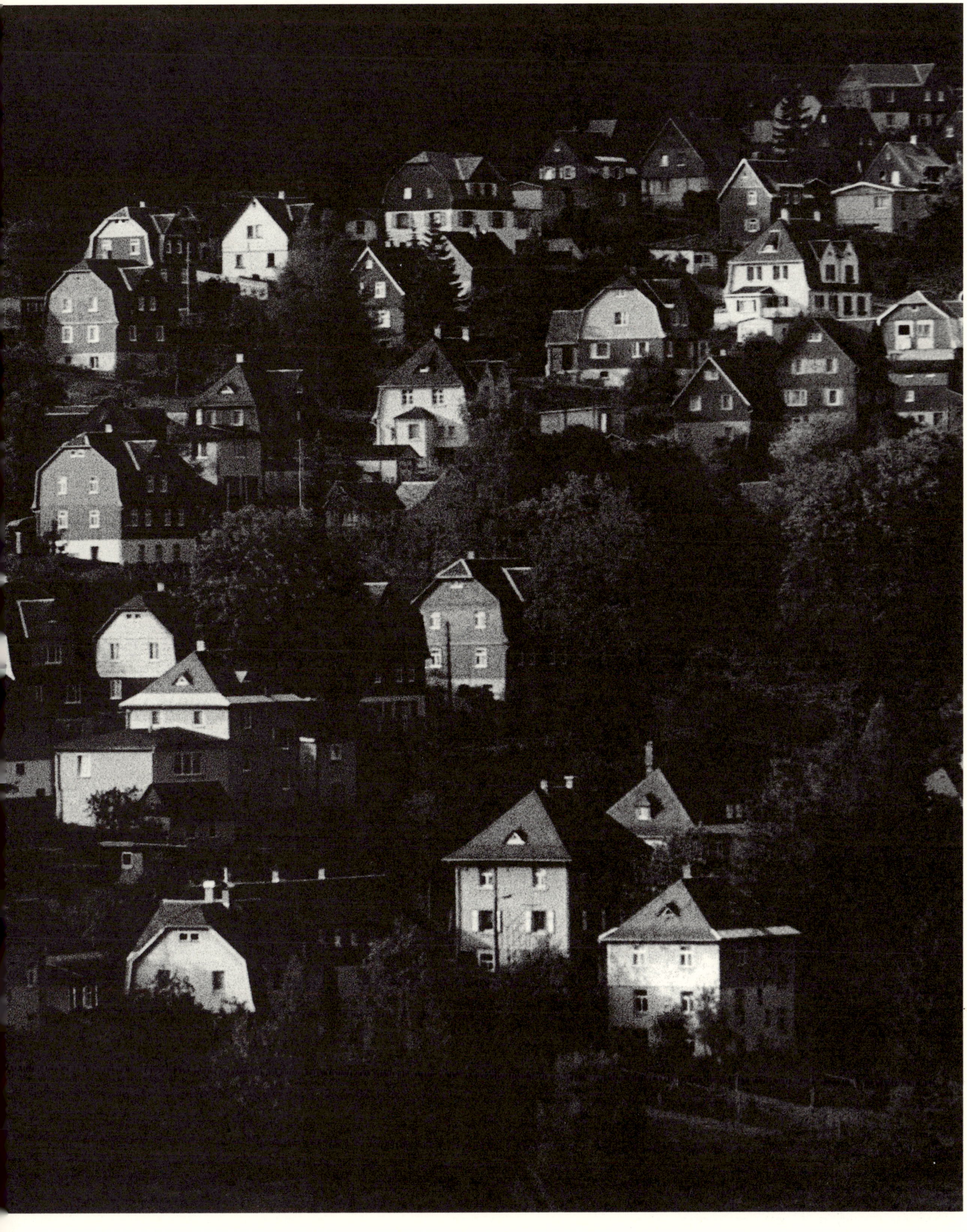

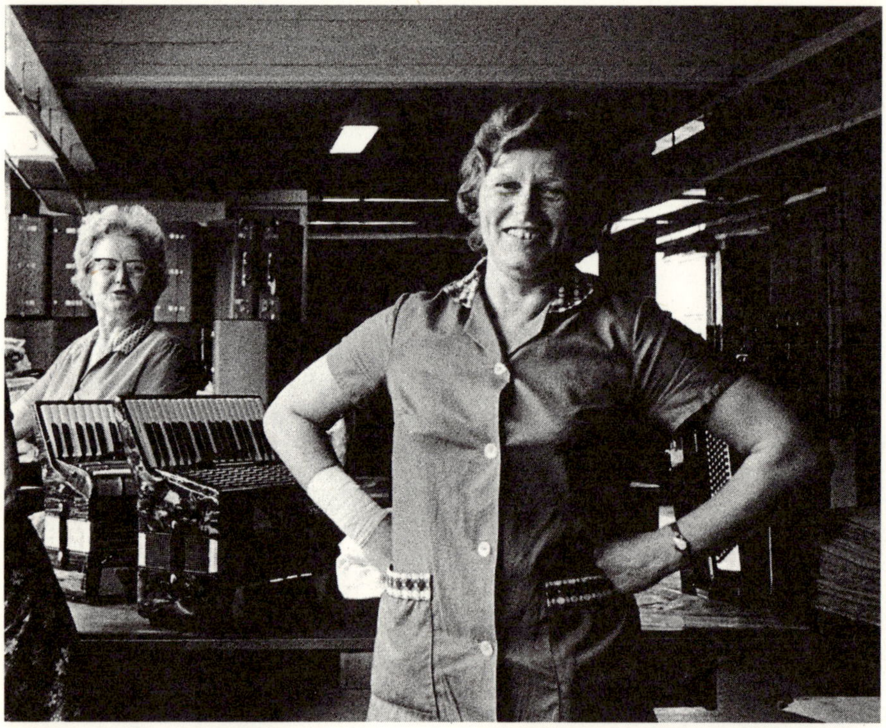
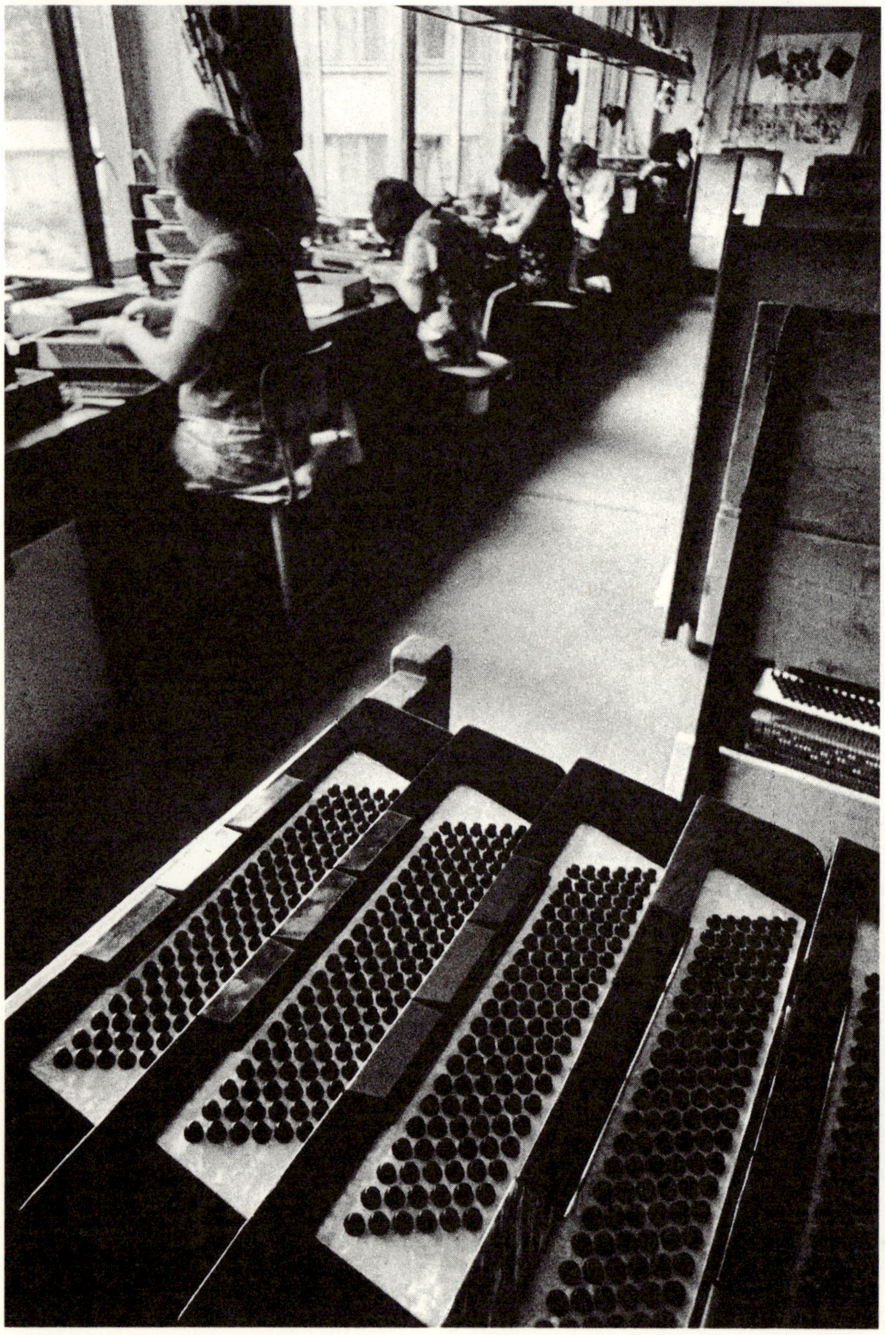
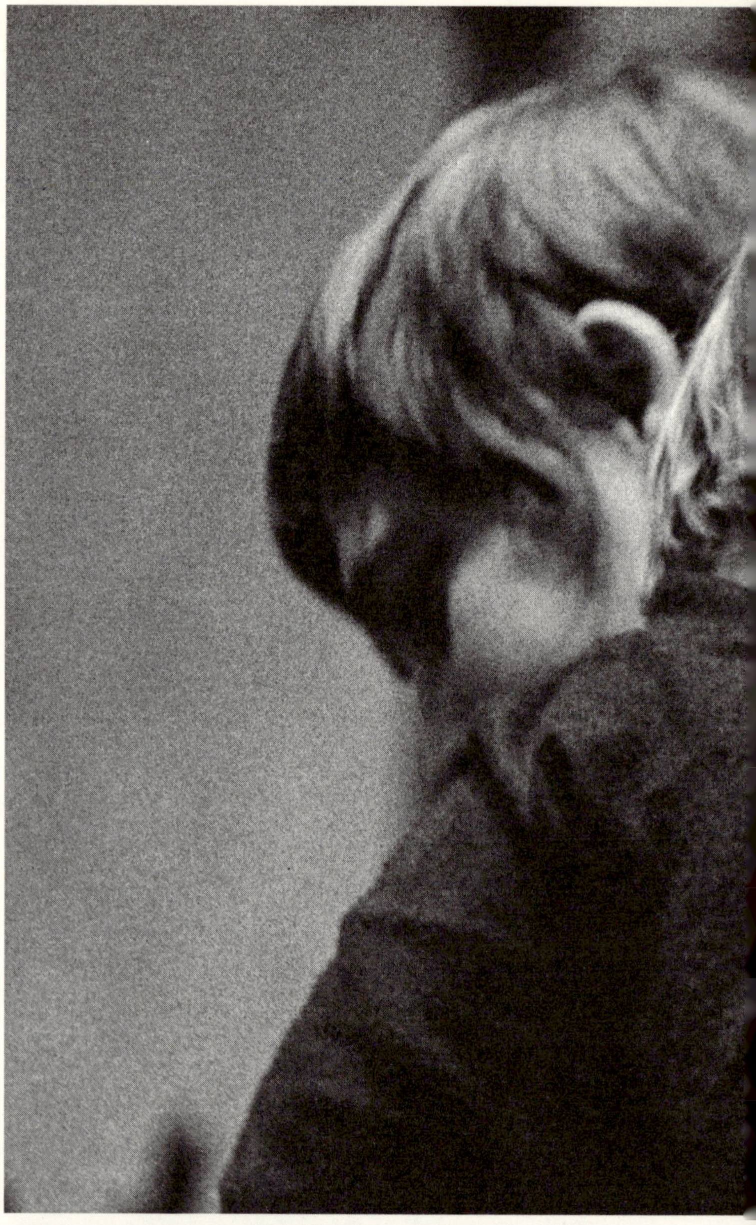
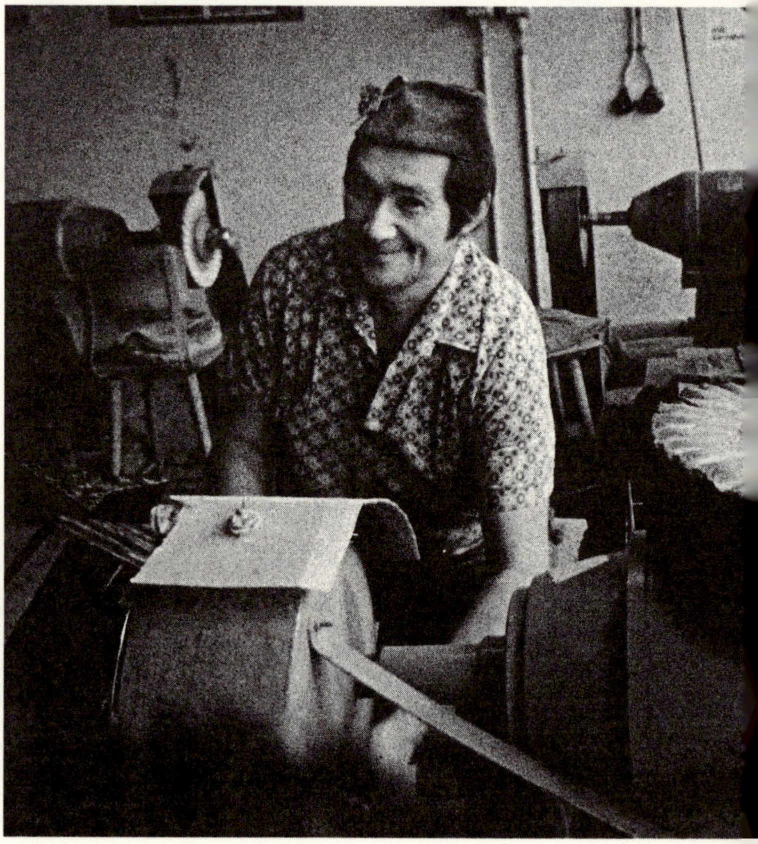

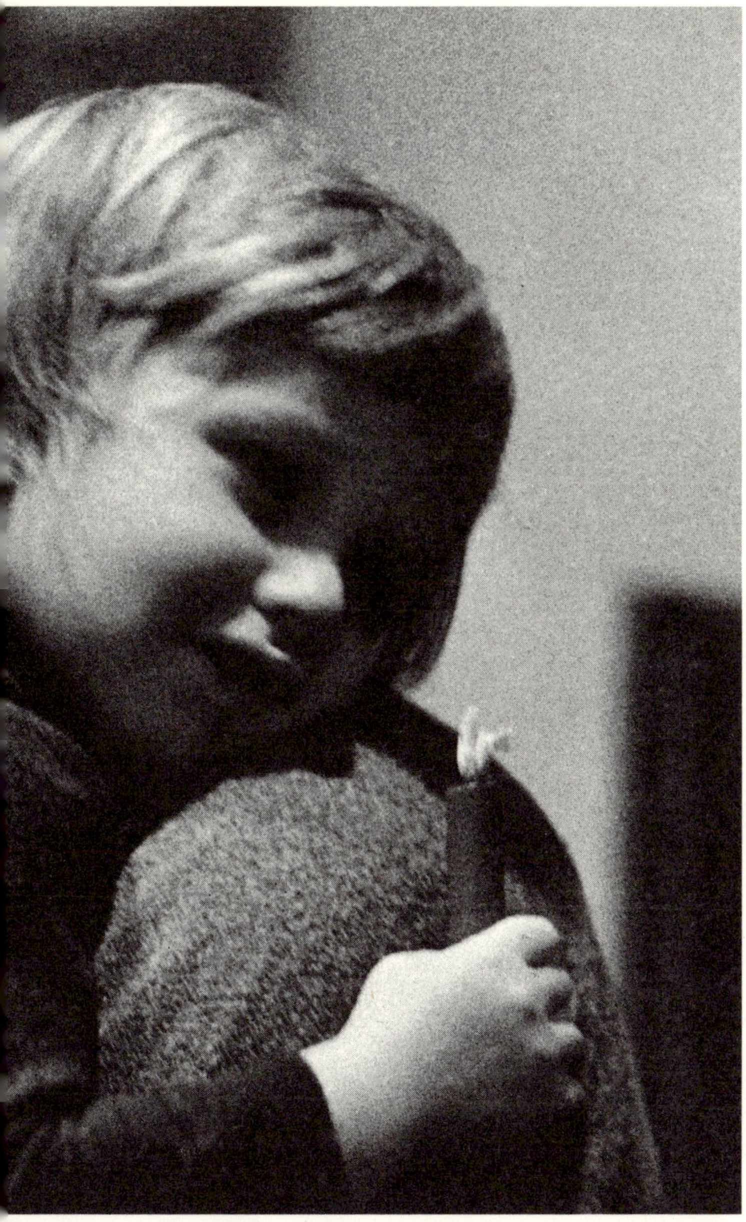
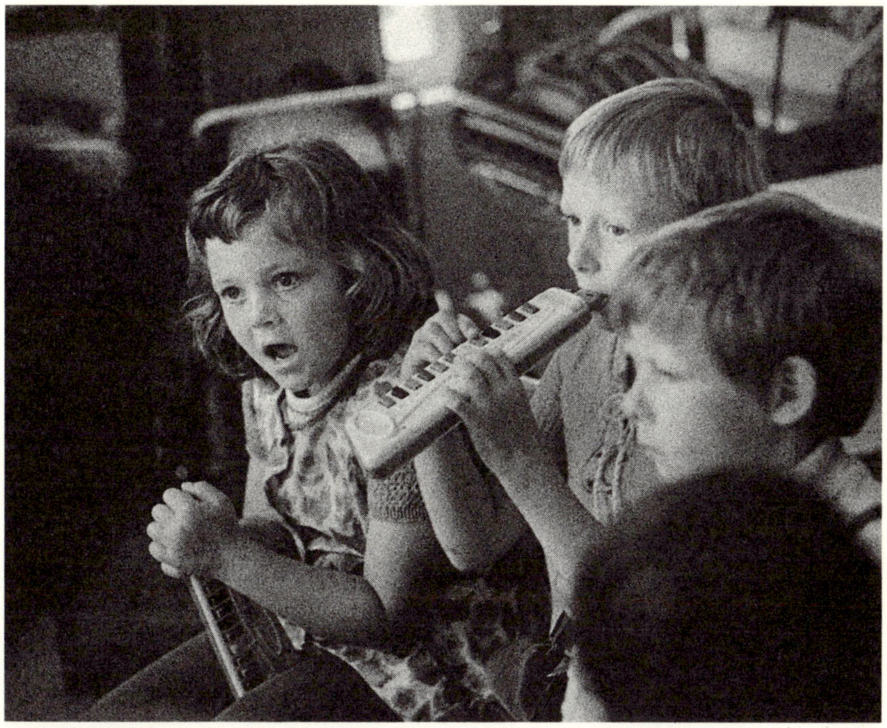
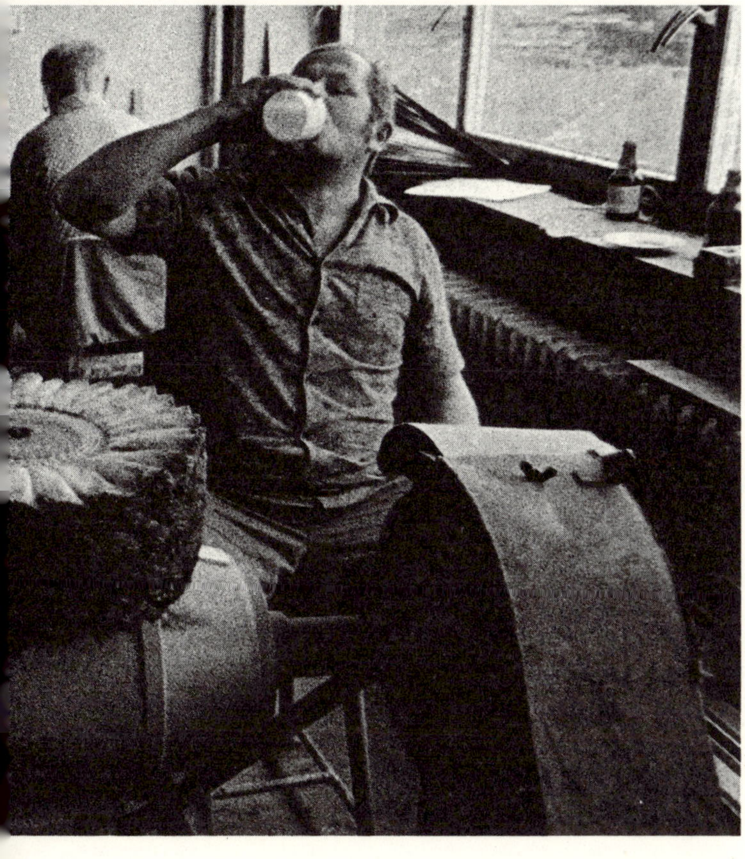
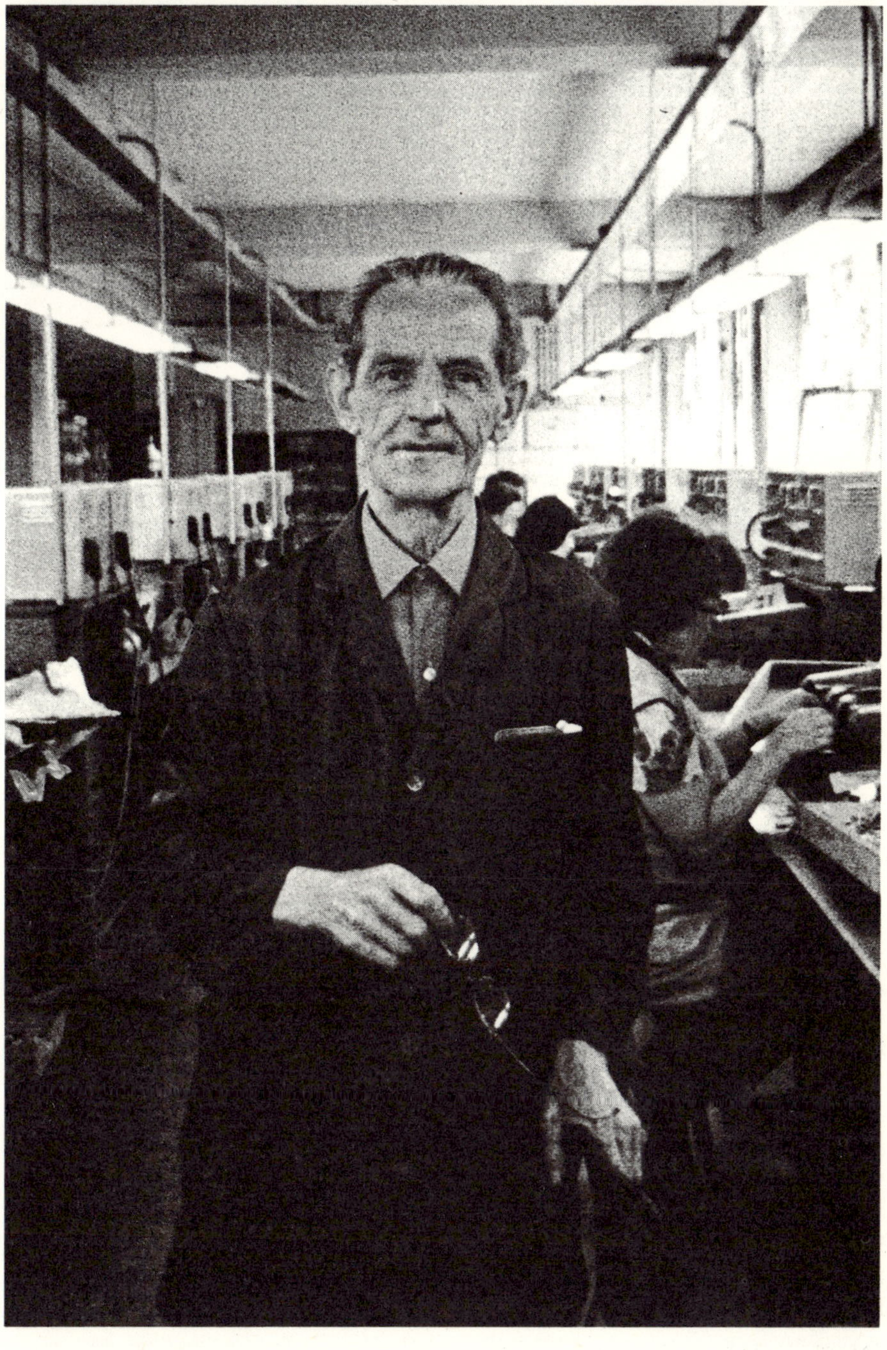

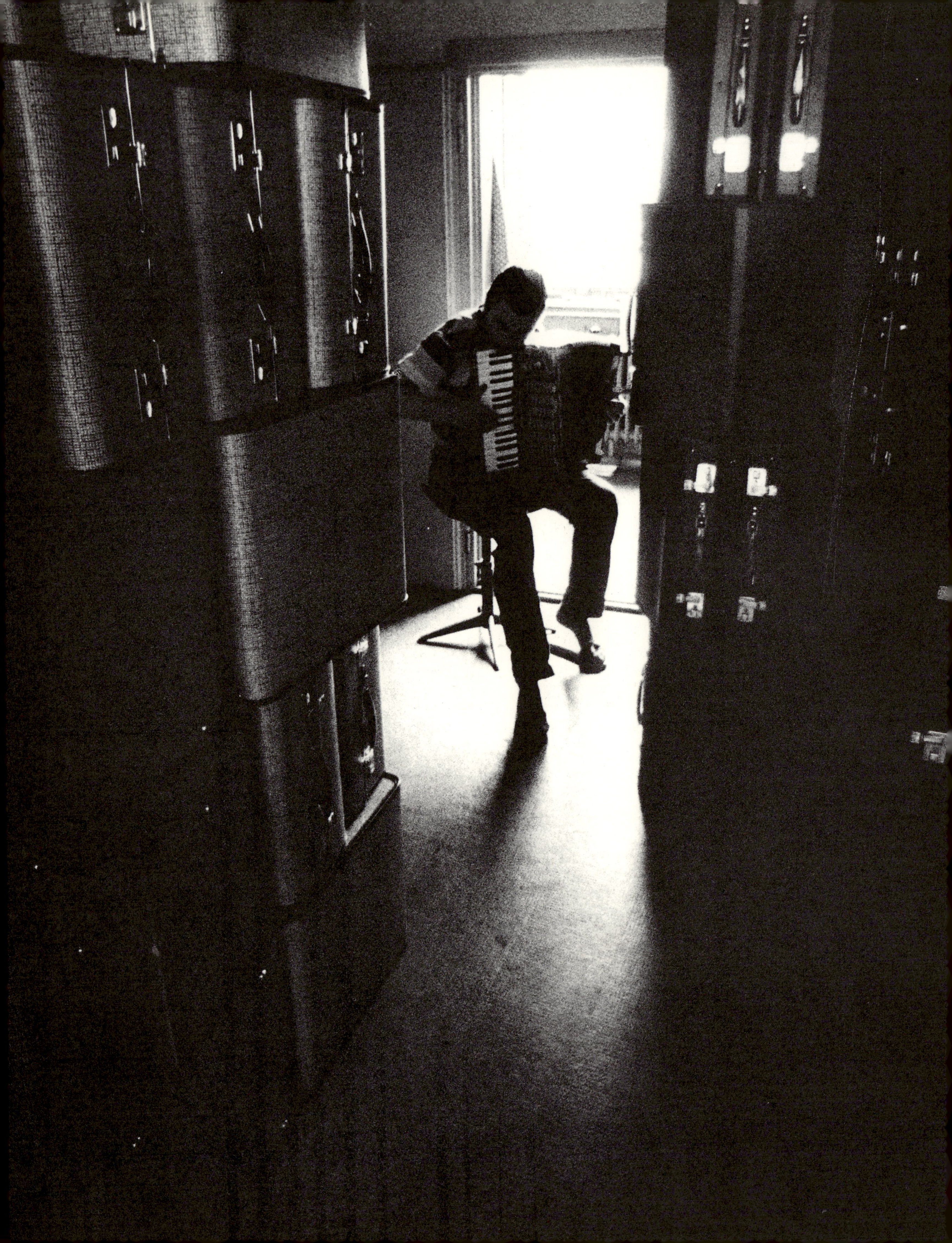

105

106

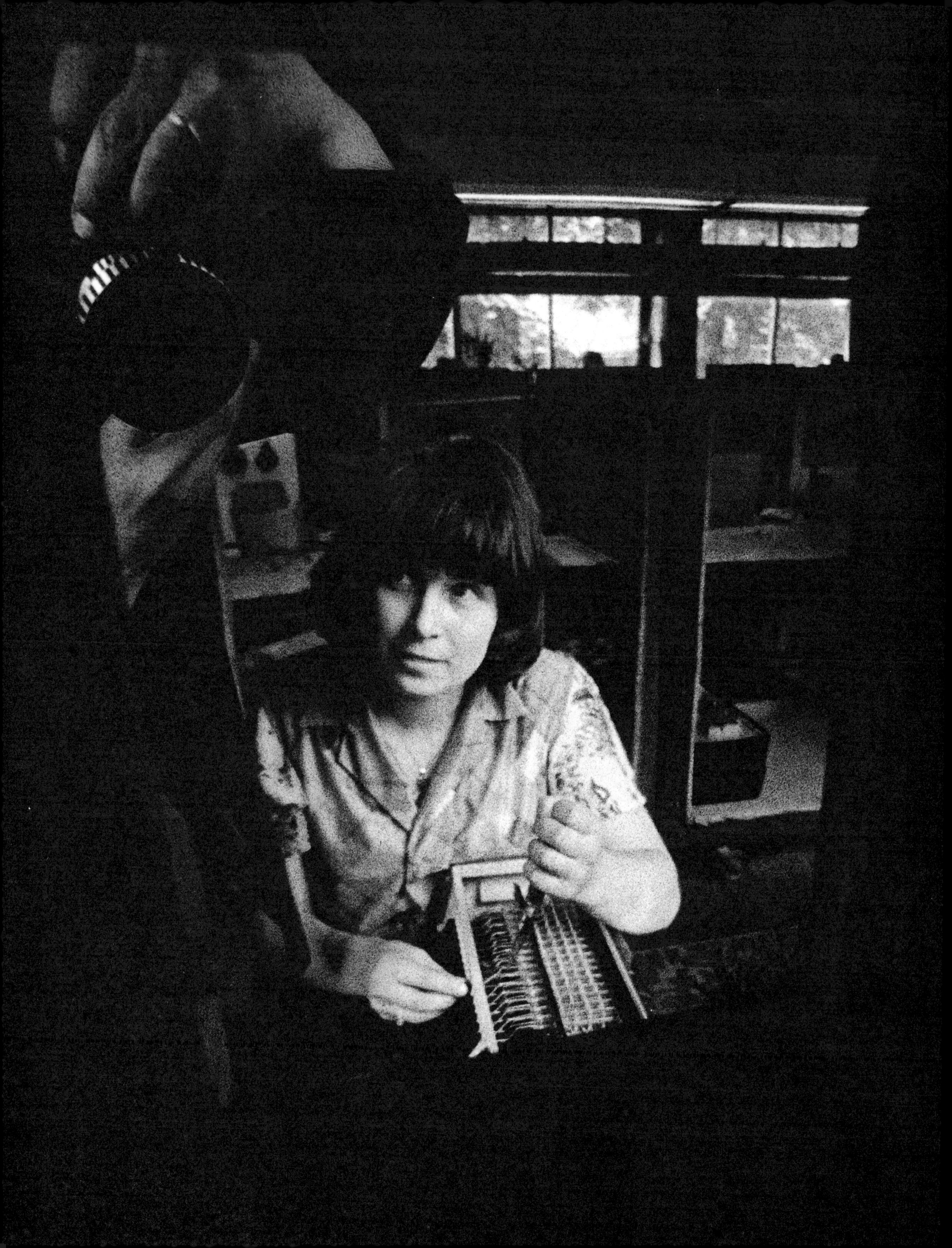

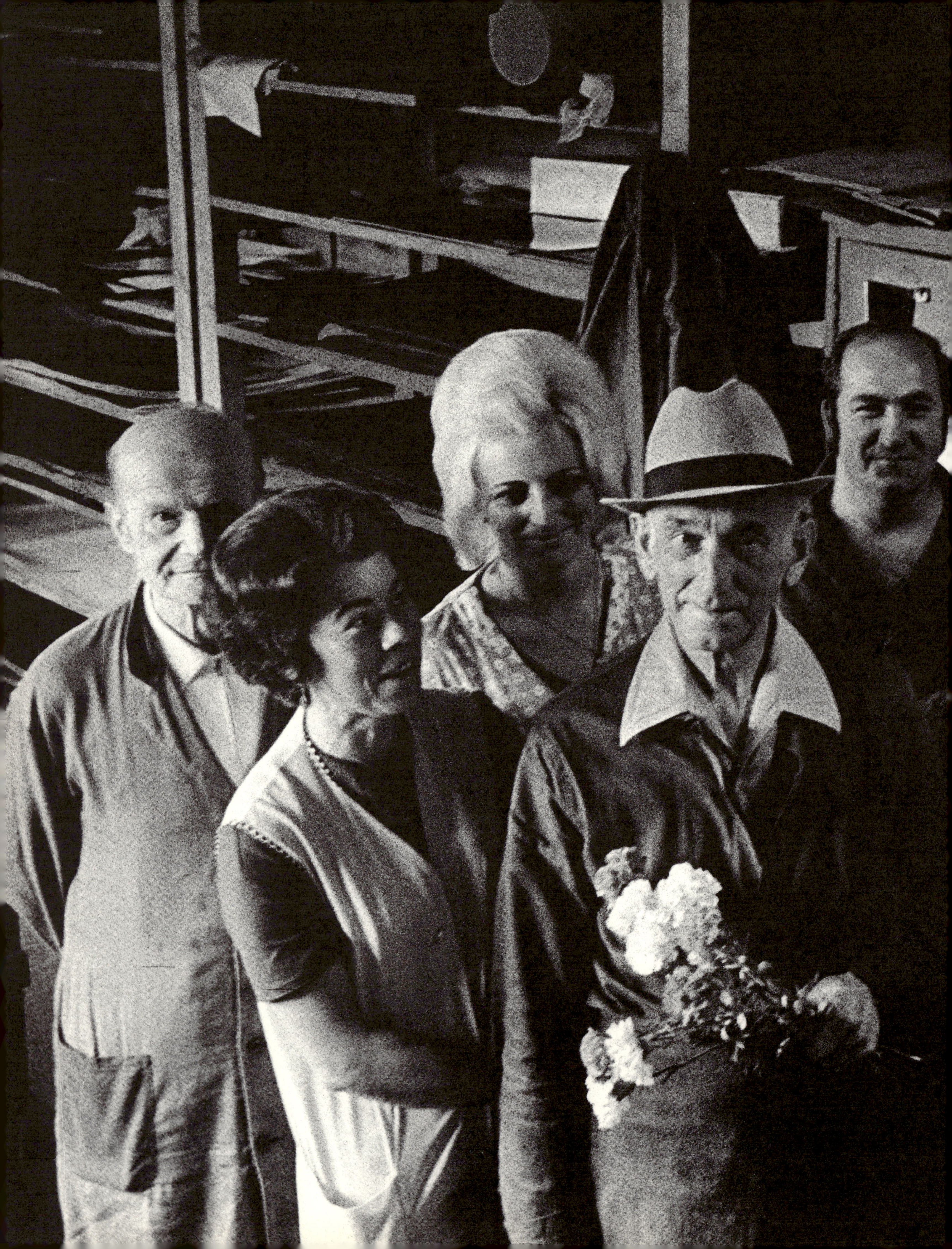

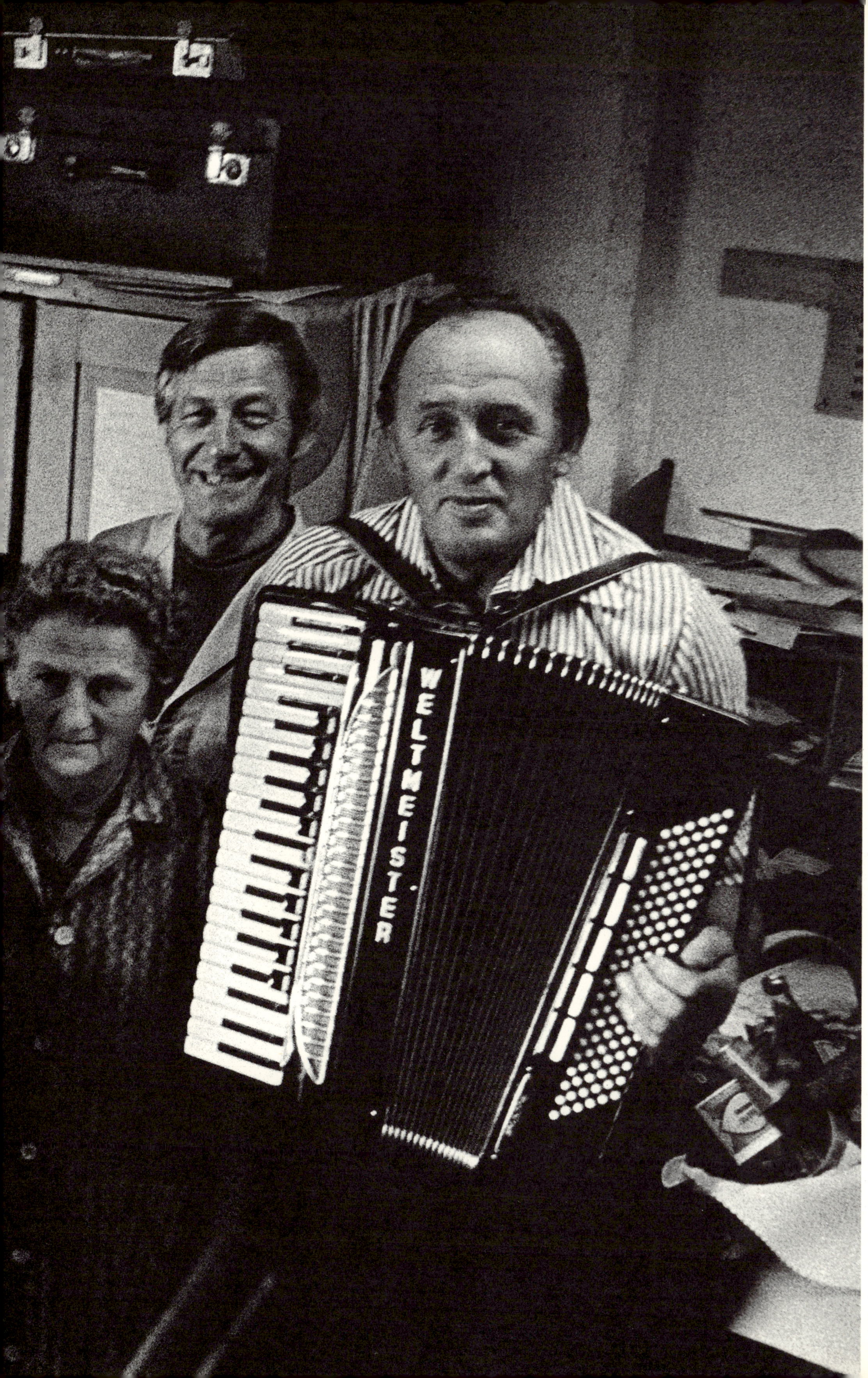
WELTMEISTER

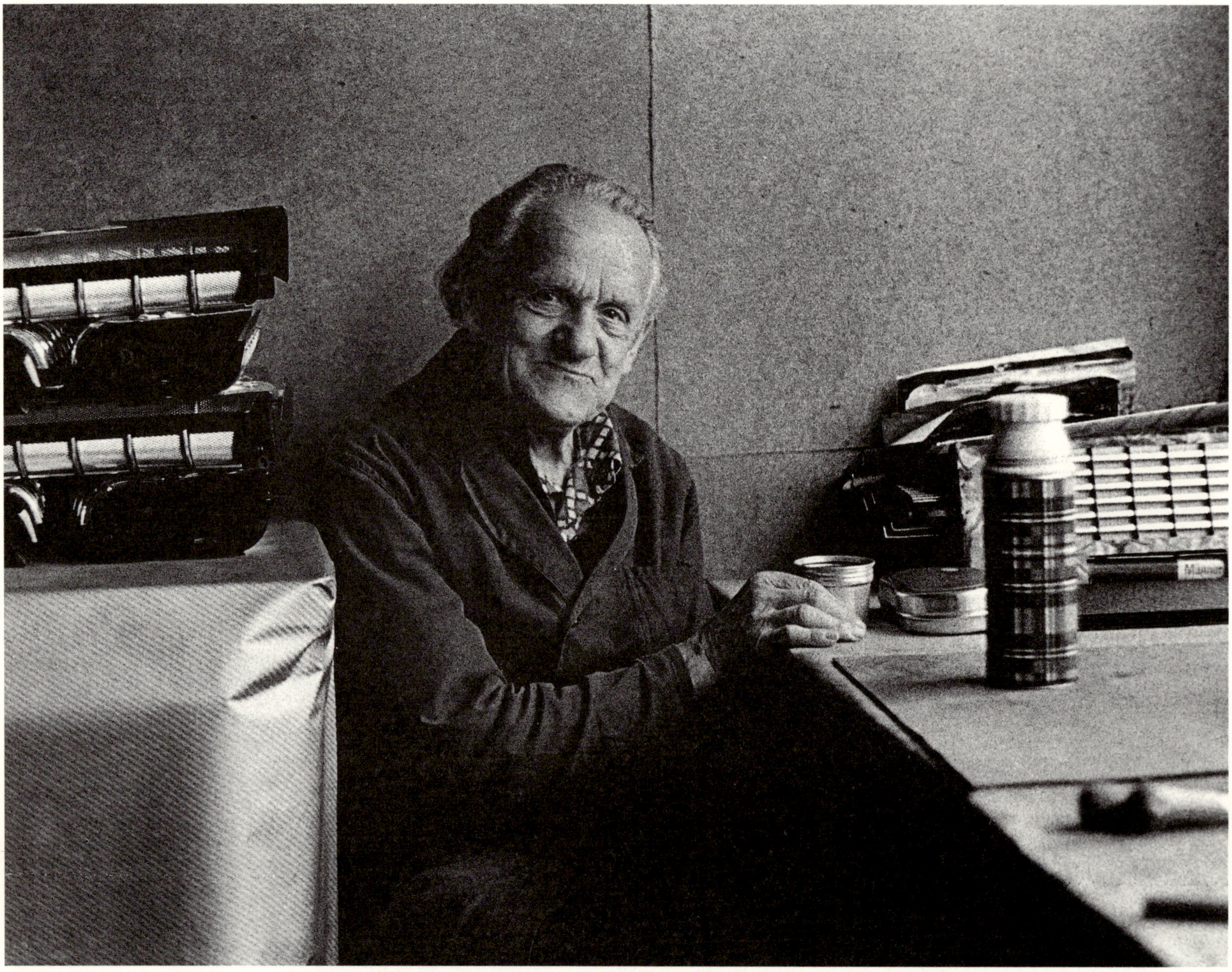

111

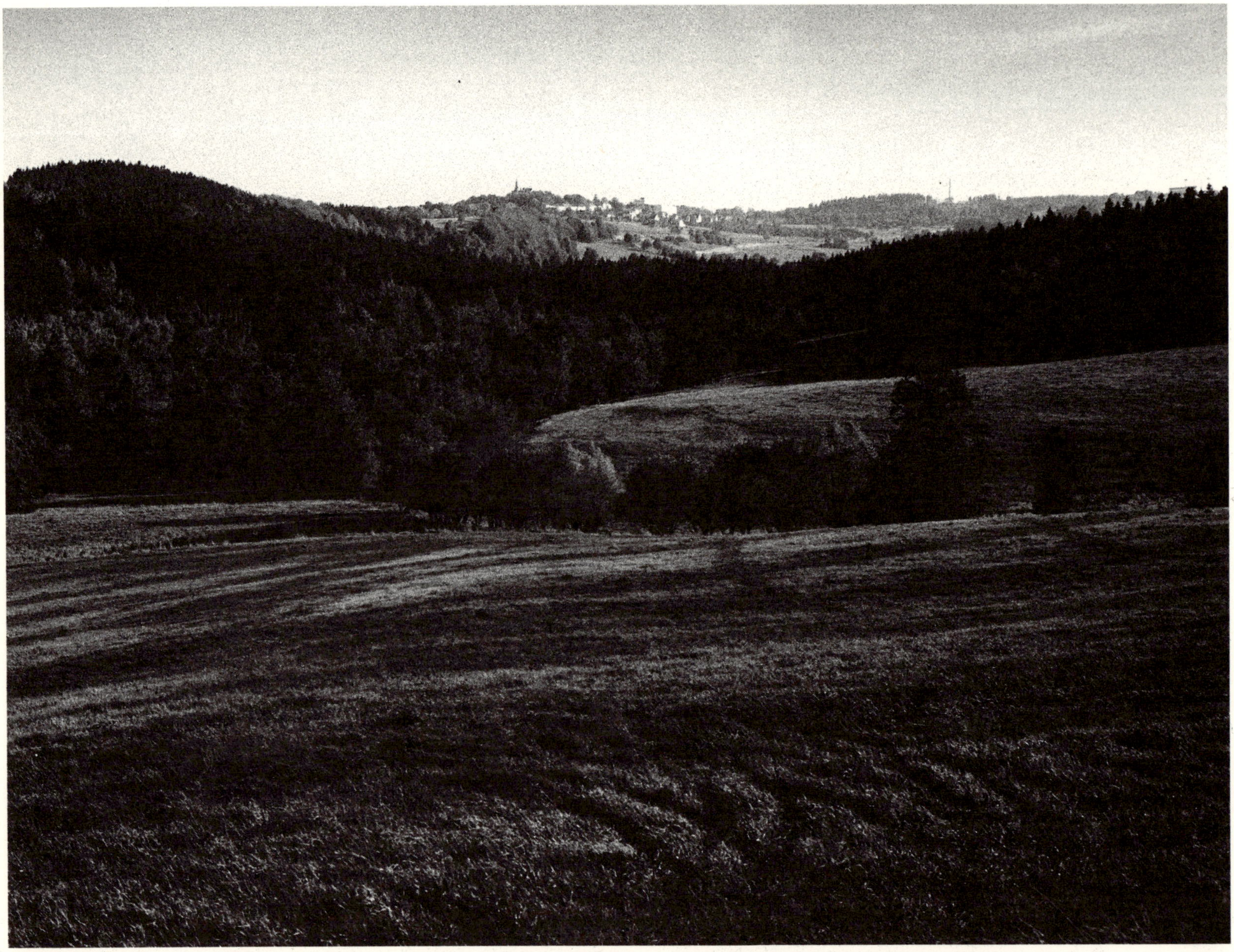

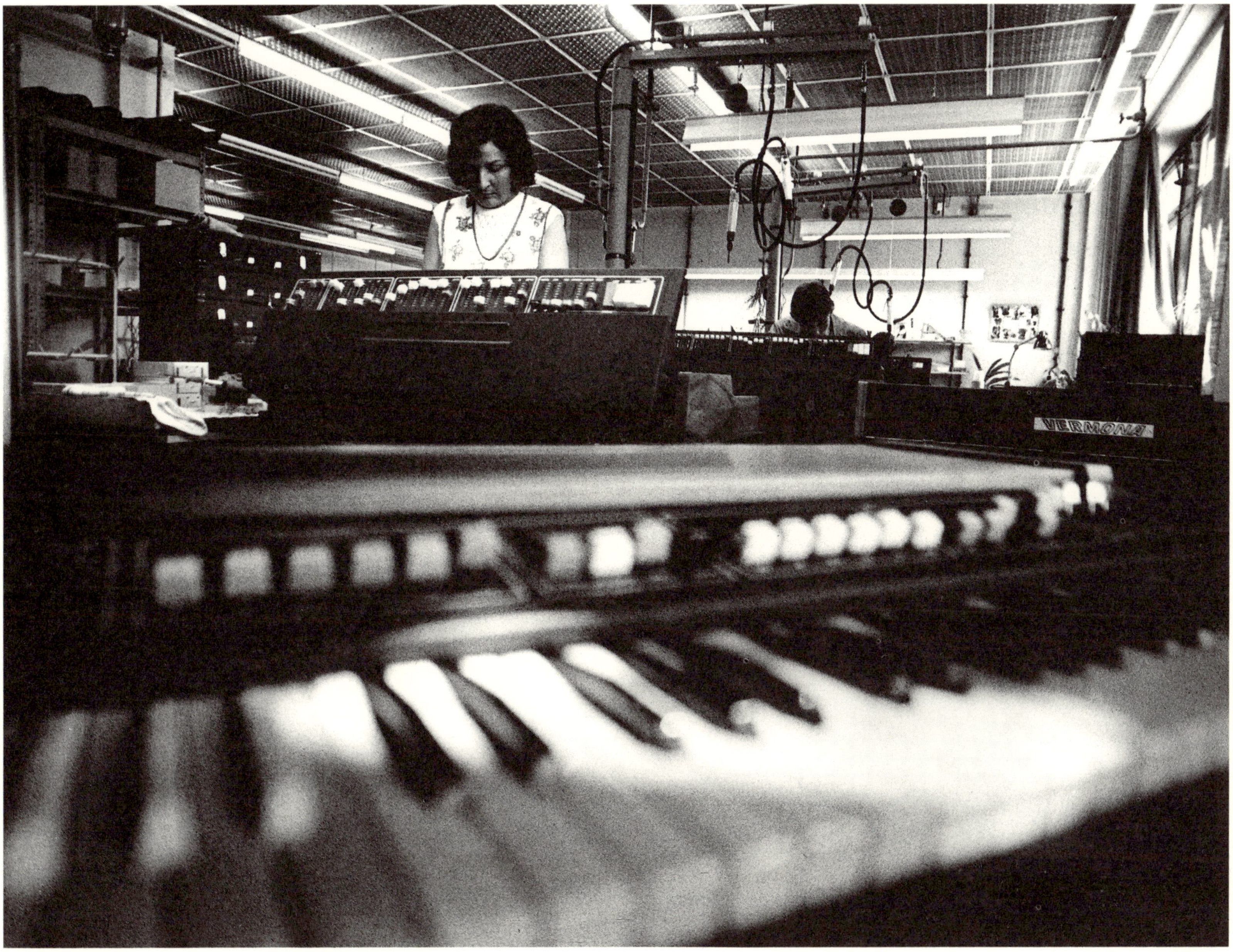
VERMONA

114

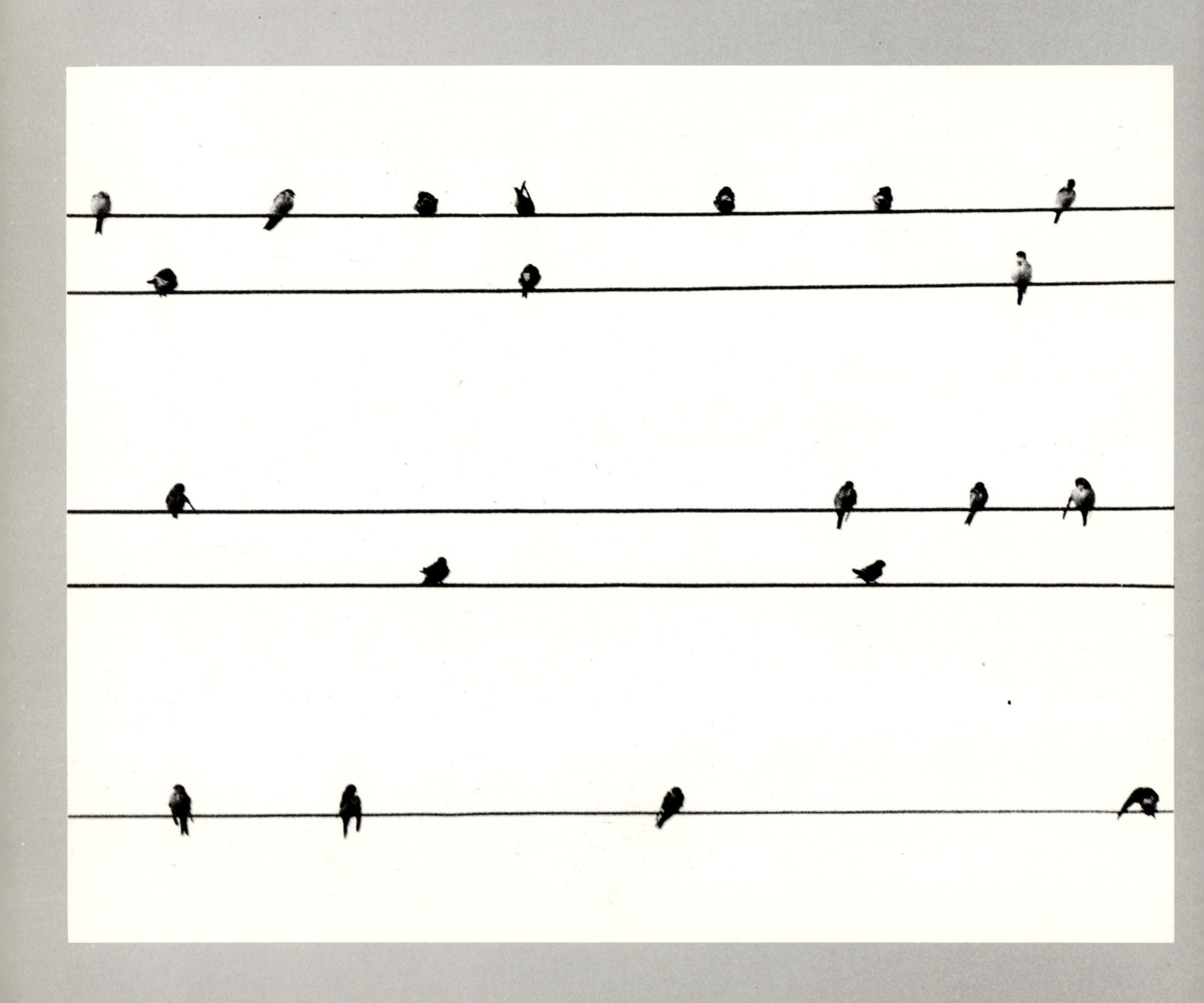

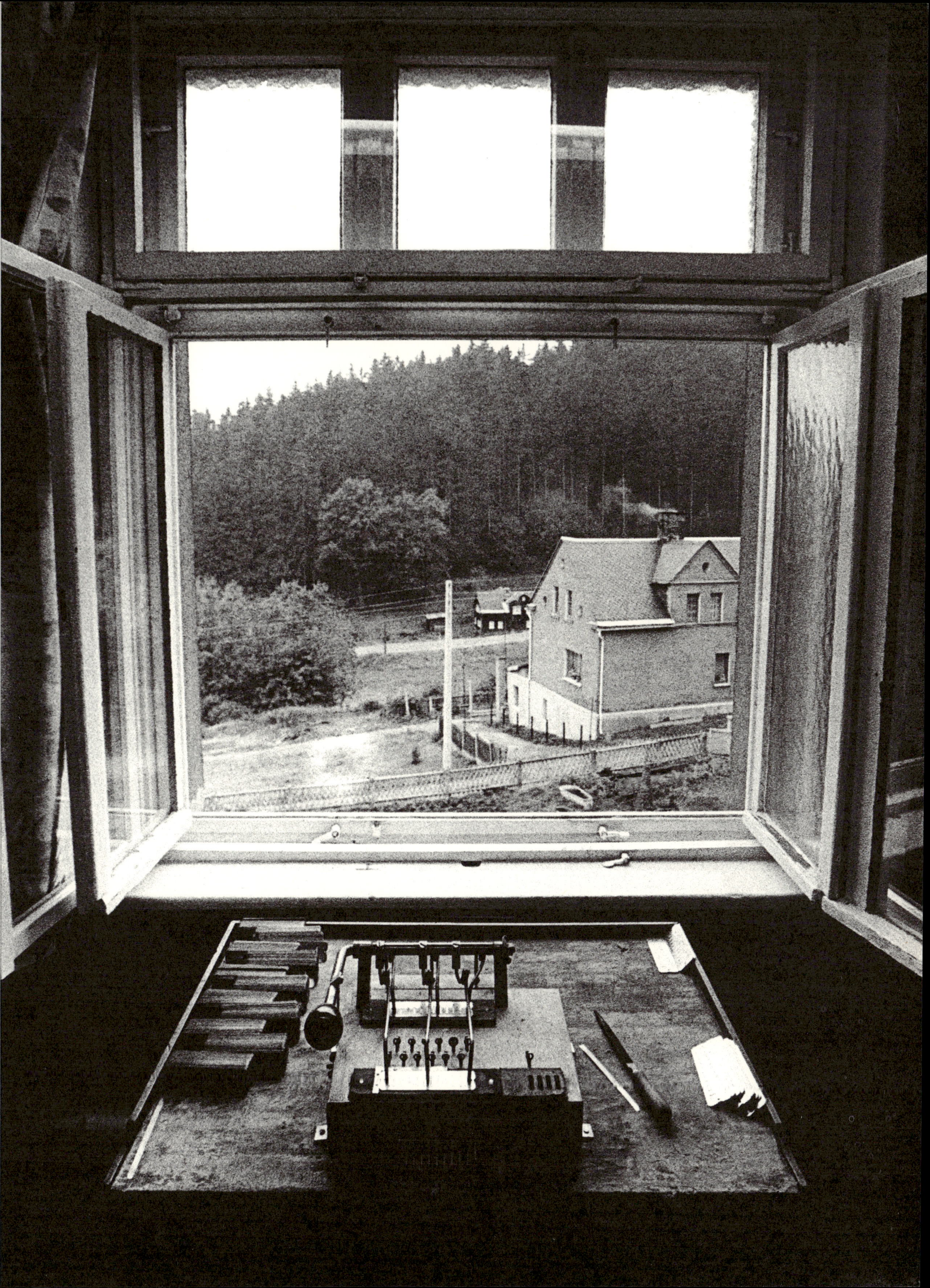

116

117

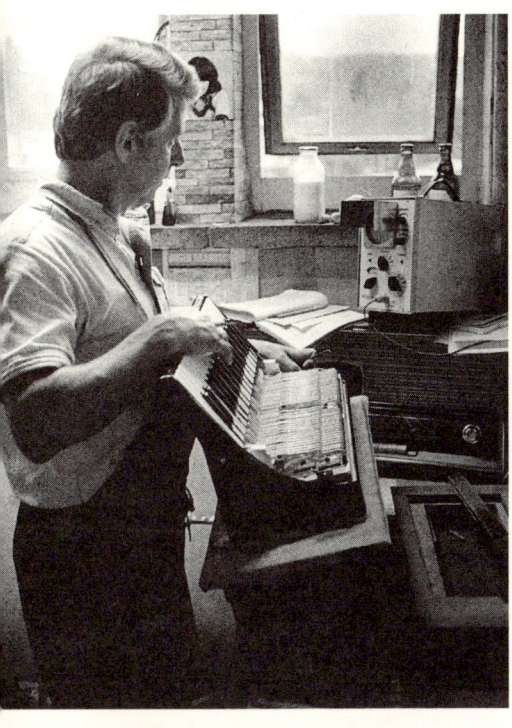

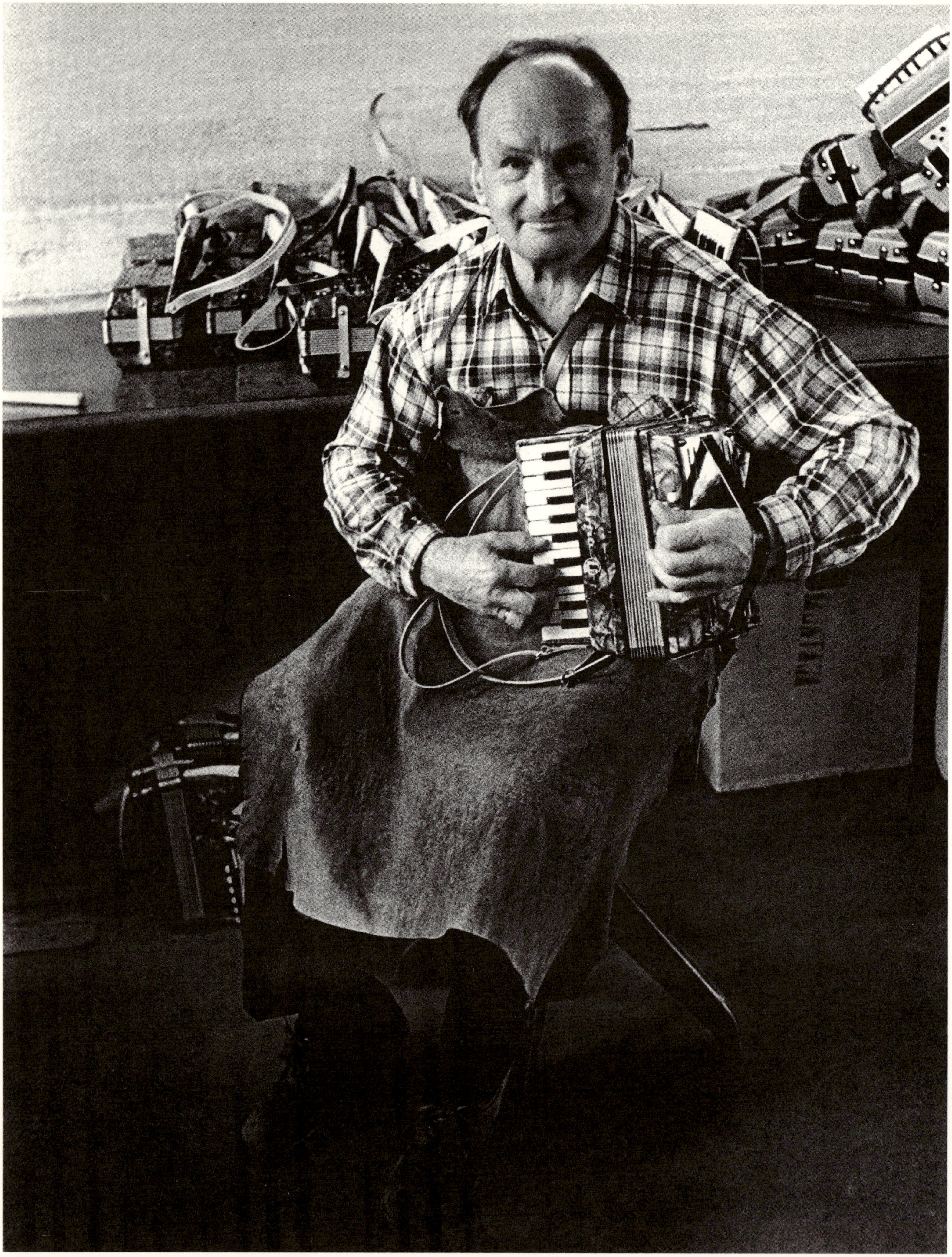

119

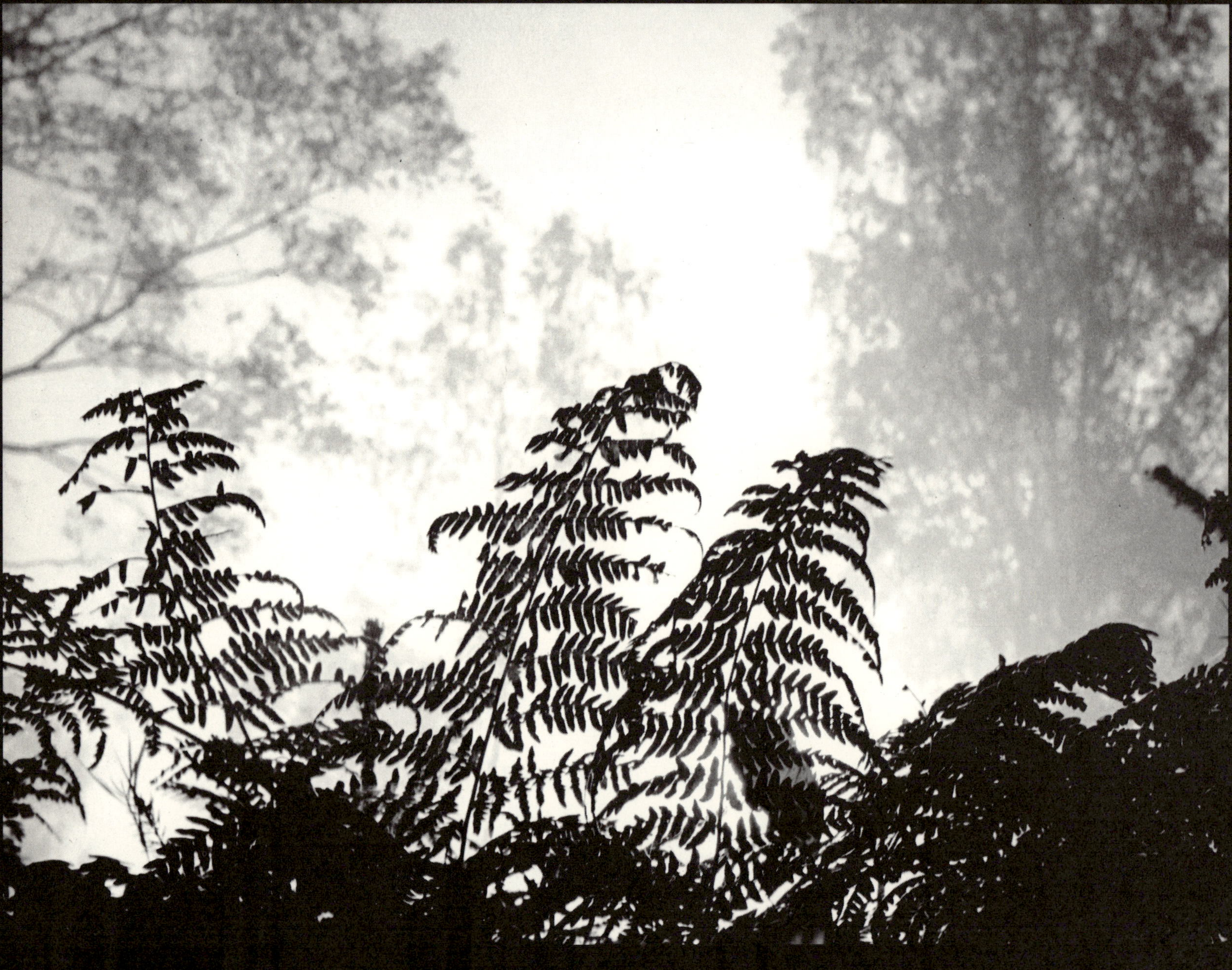

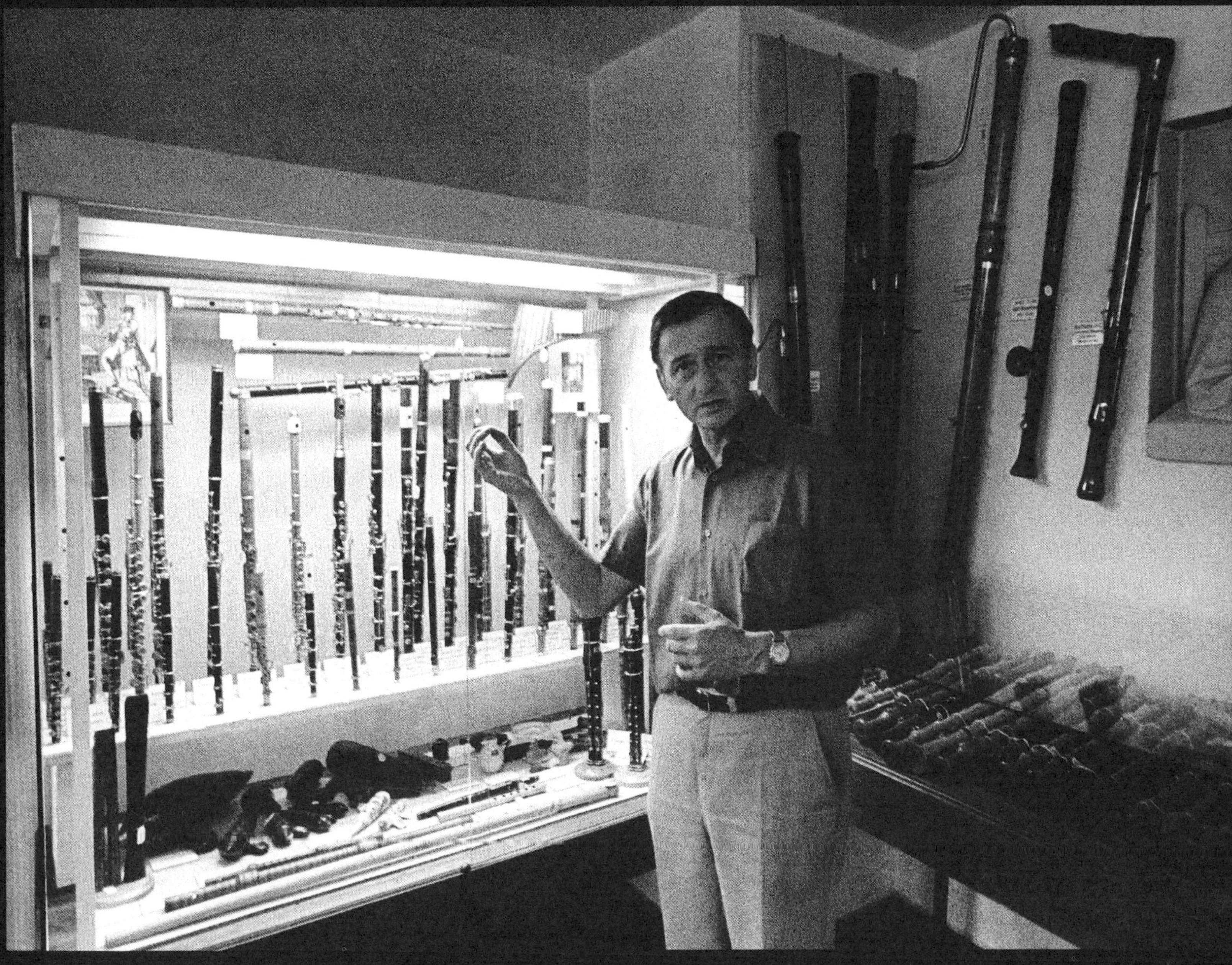

122

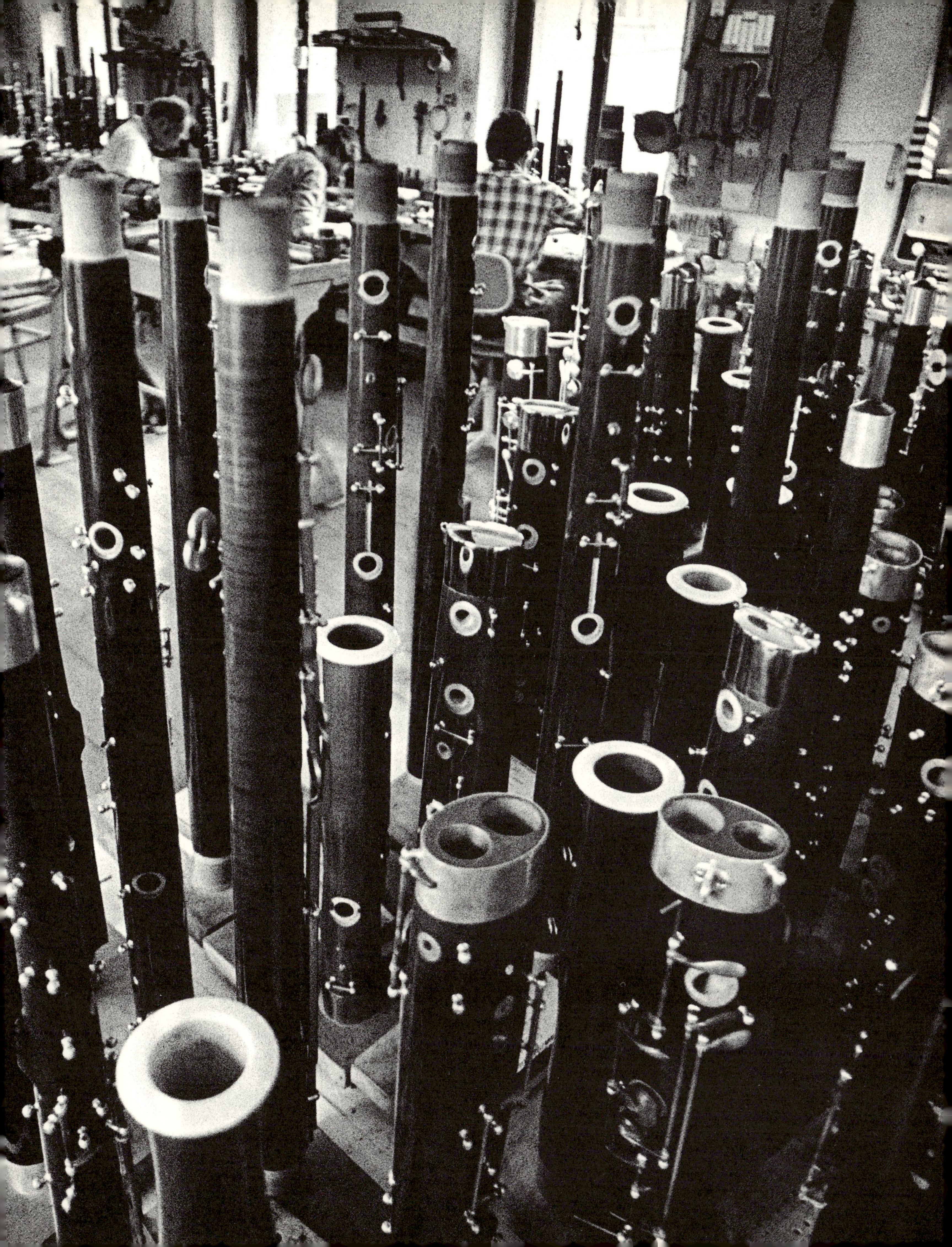

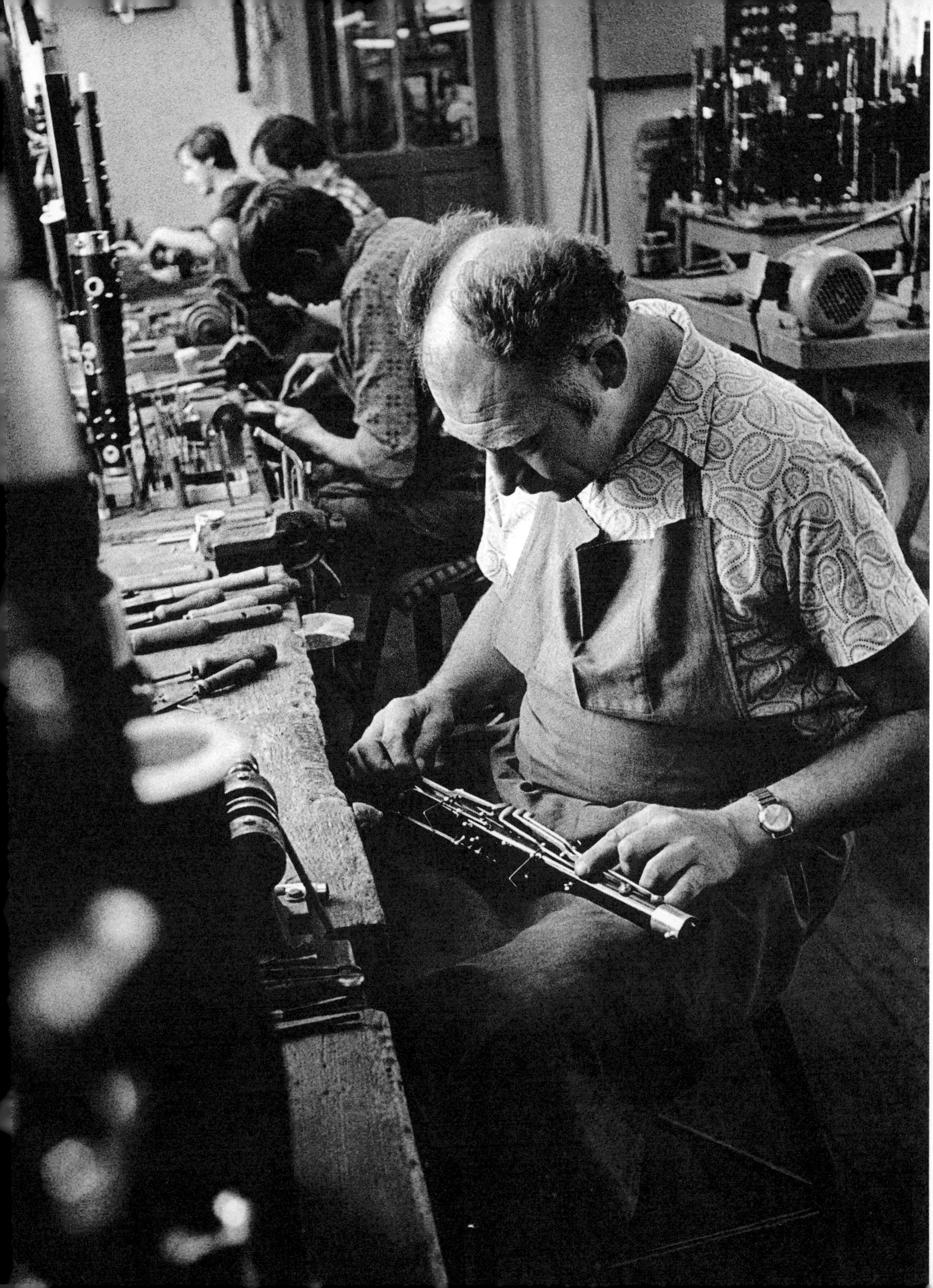

125

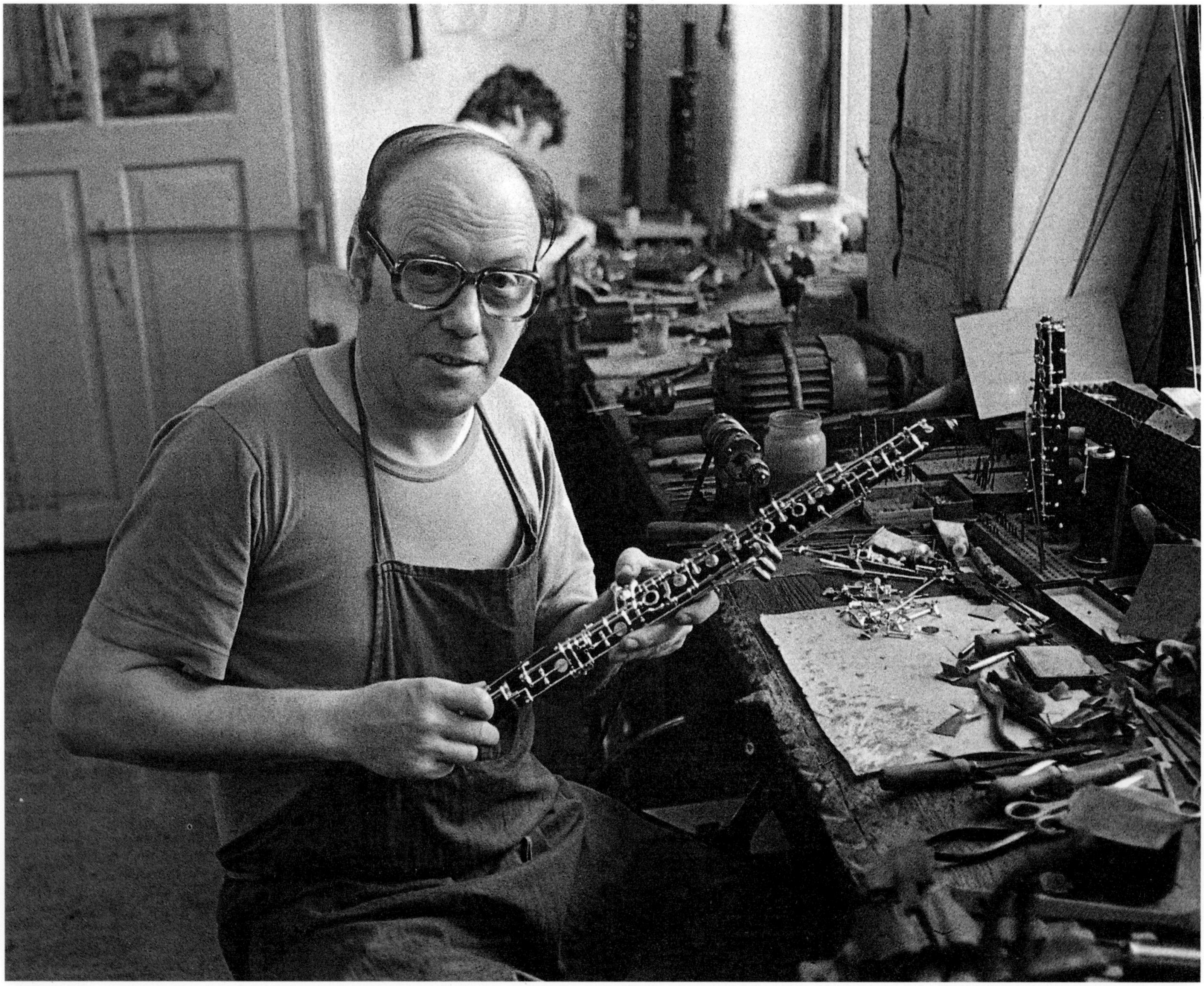

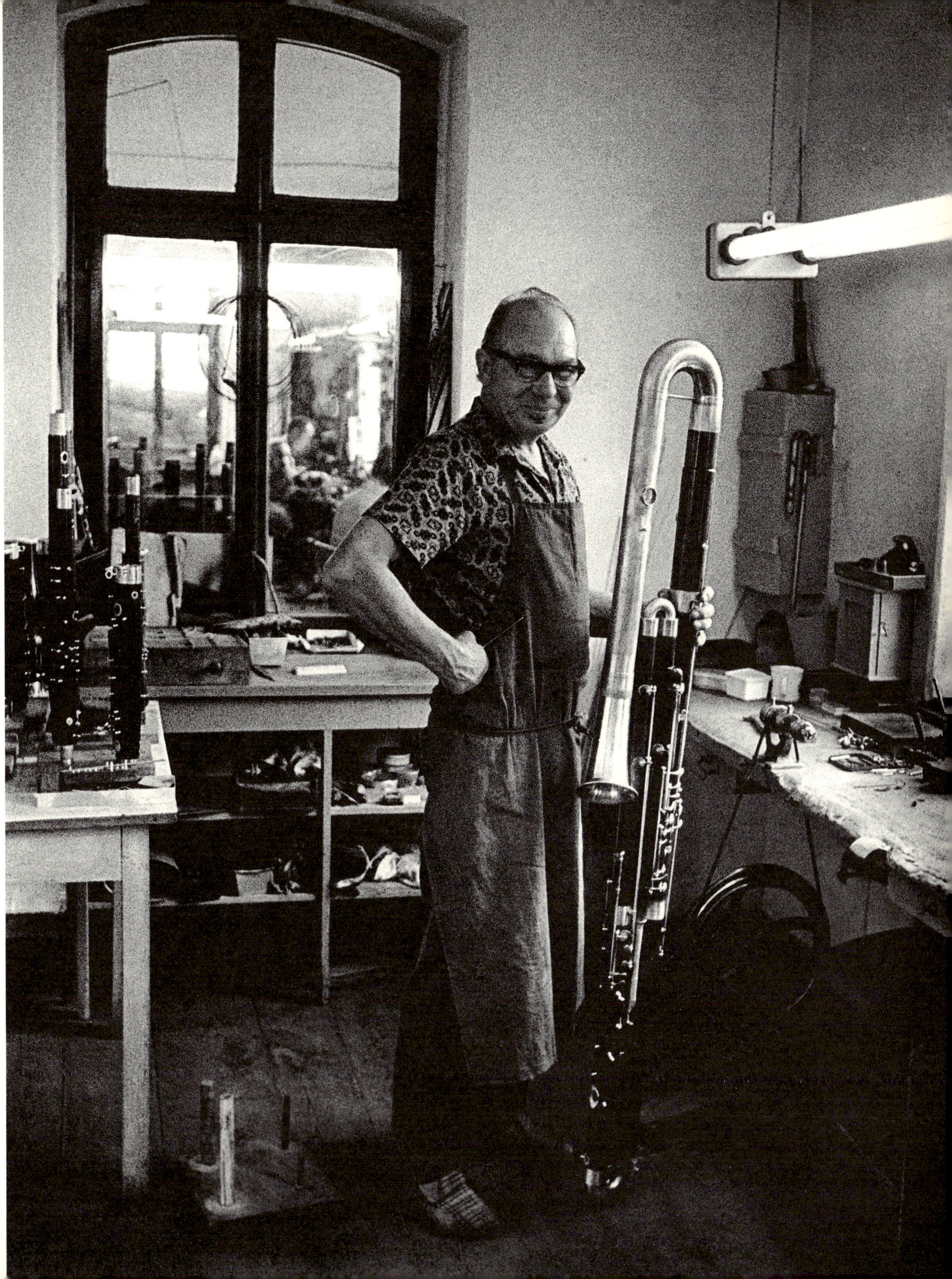

128

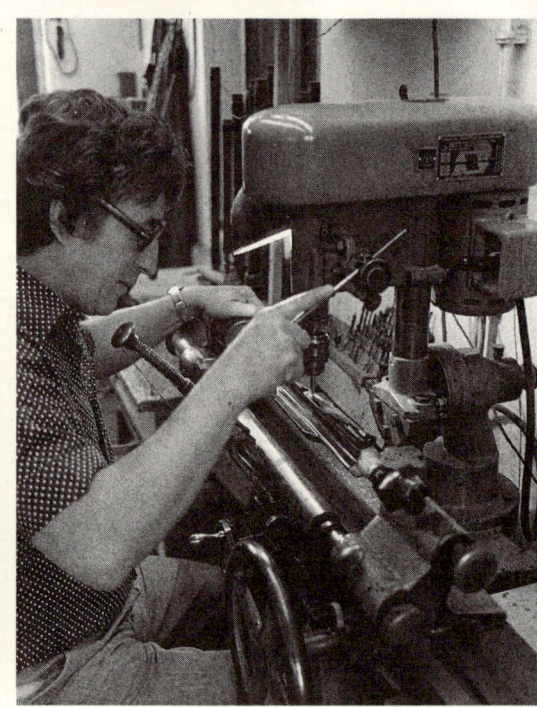

129

130

131

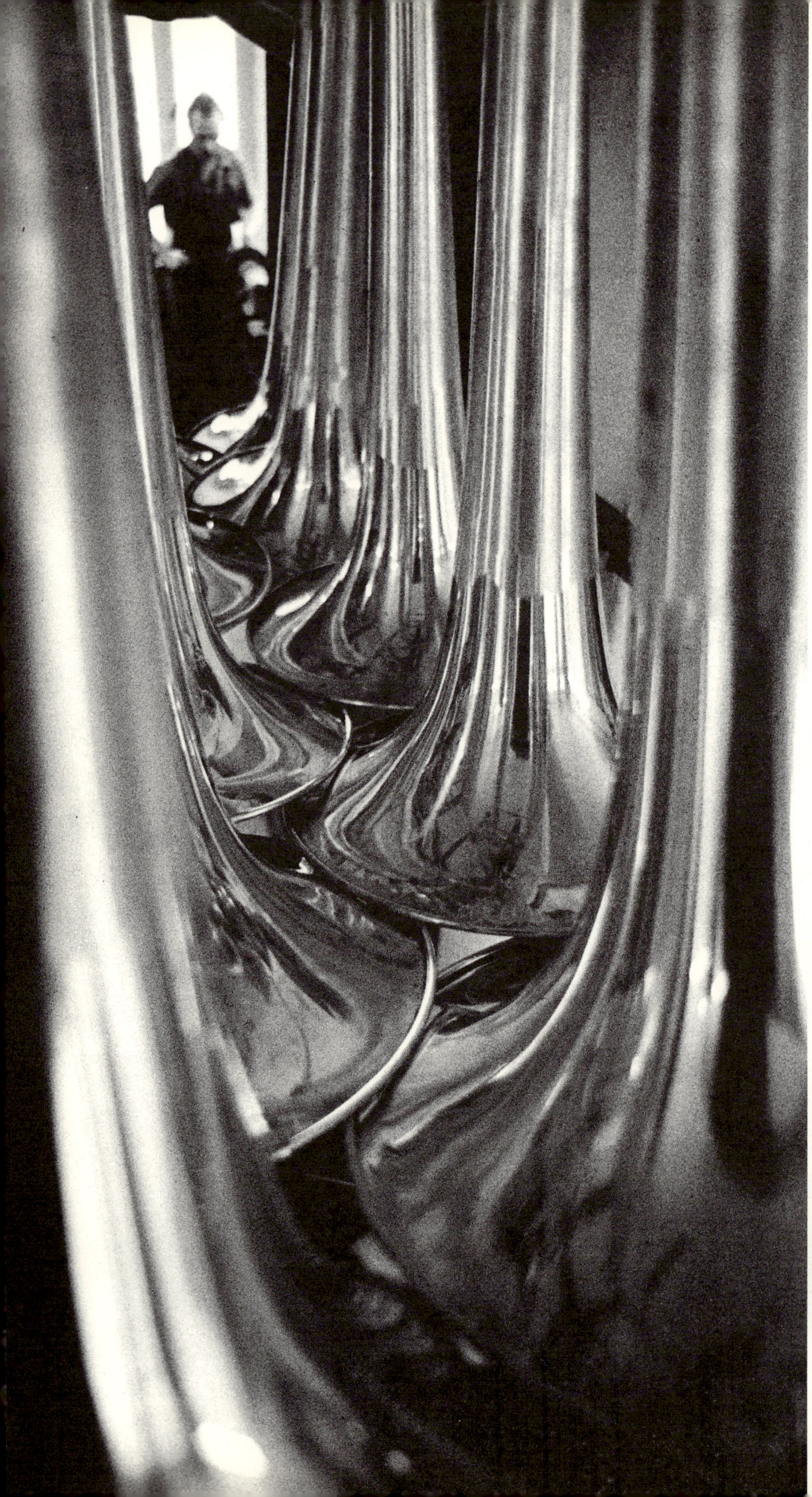

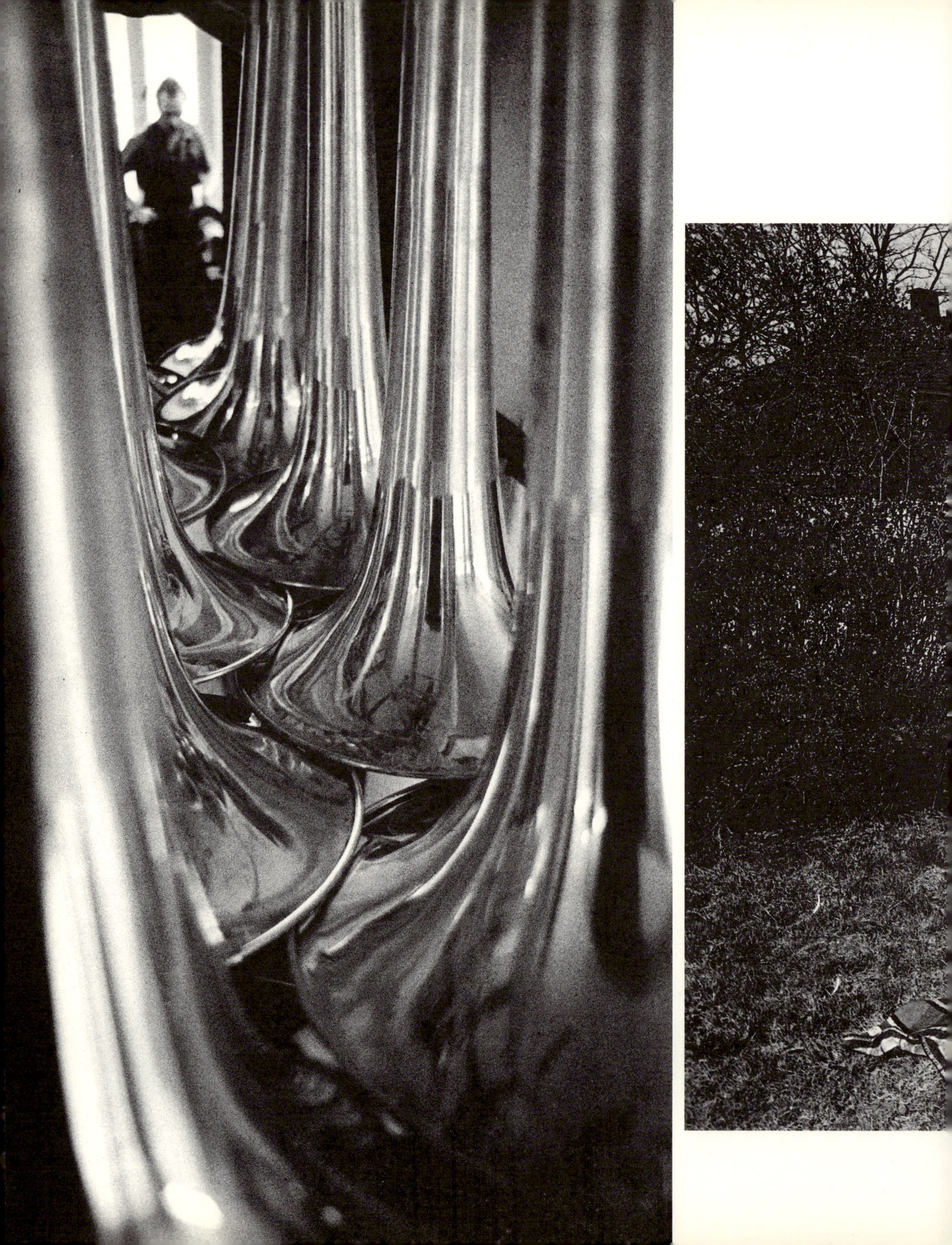

133

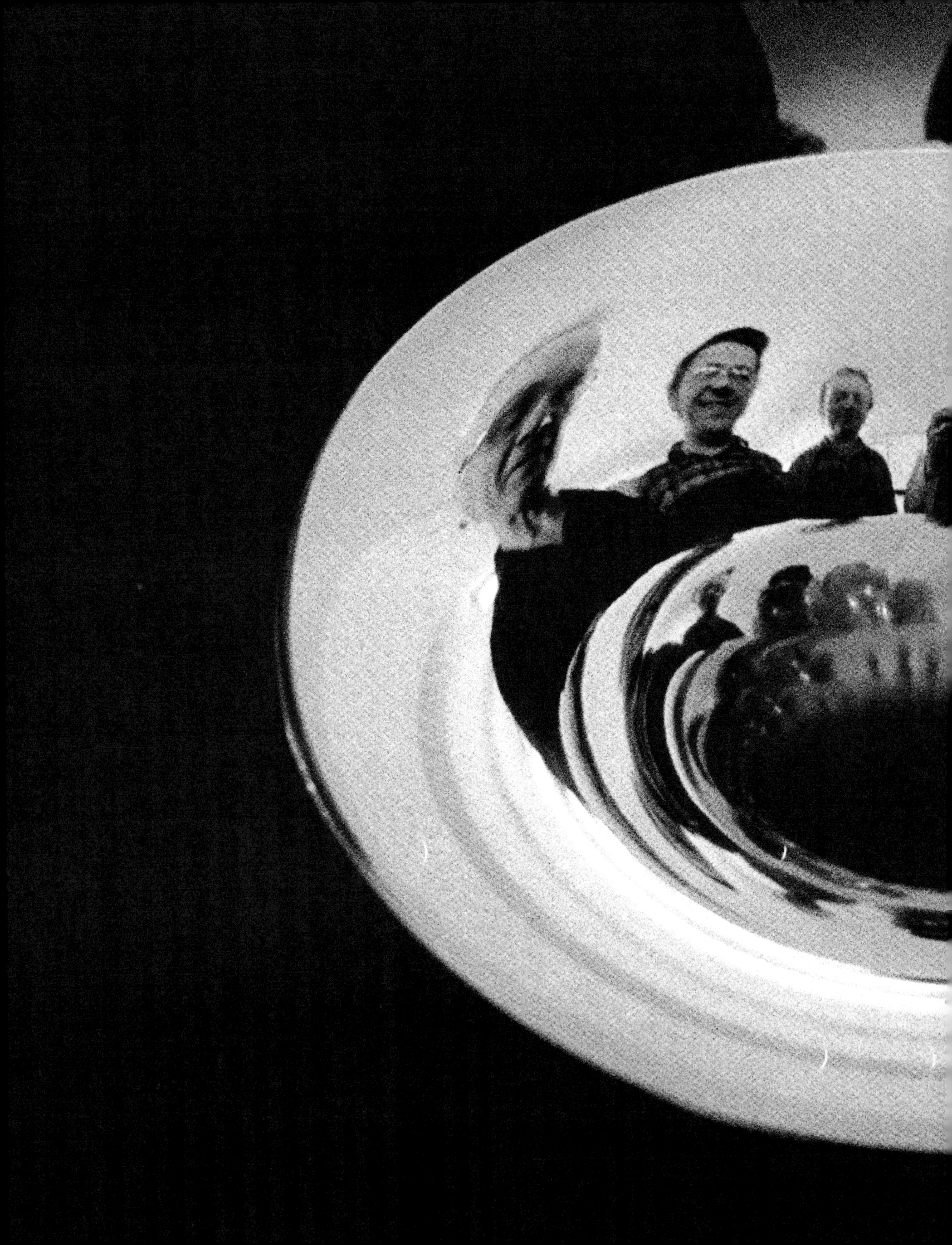

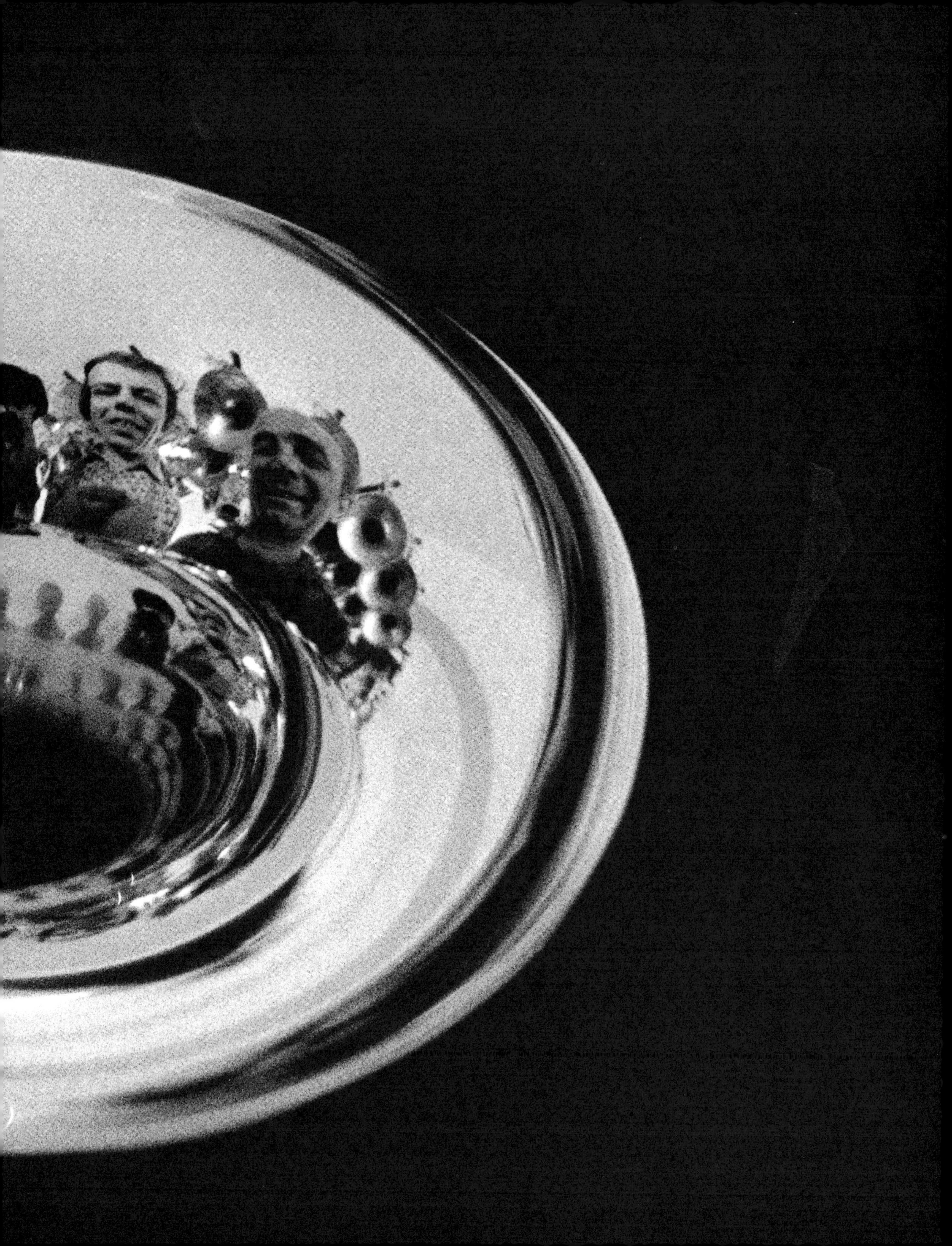

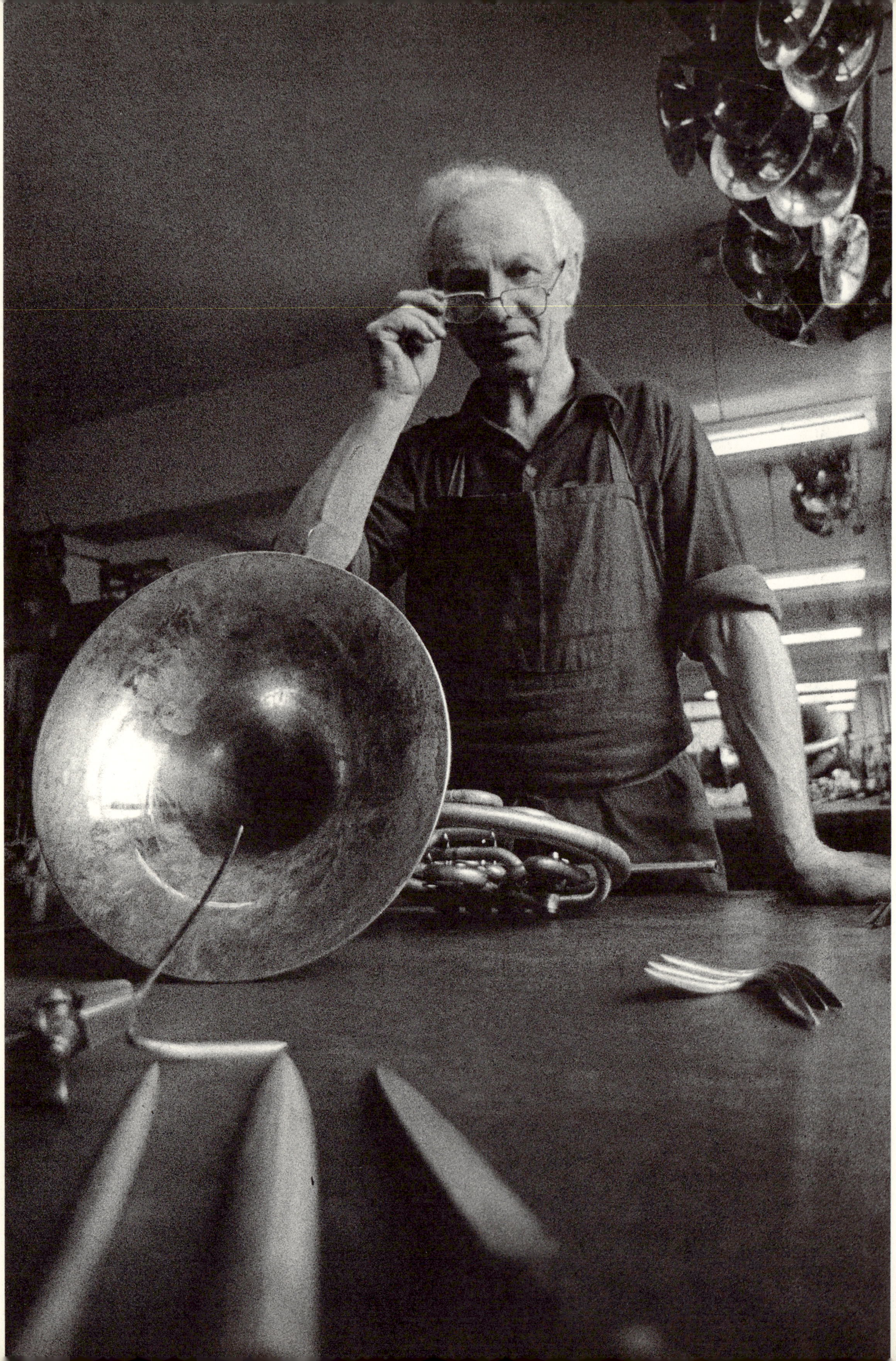

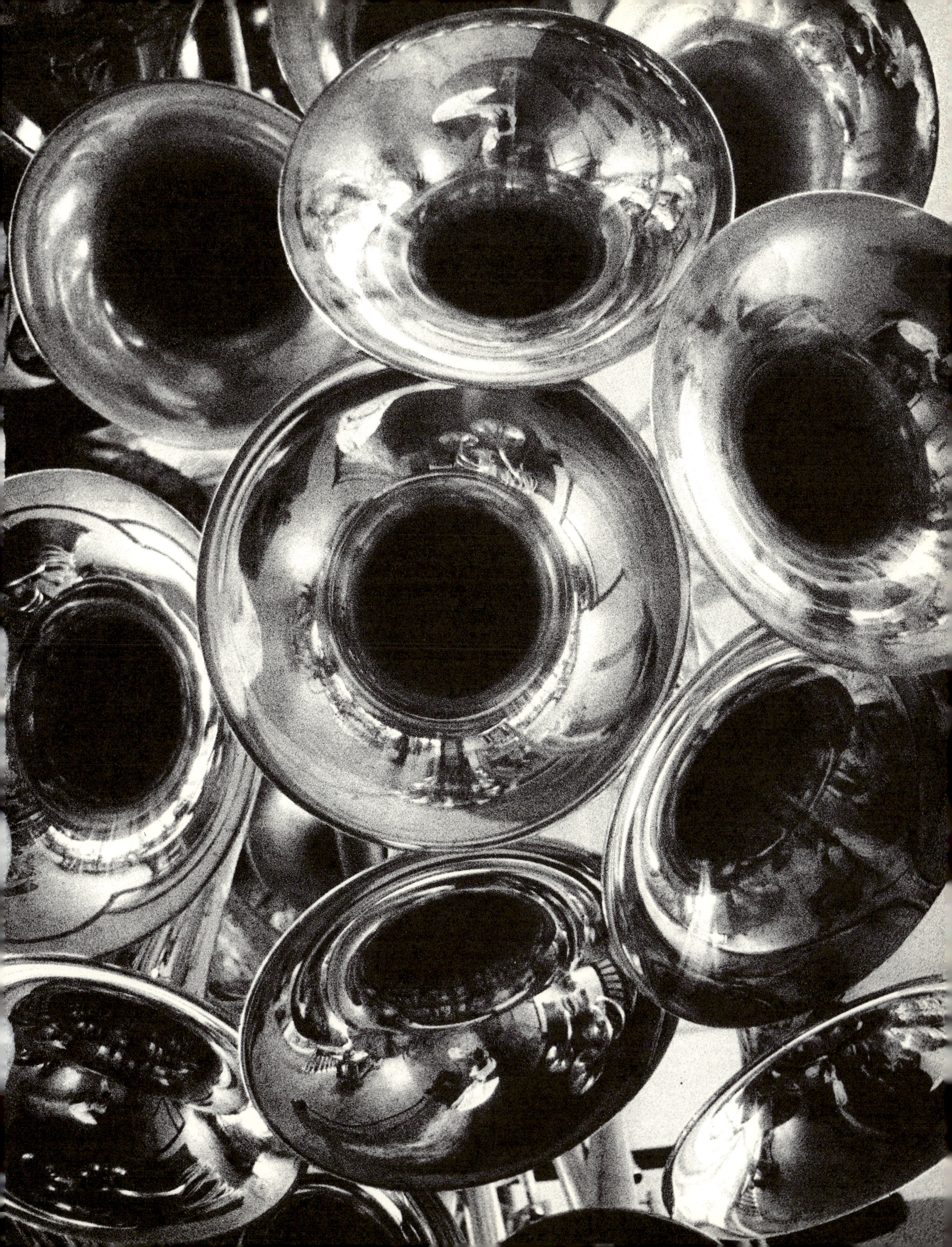

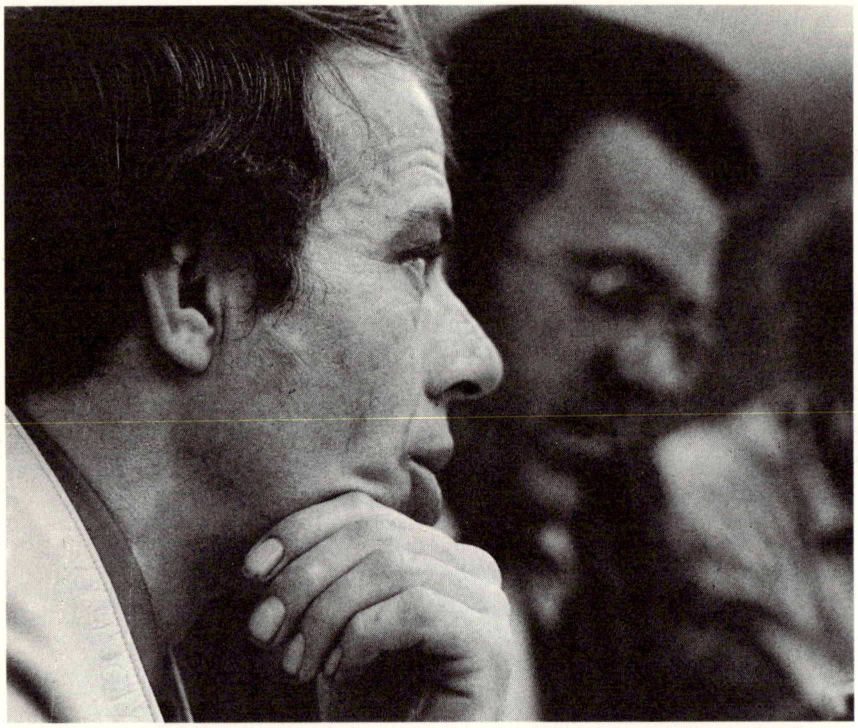
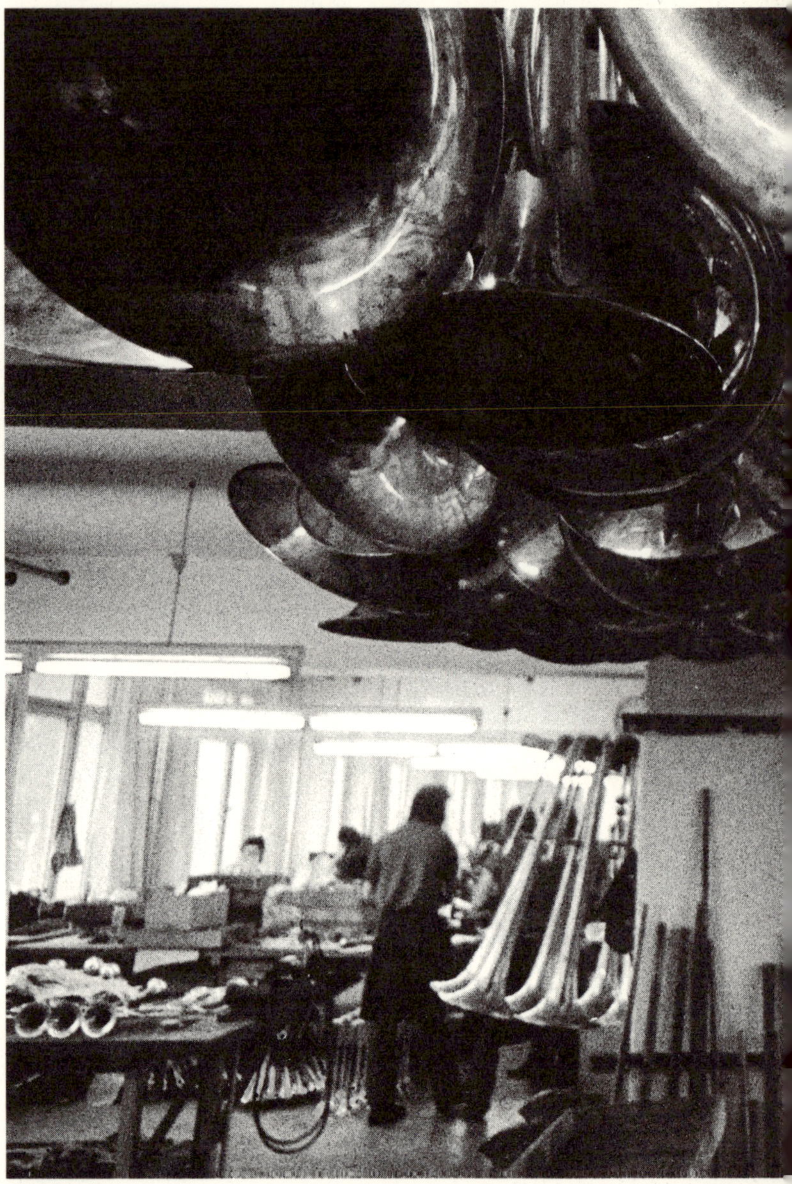
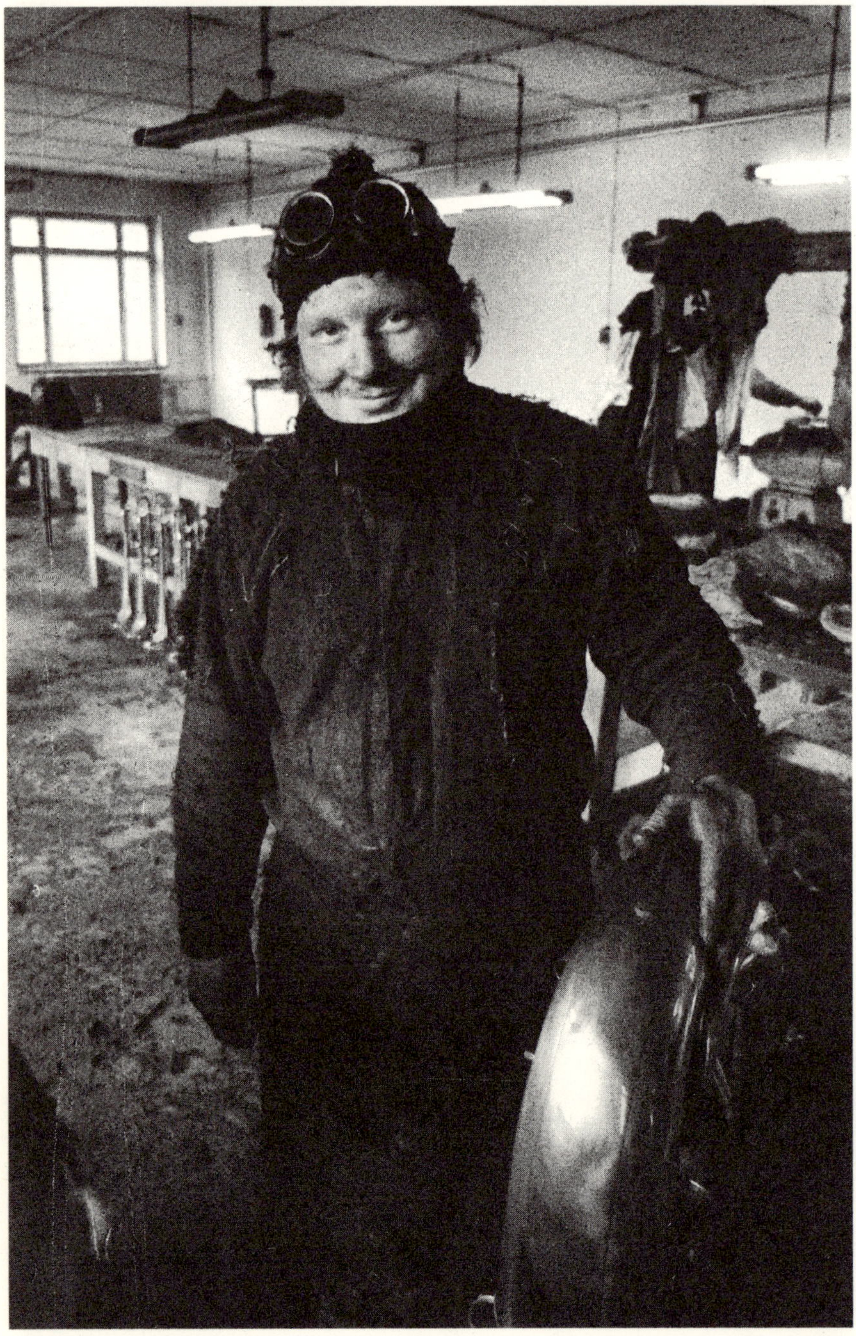
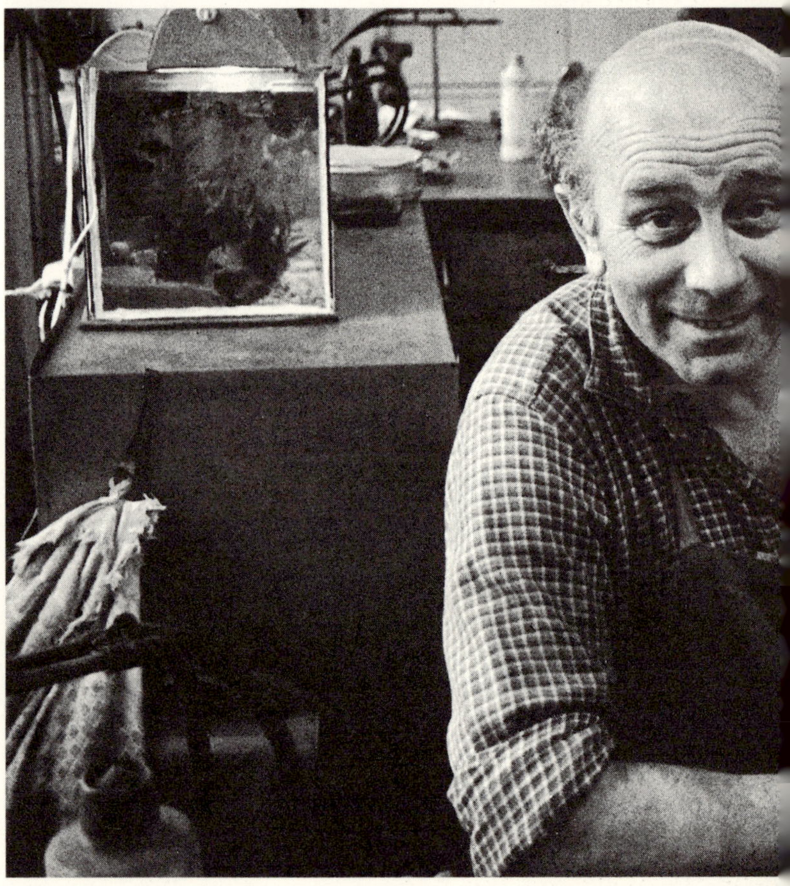

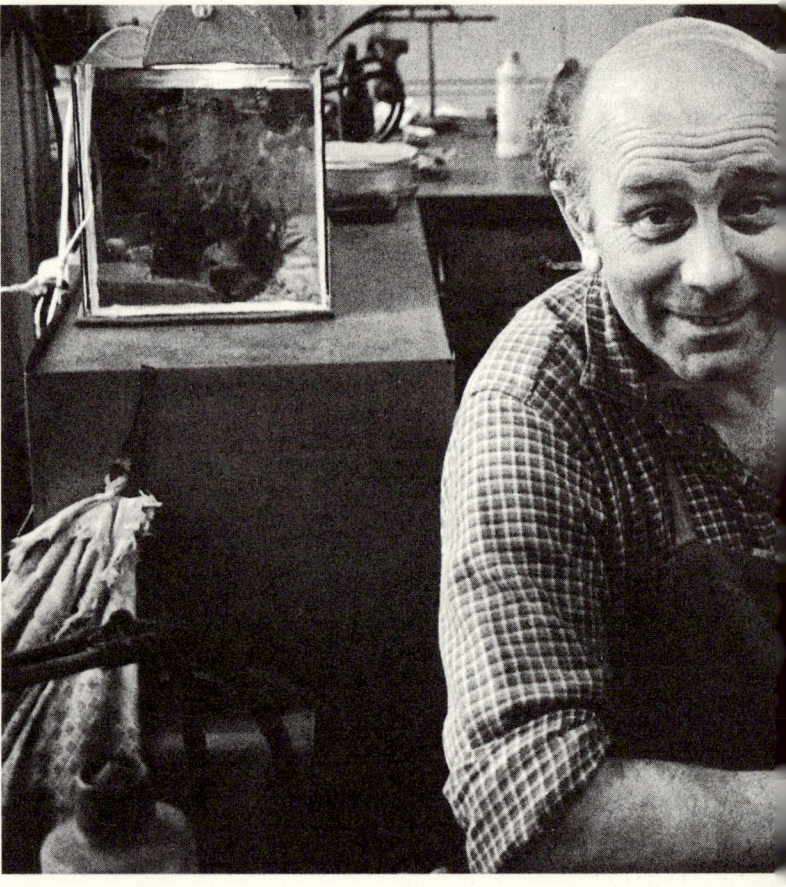

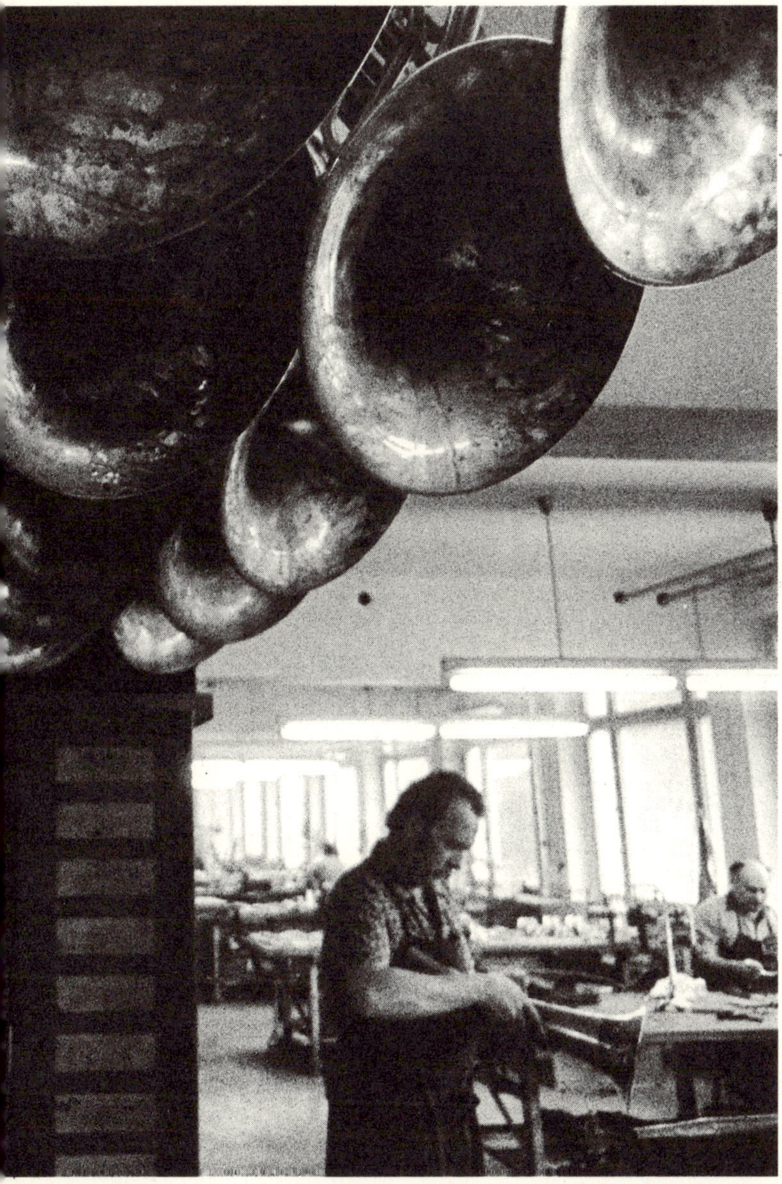
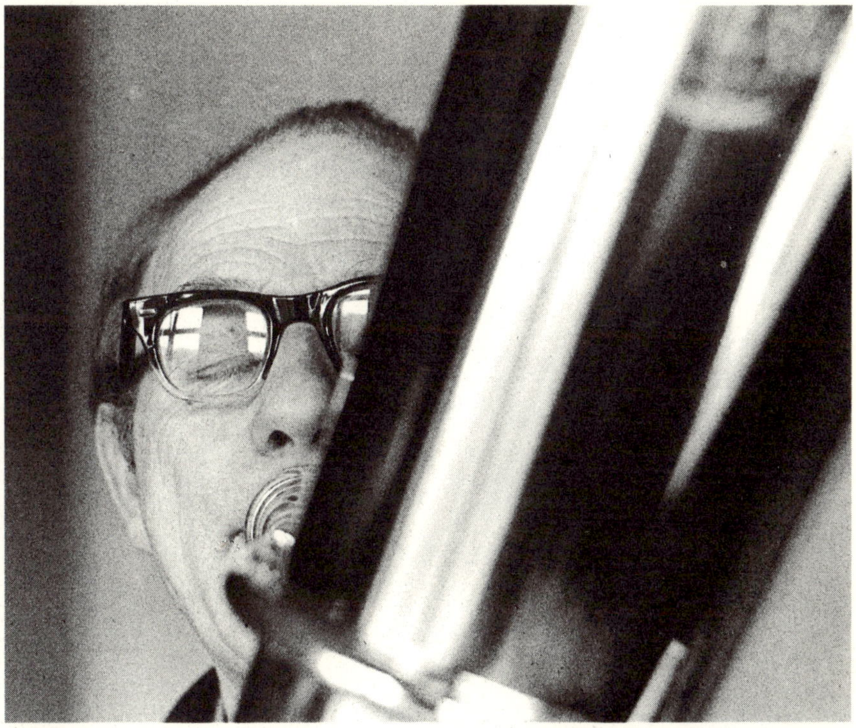
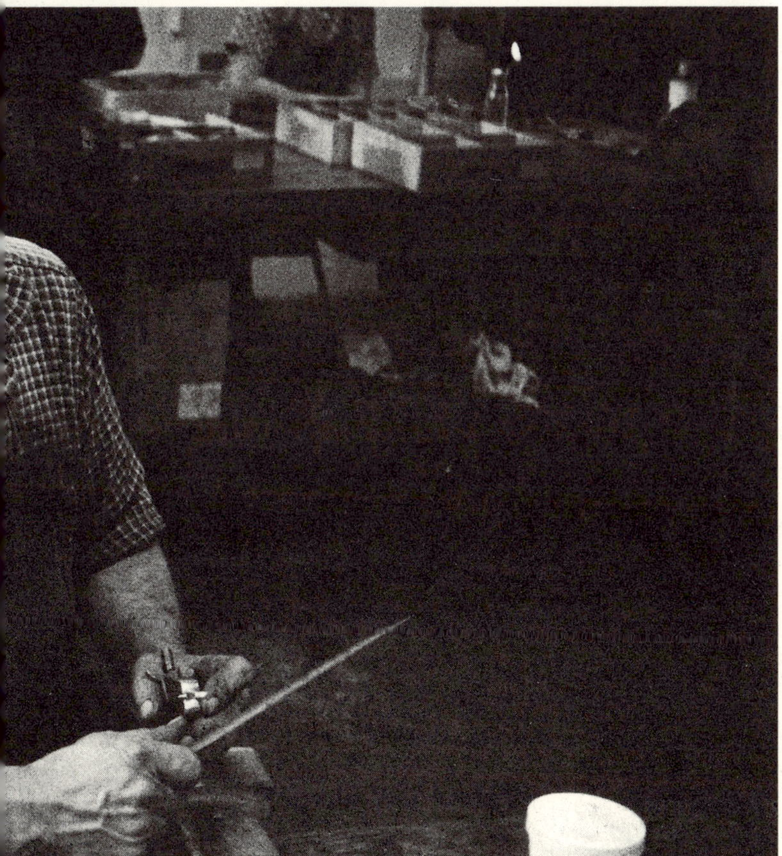
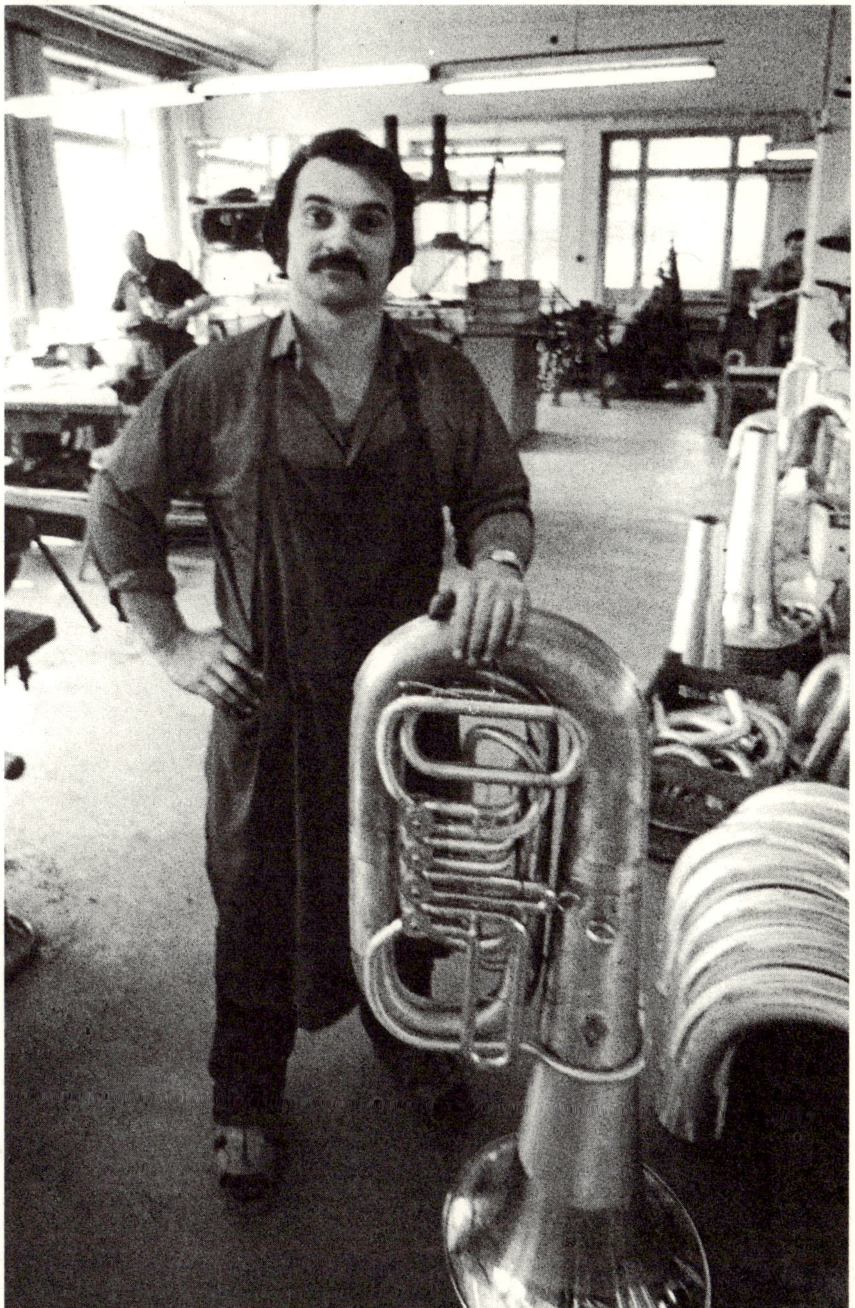

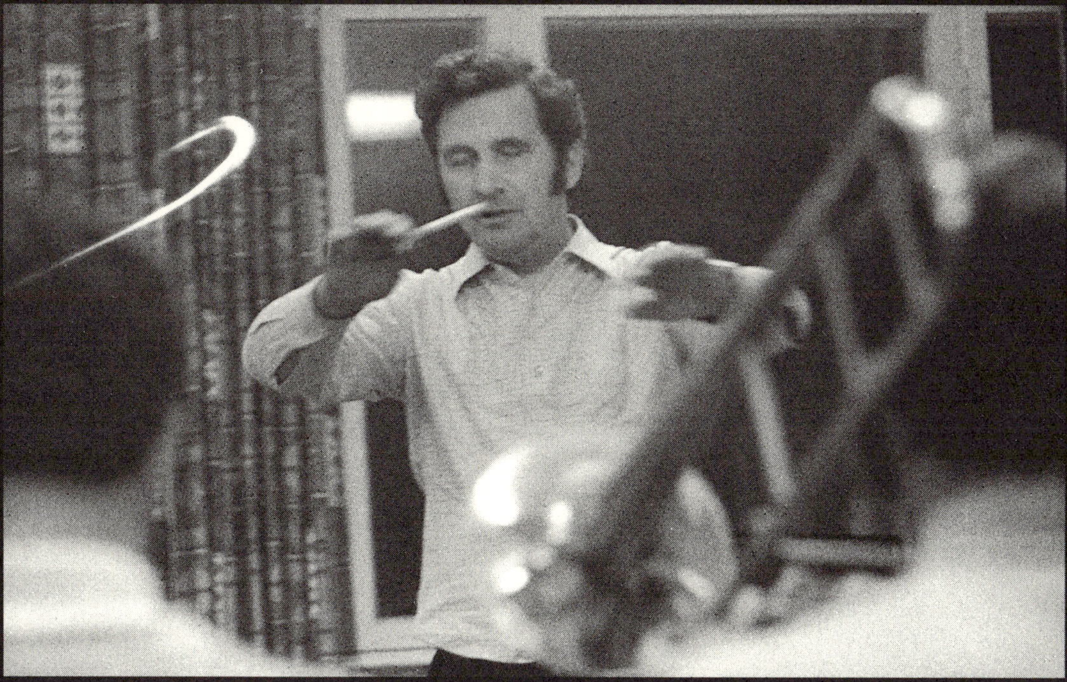
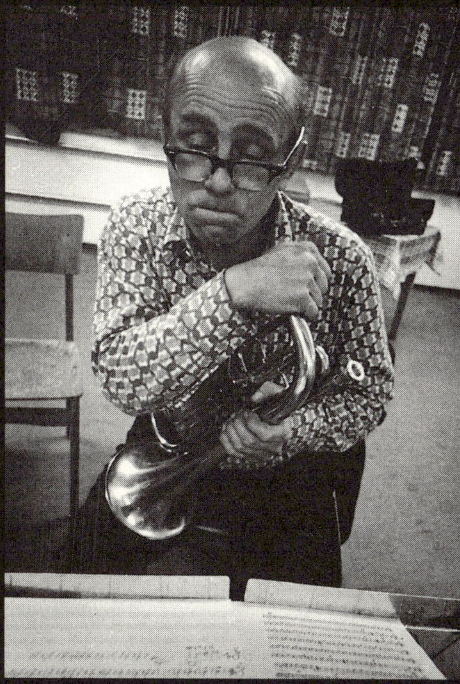
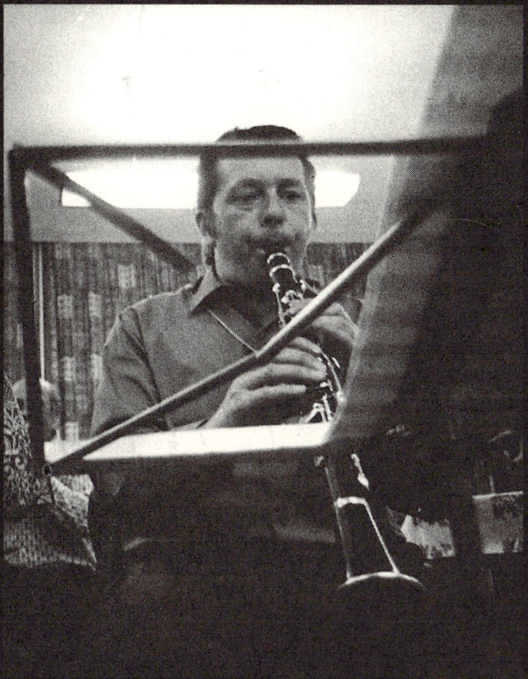
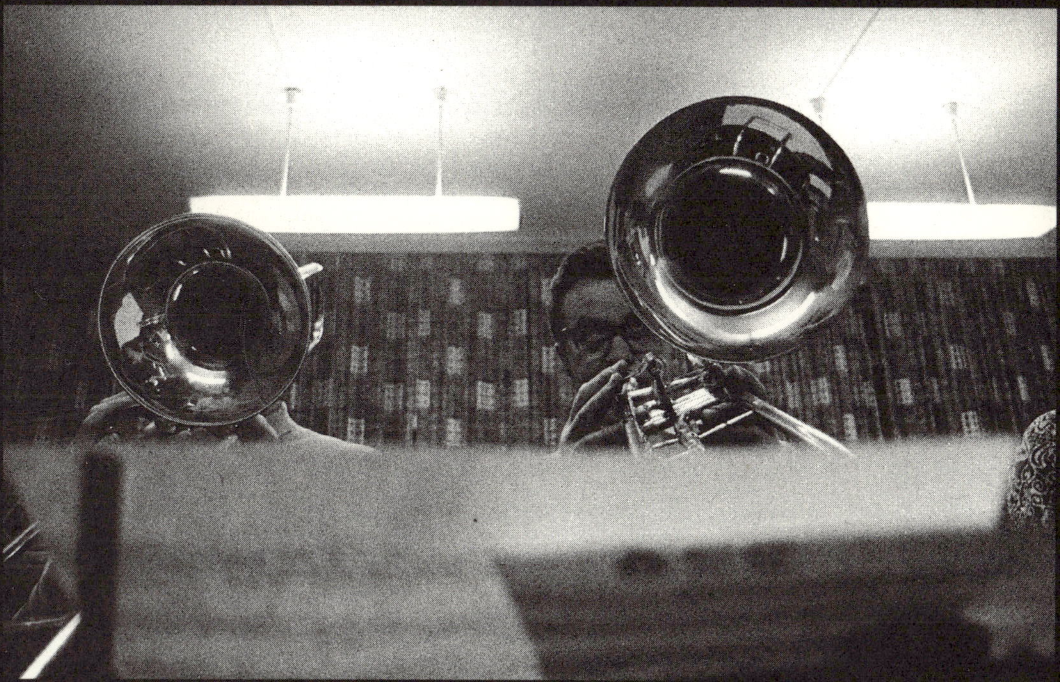
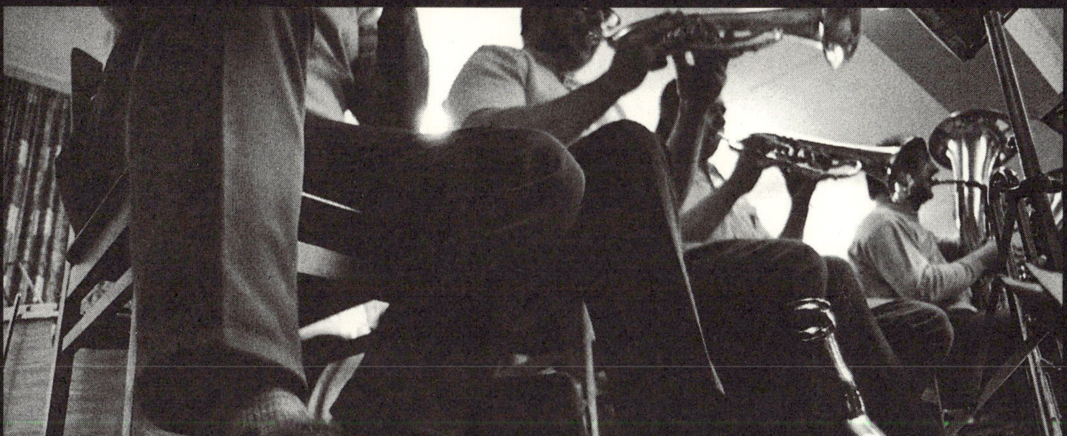
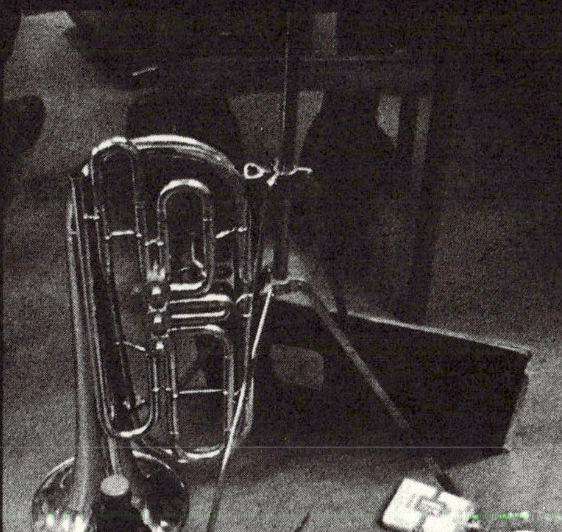

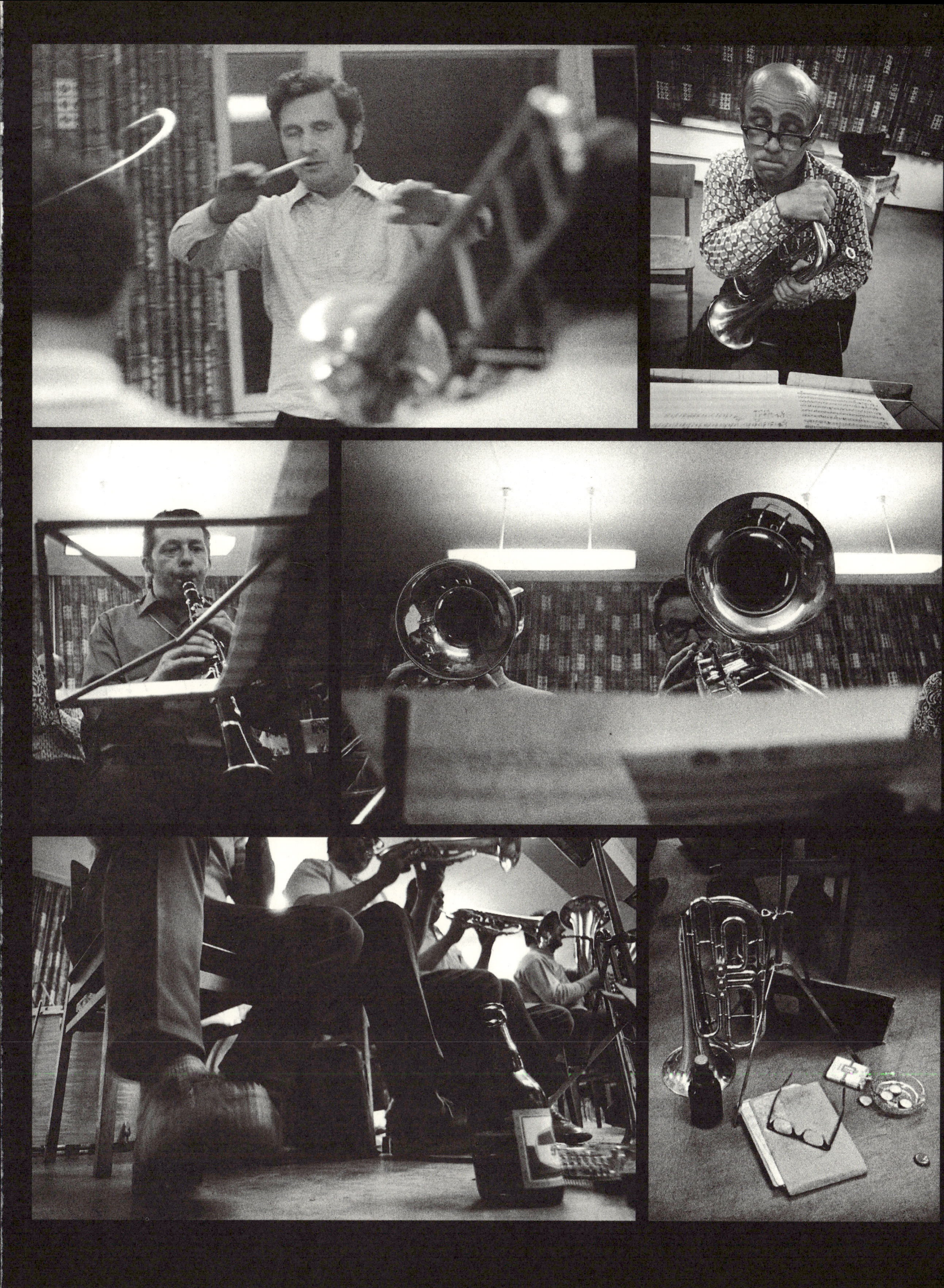

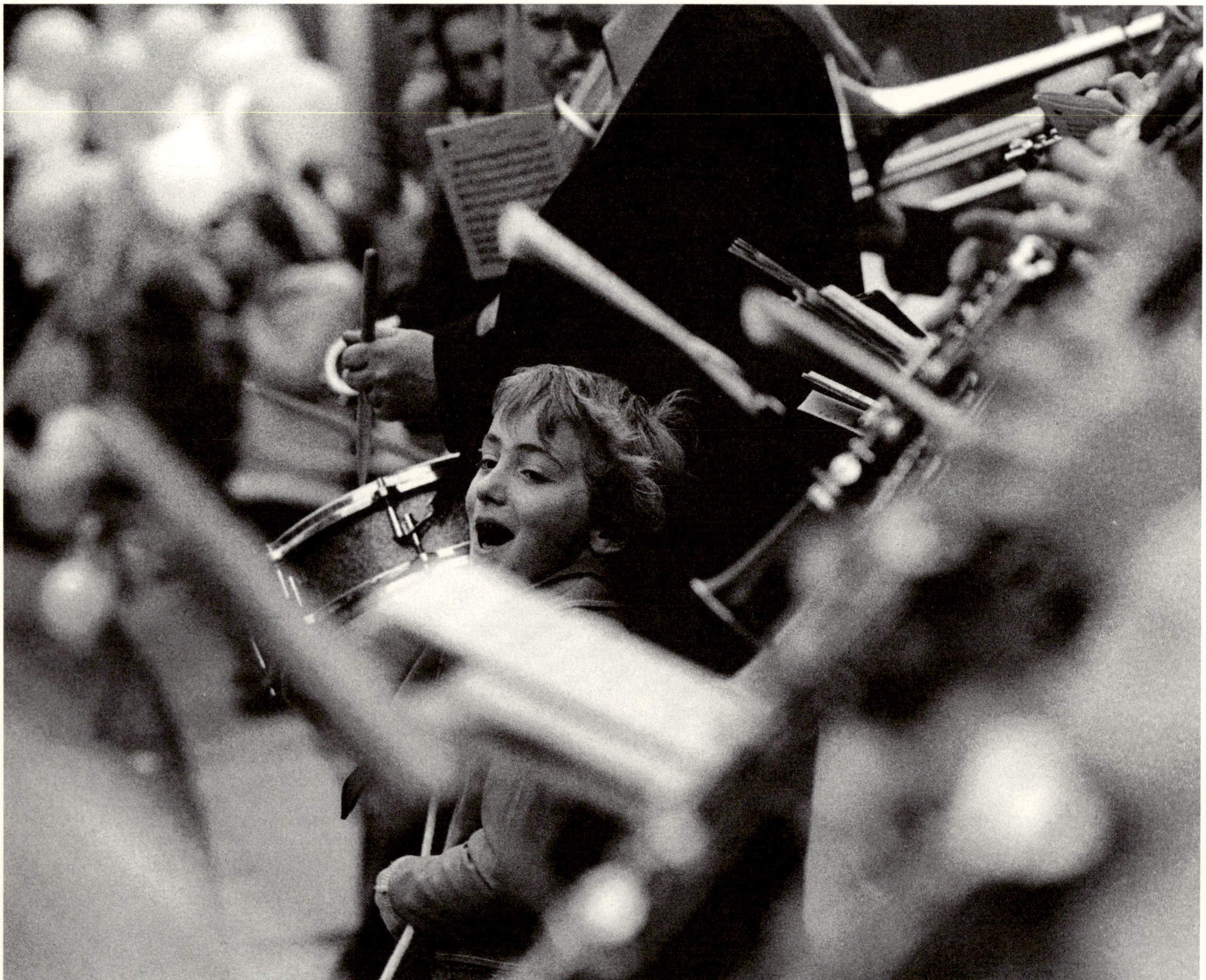

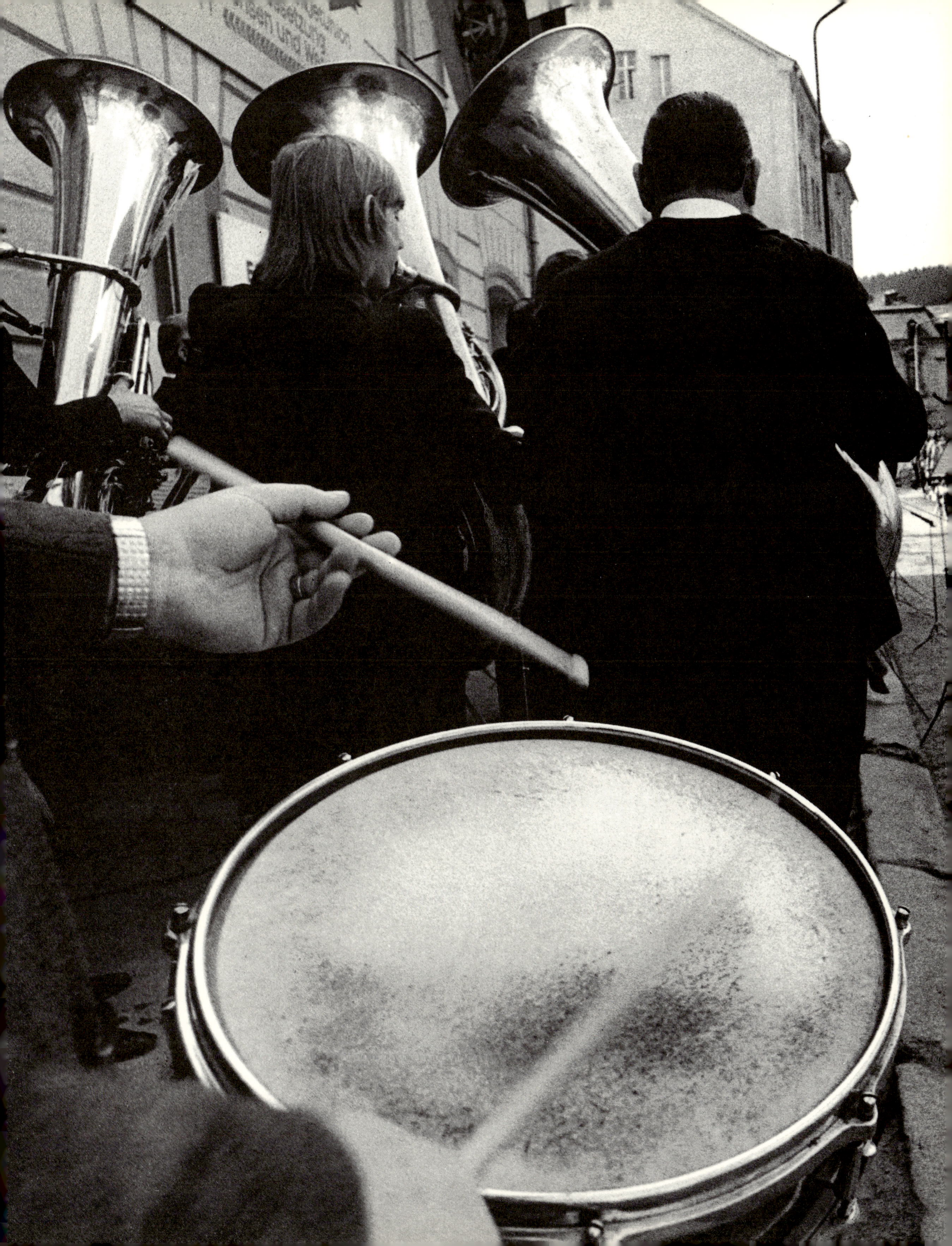

144

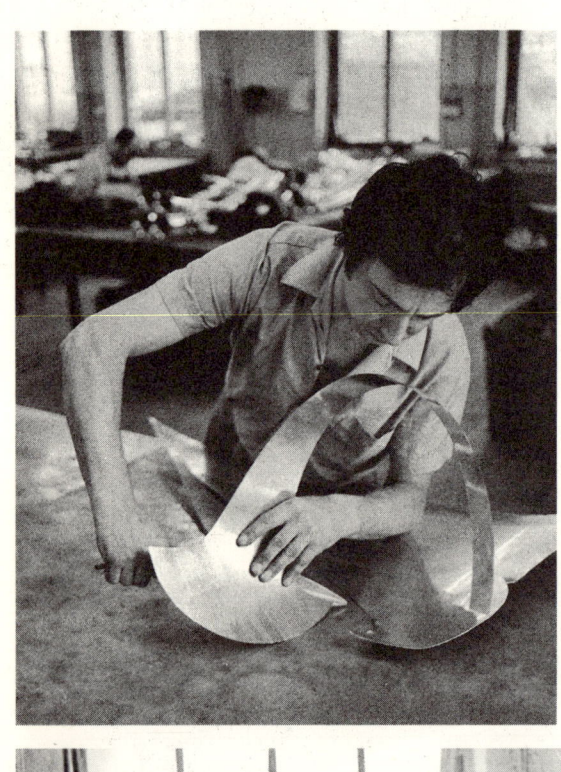

145

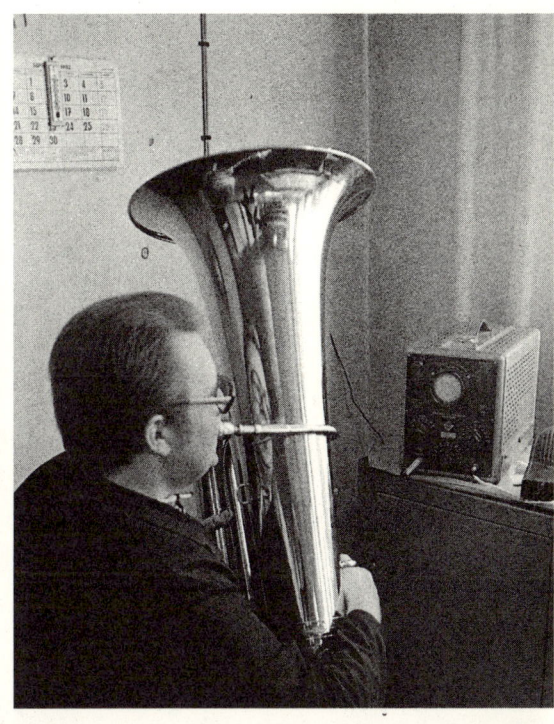

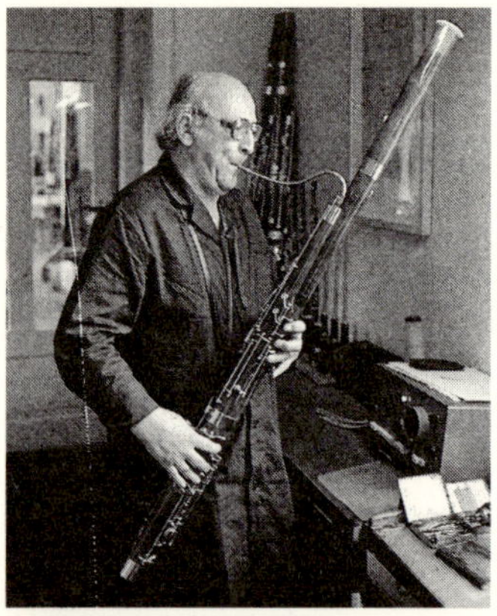
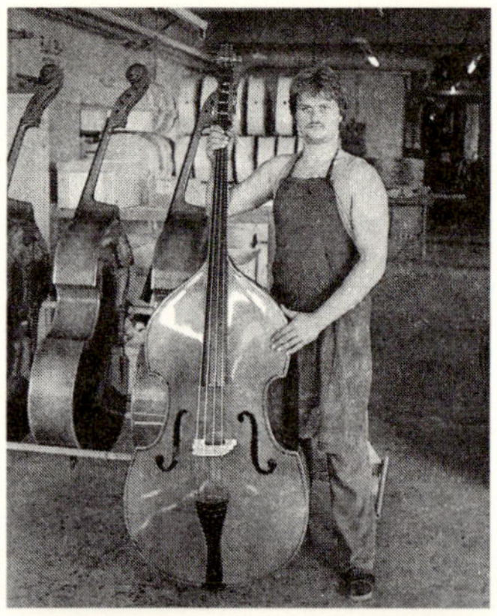
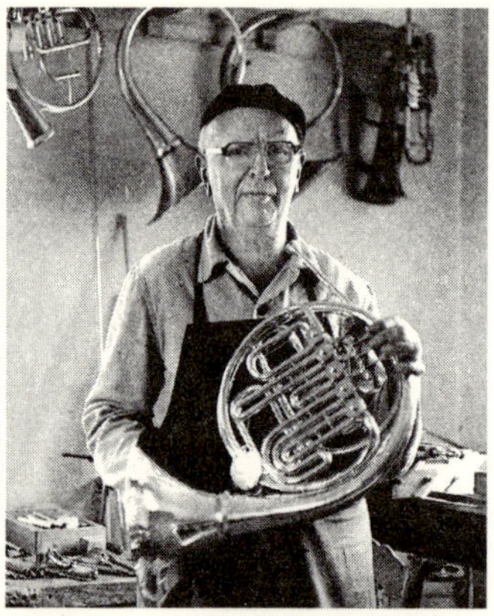
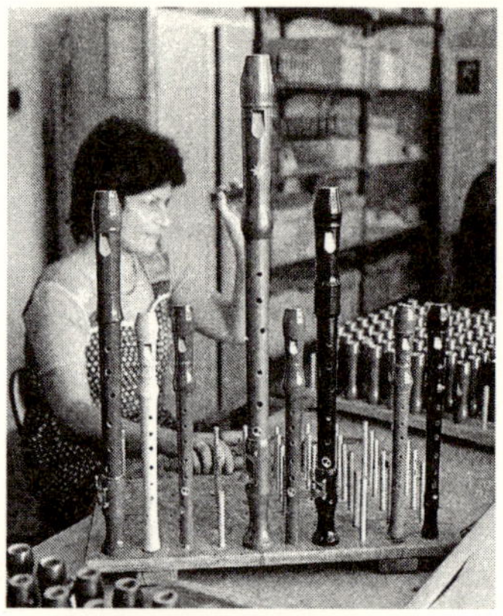
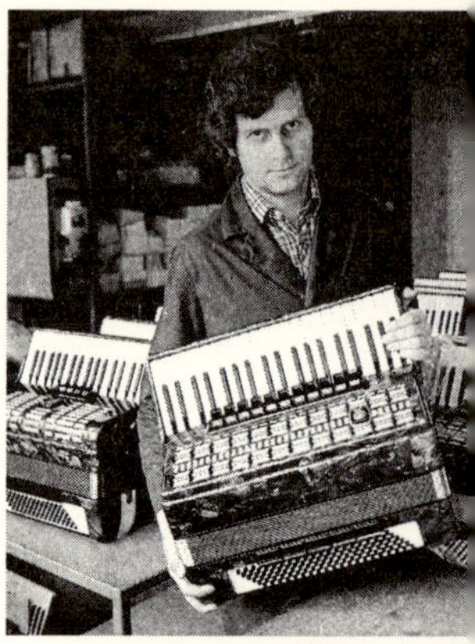
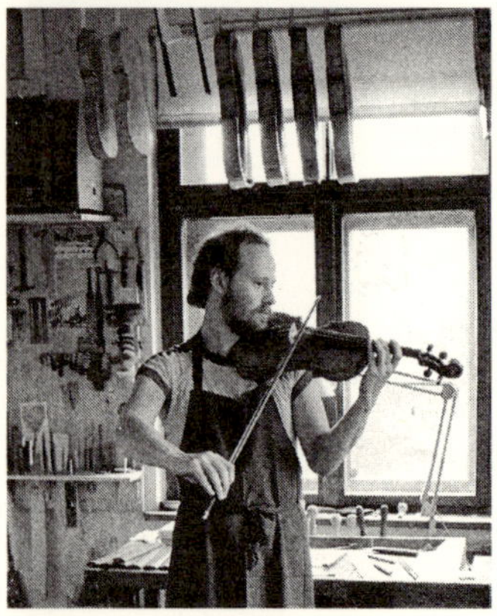
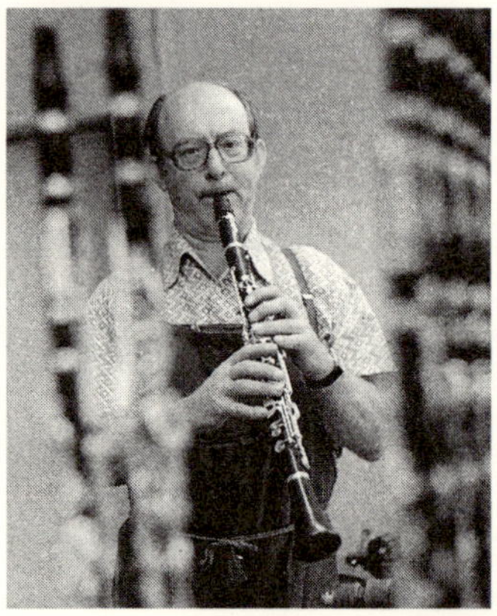
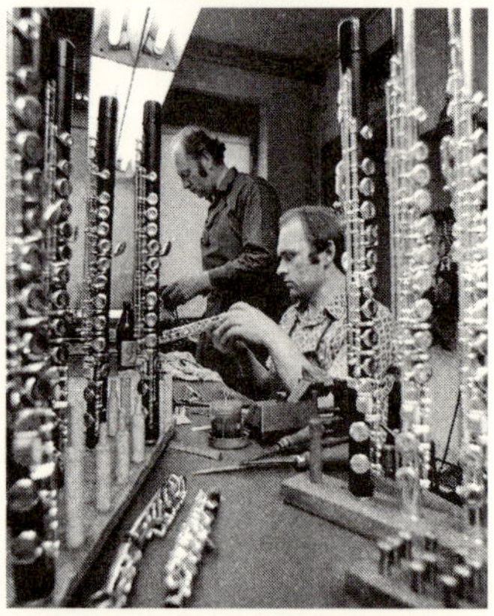
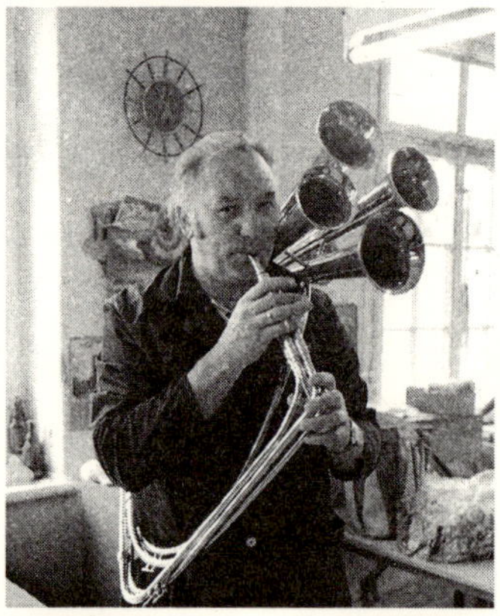
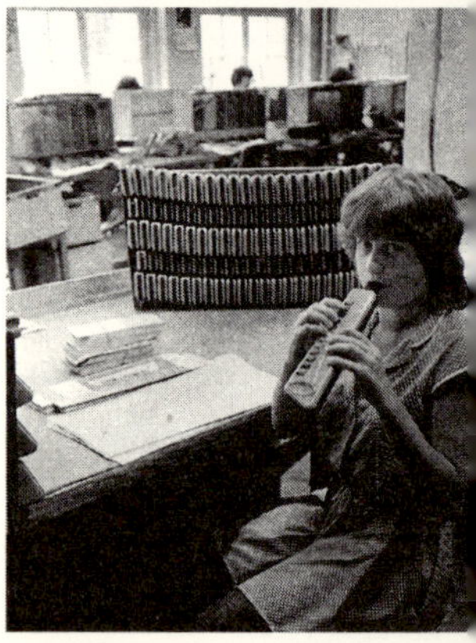
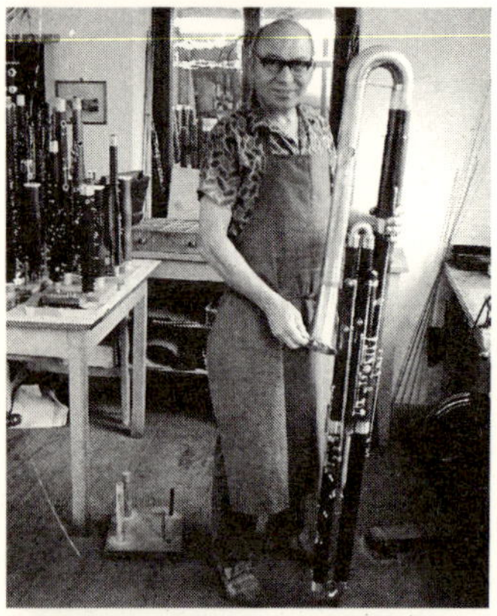
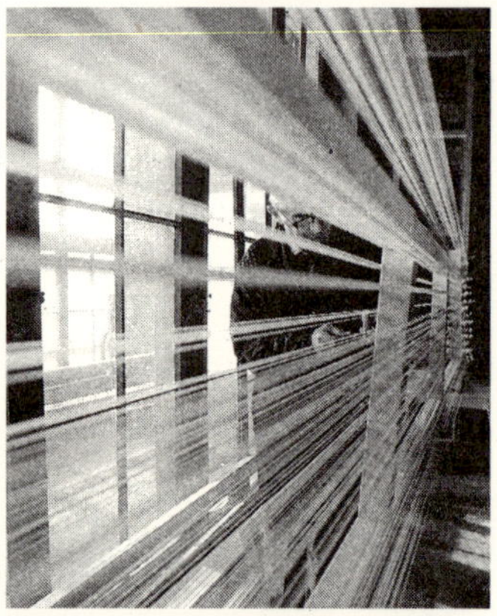
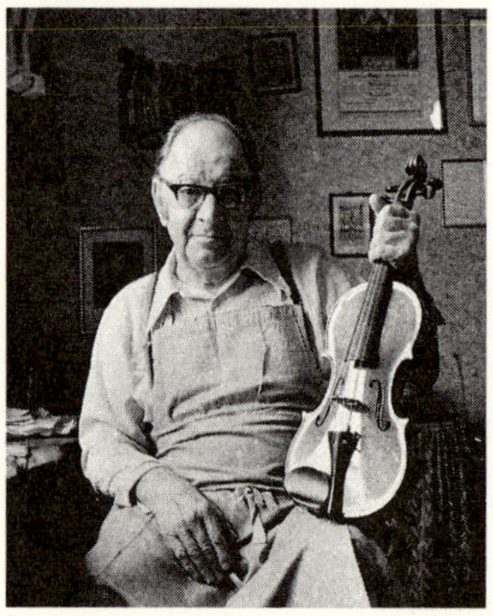
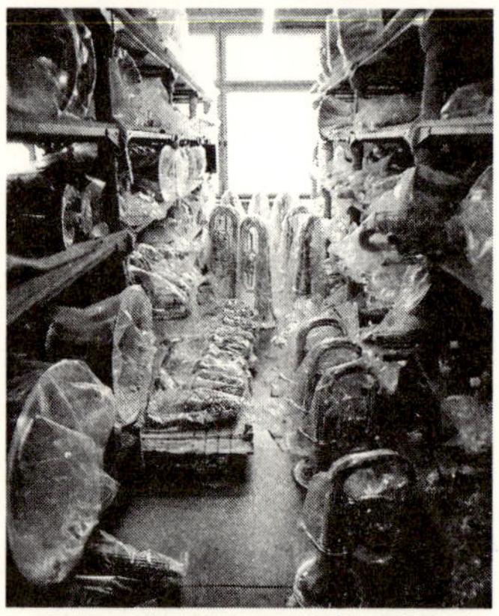
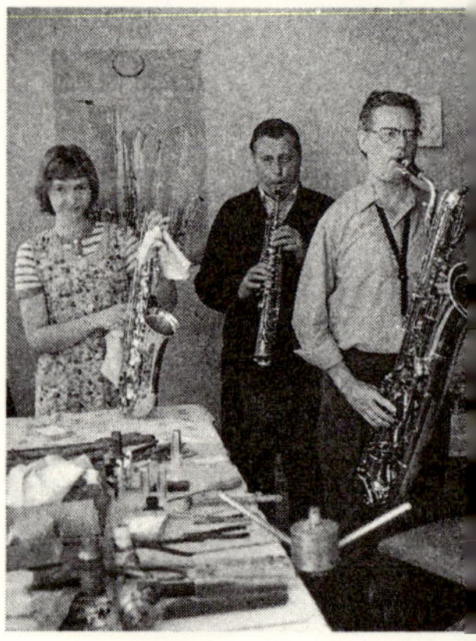
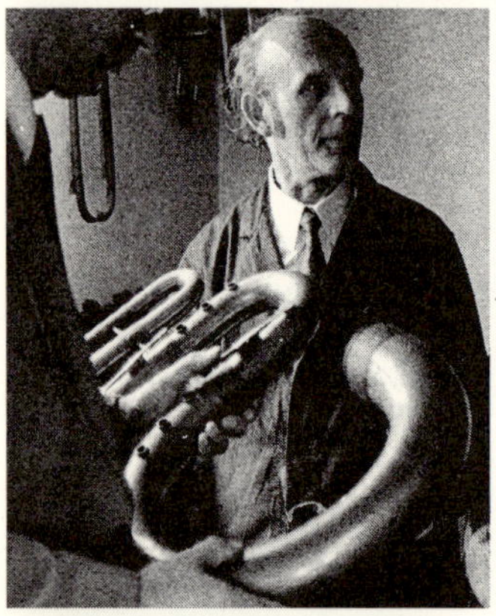
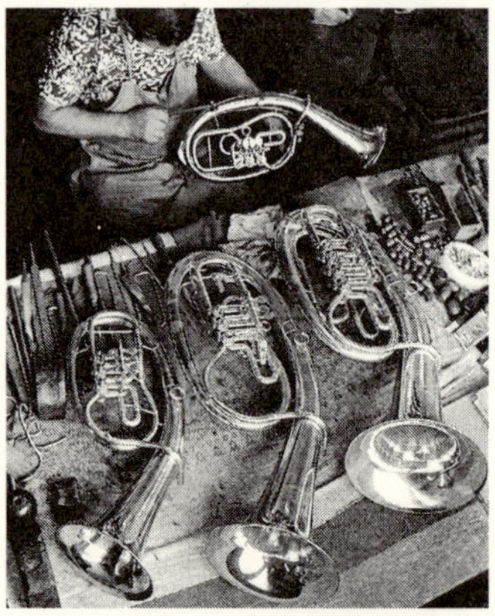
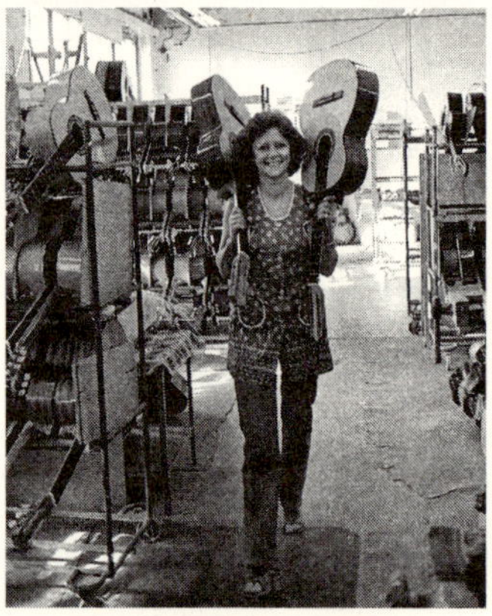
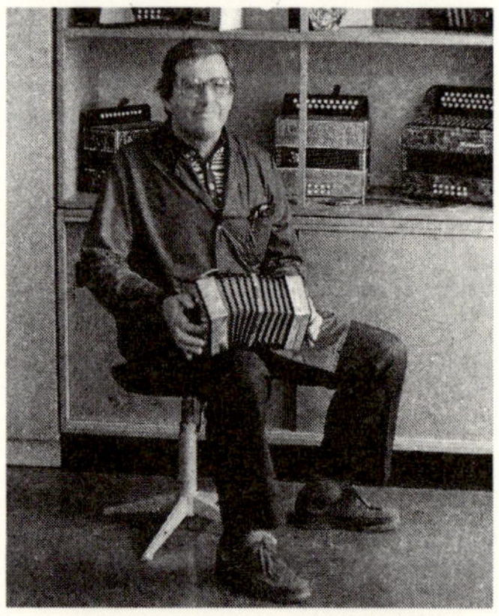
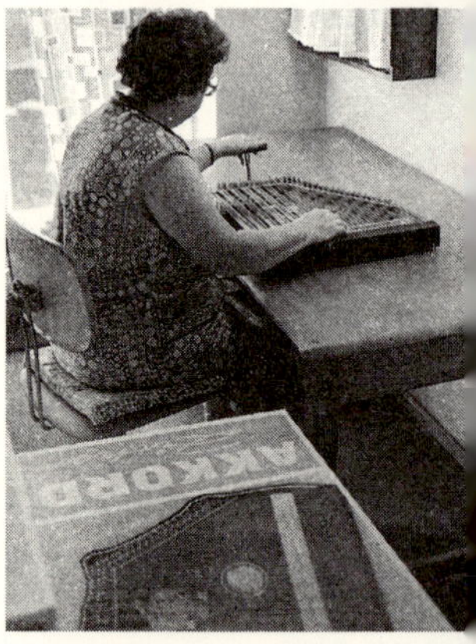
AKKORD
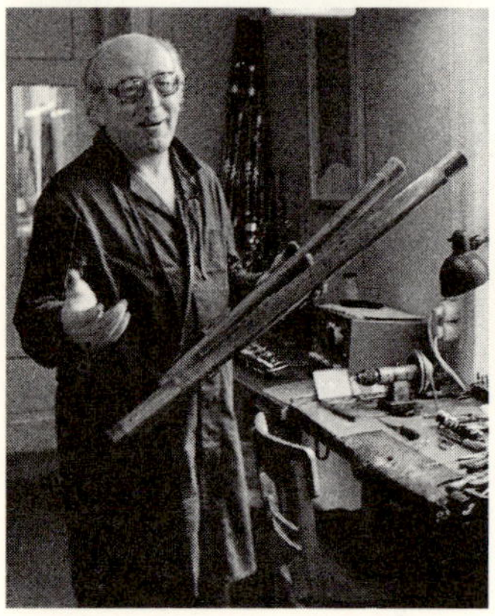
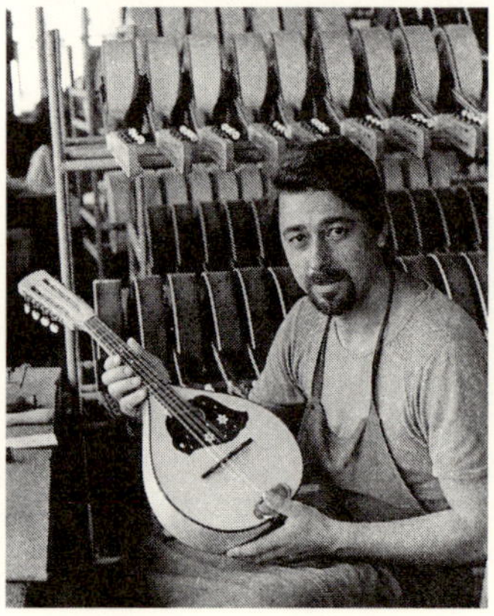
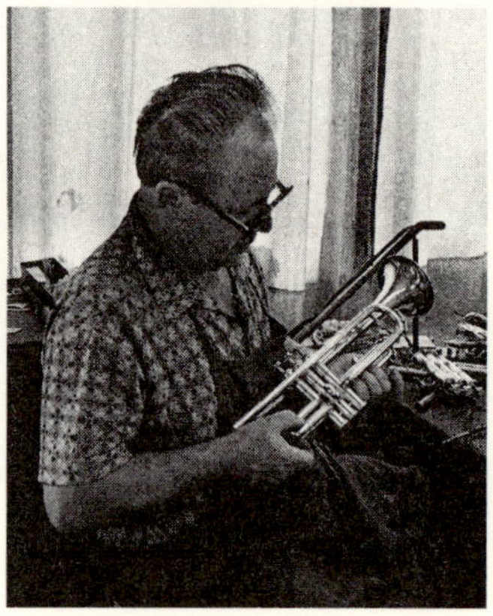
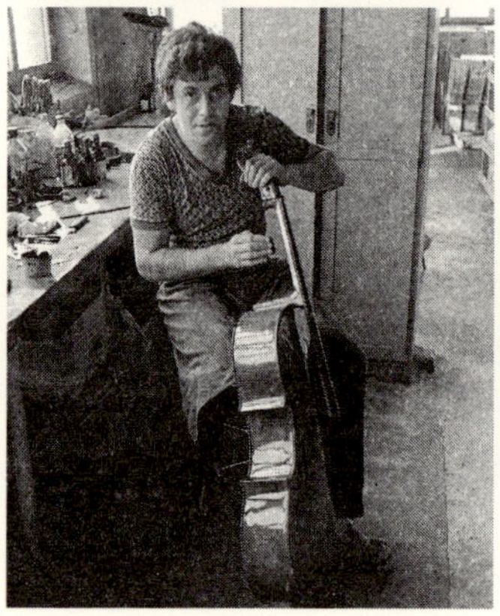
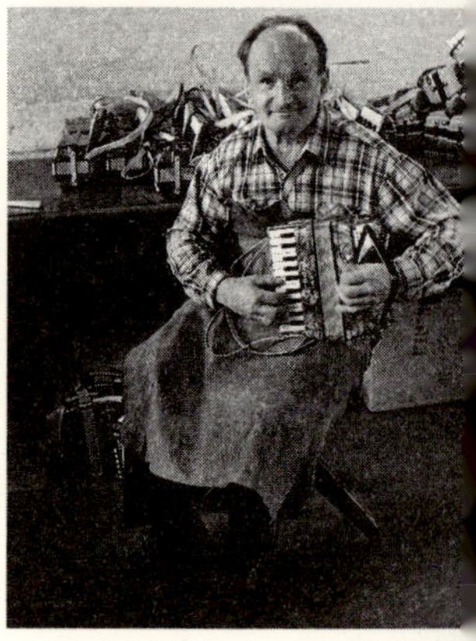

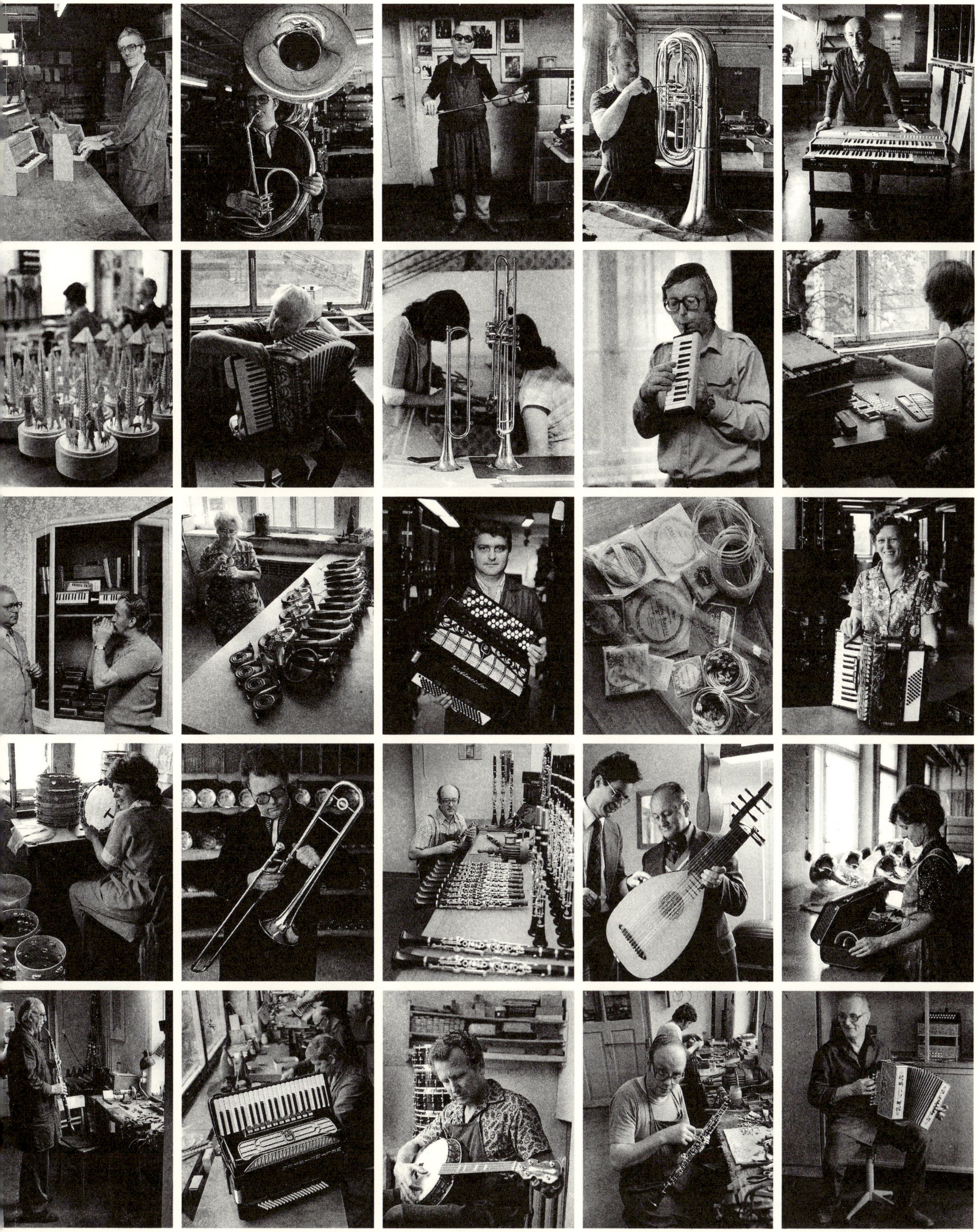

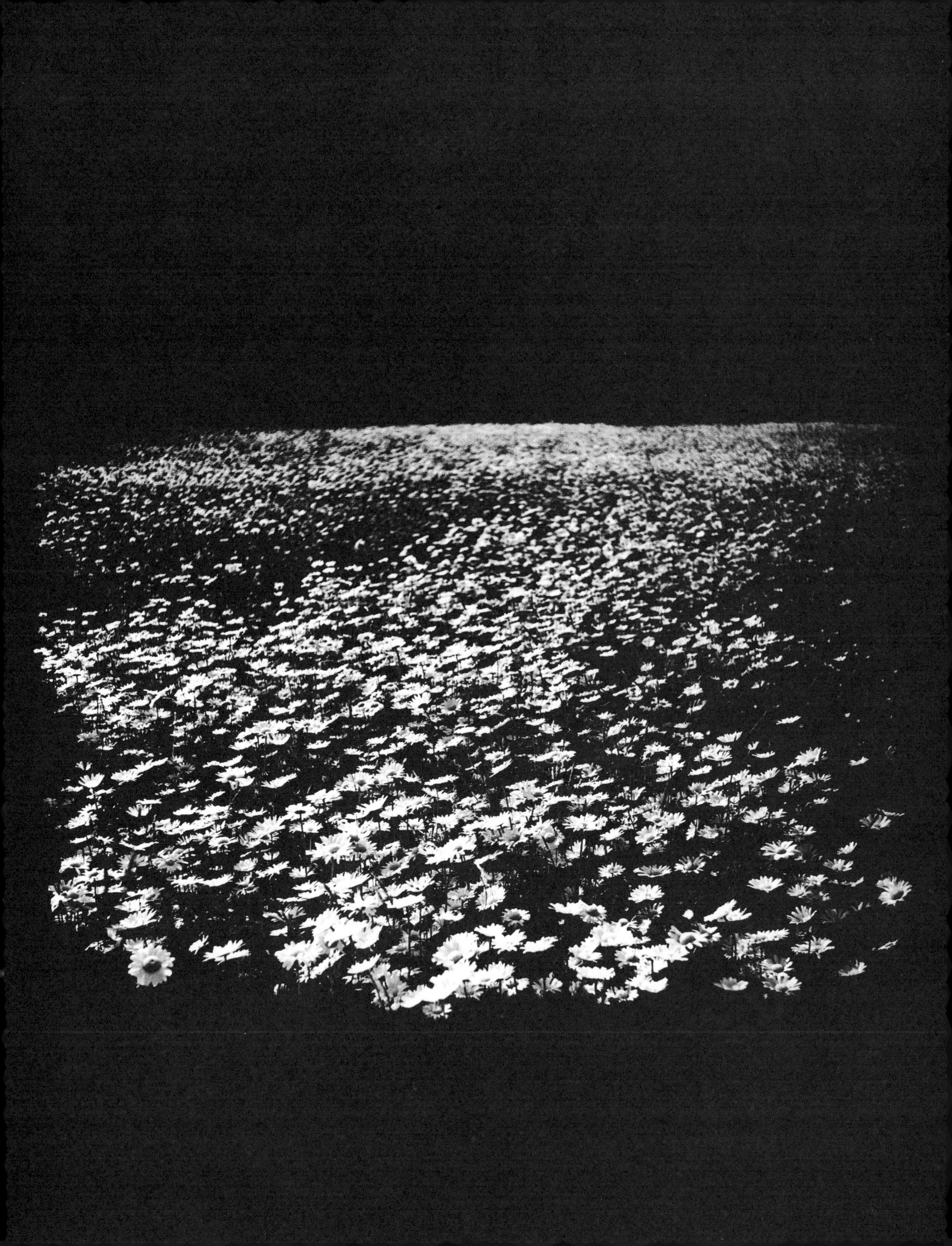

Ricercari sopra li Toni

Sopran in c"

1. Primo Tono (Dorisch)
G. Pierluigi da Palestrina
(1525–1594)
für Blockflöten-Quartett
eingerichtet von Paul Rubardt

151

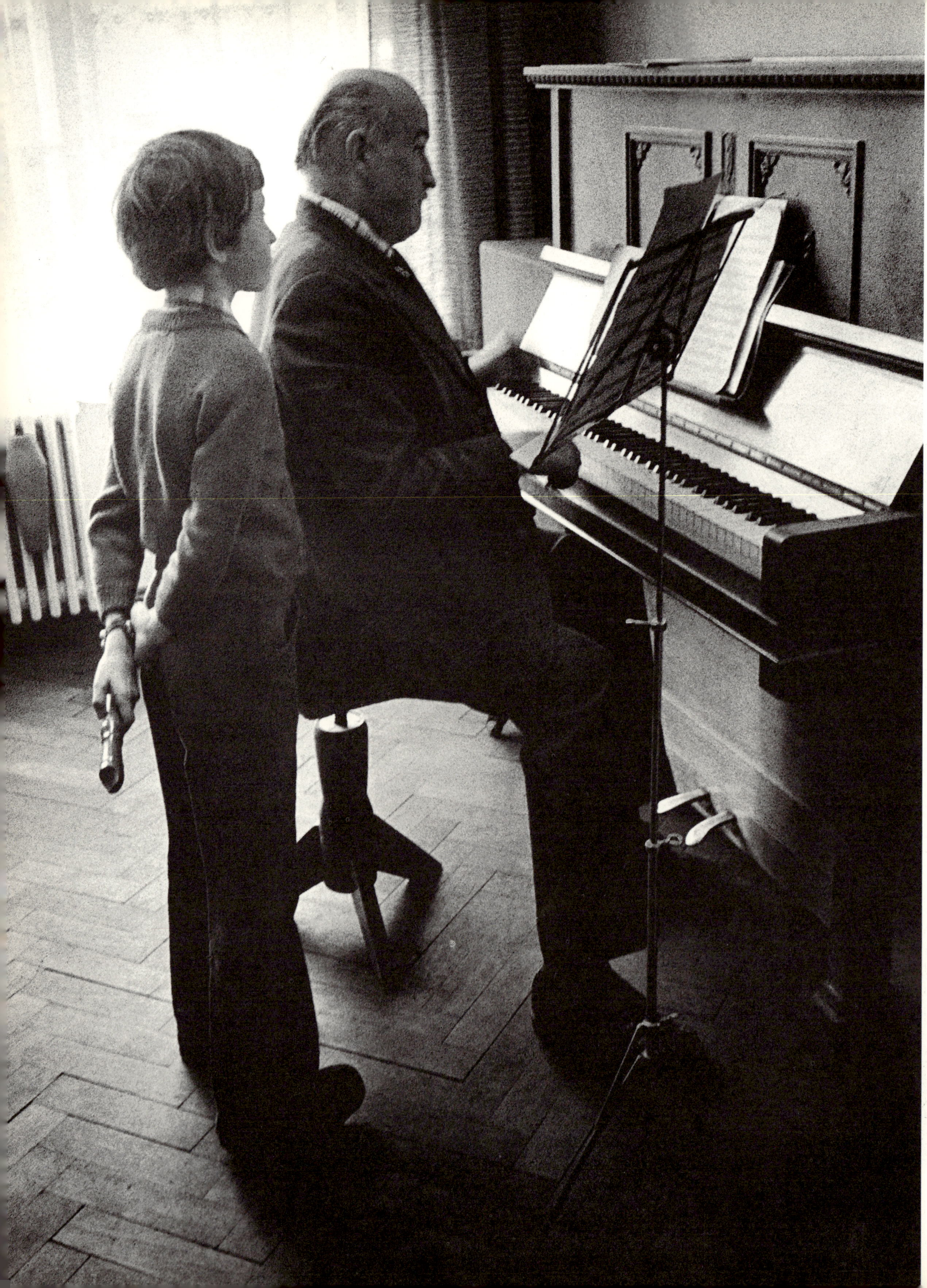

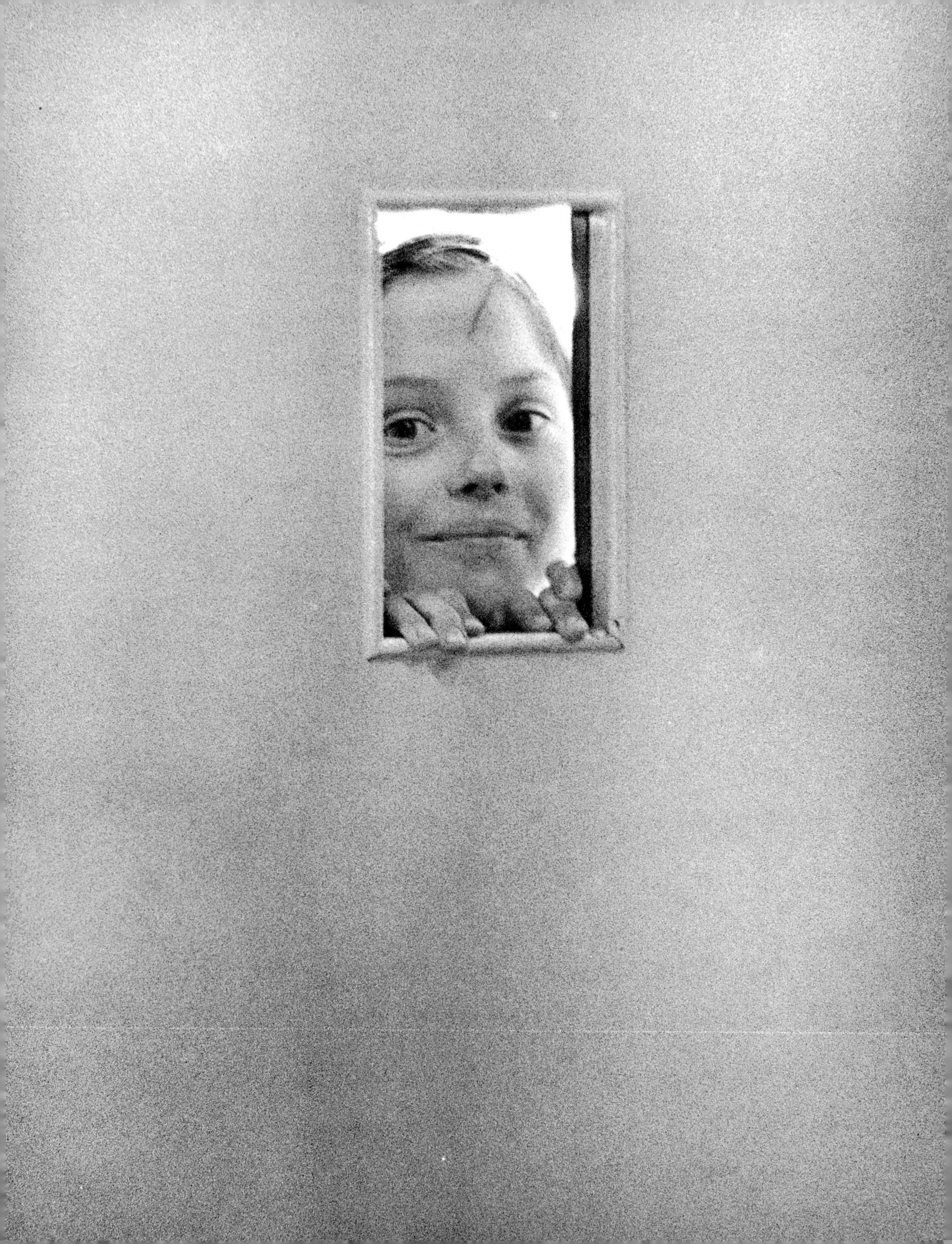

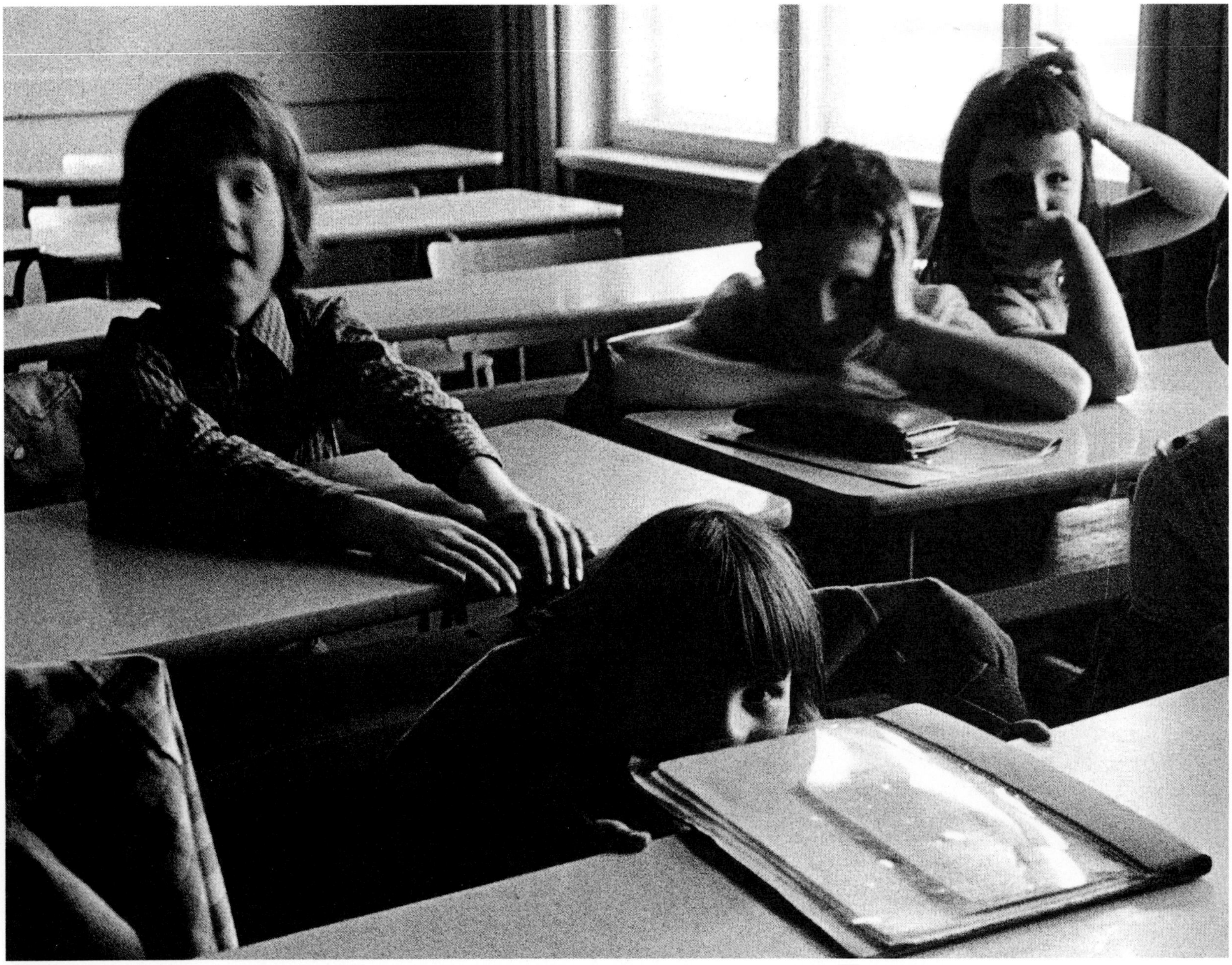

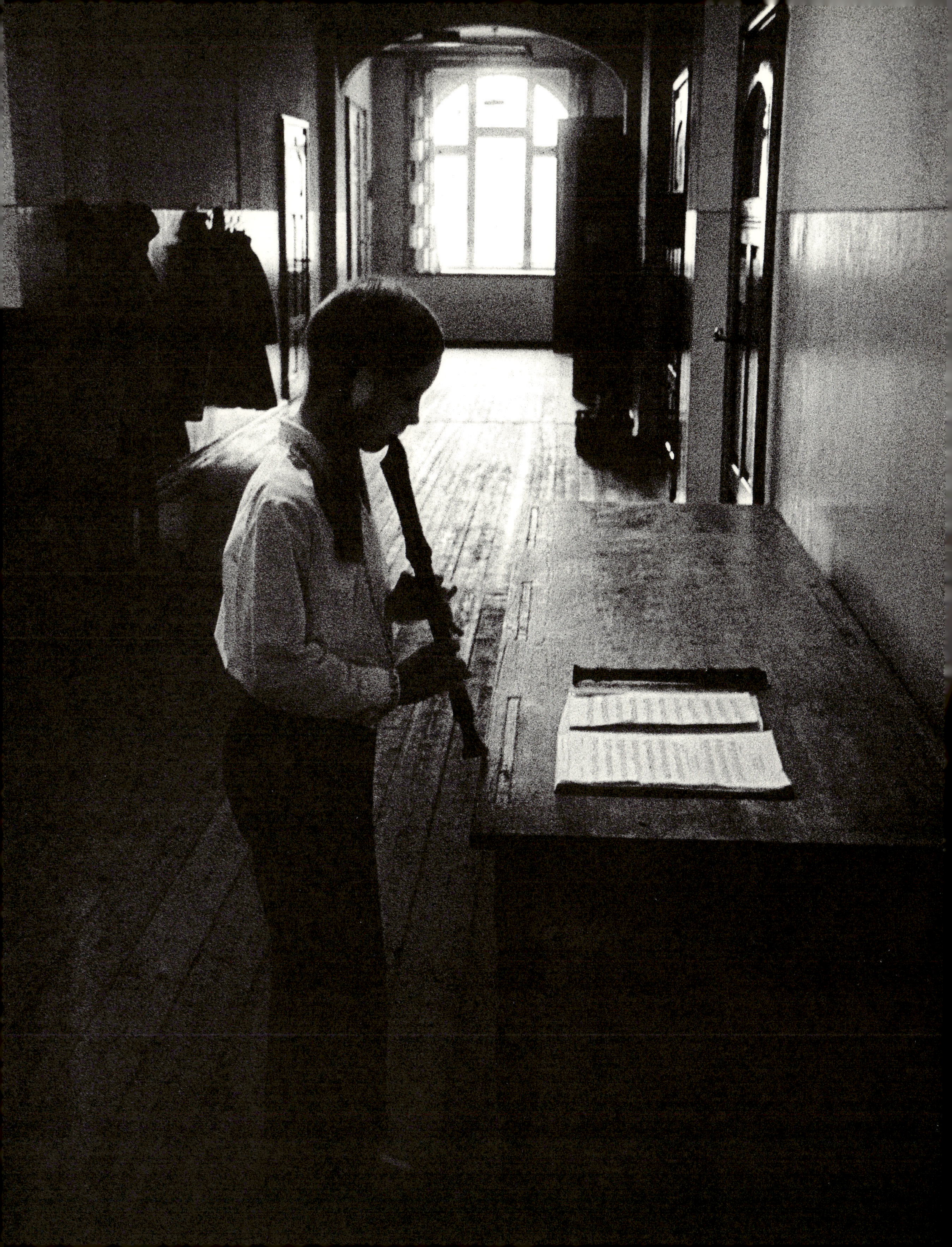

156

157

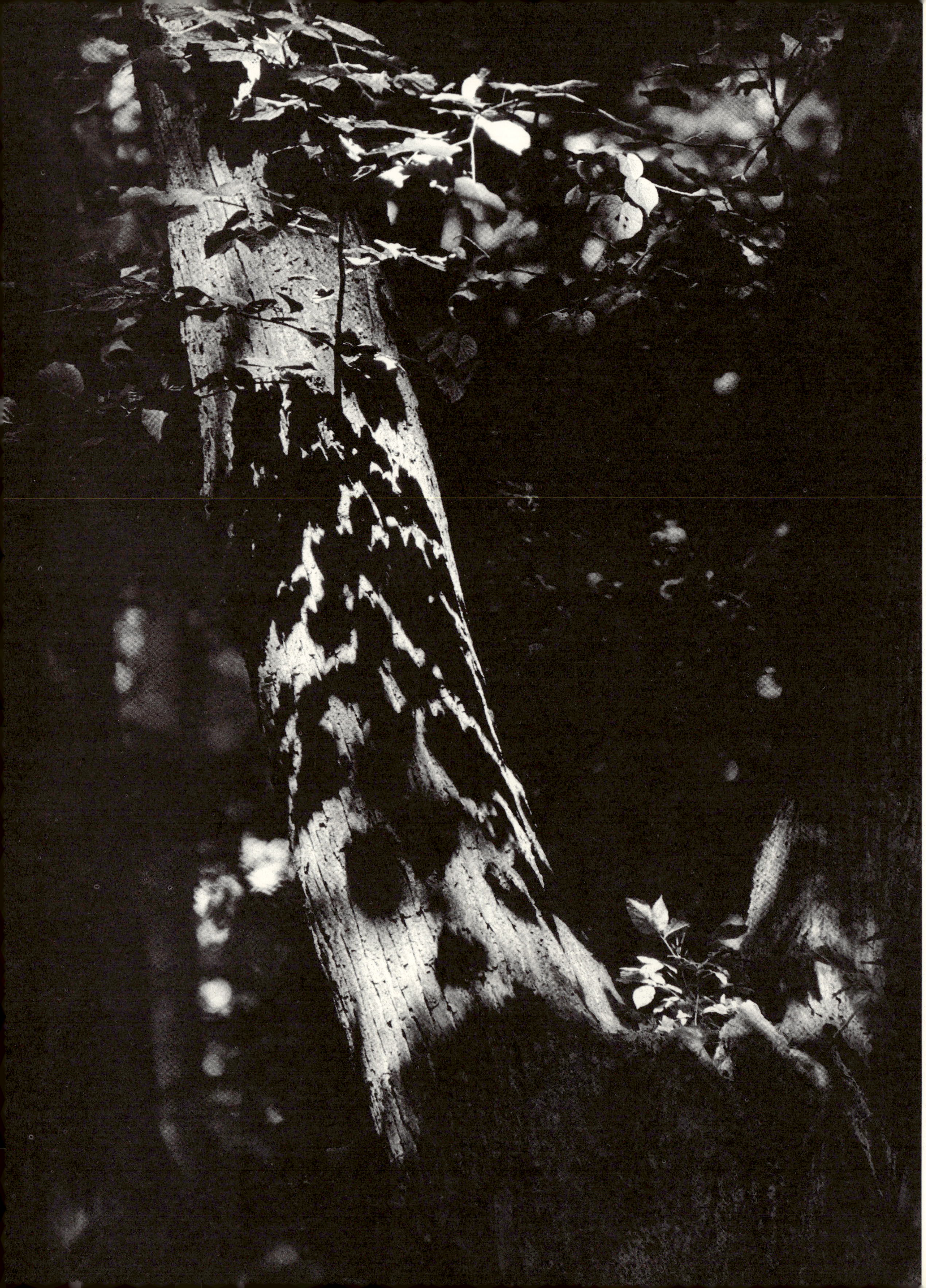

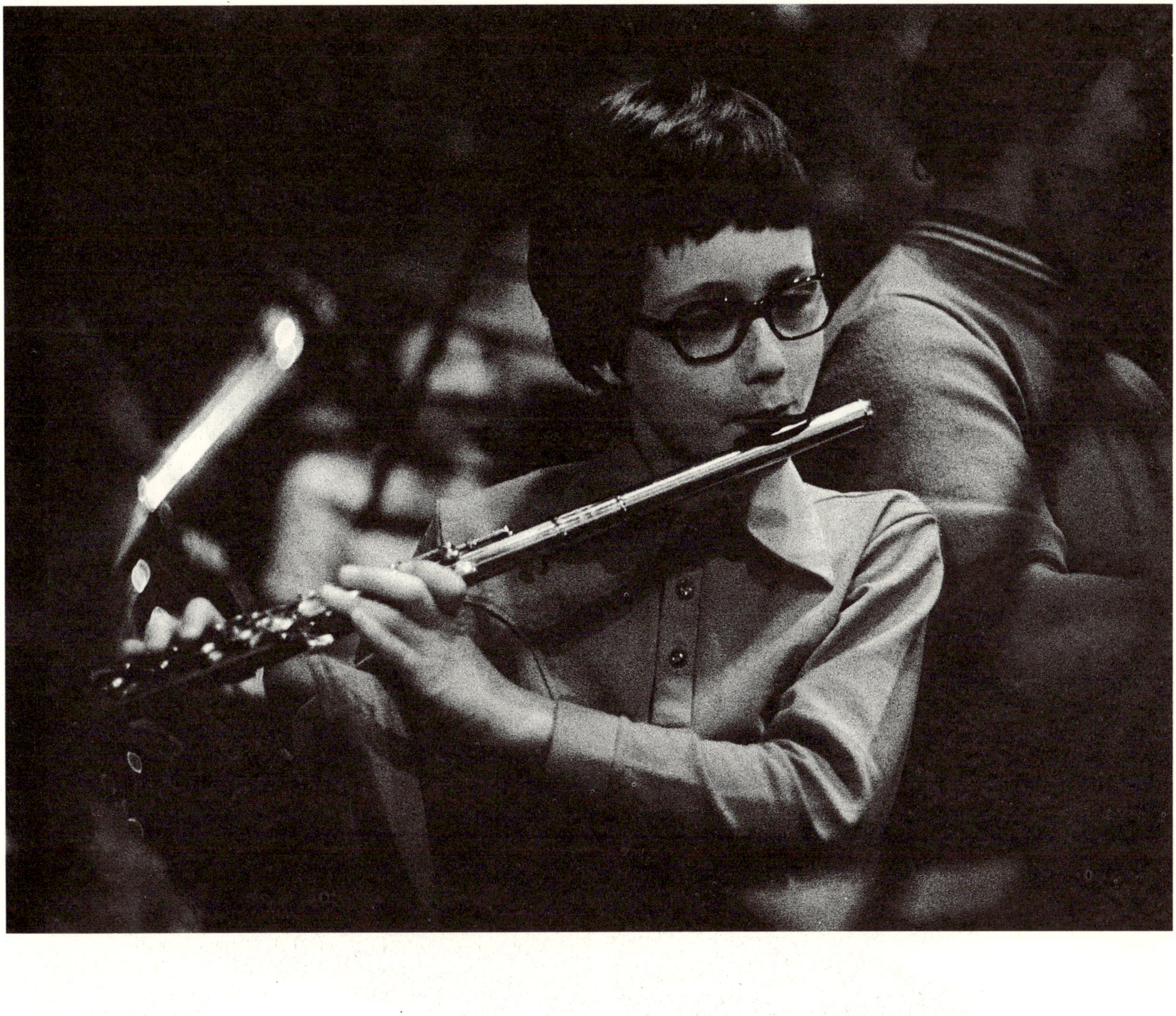

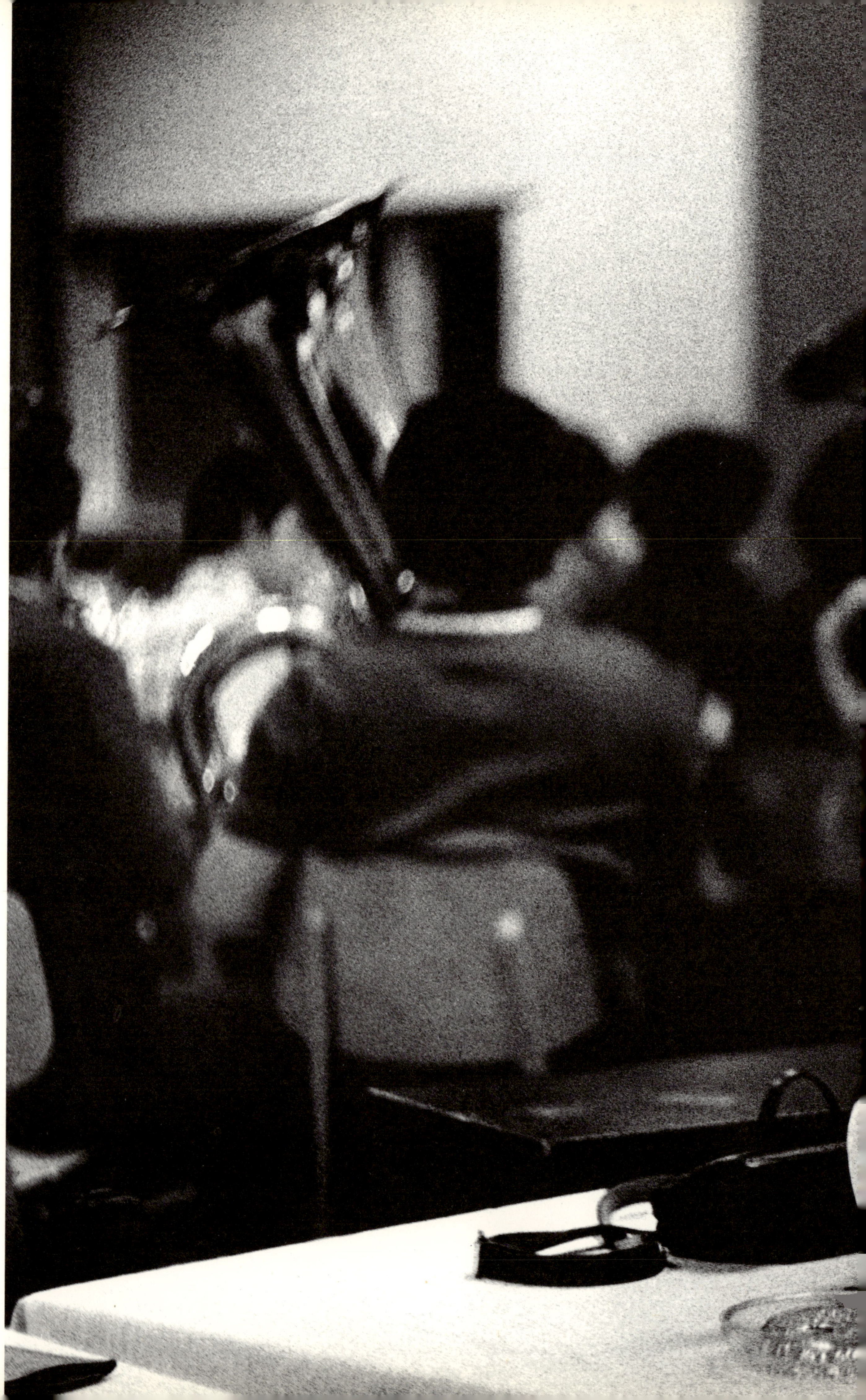

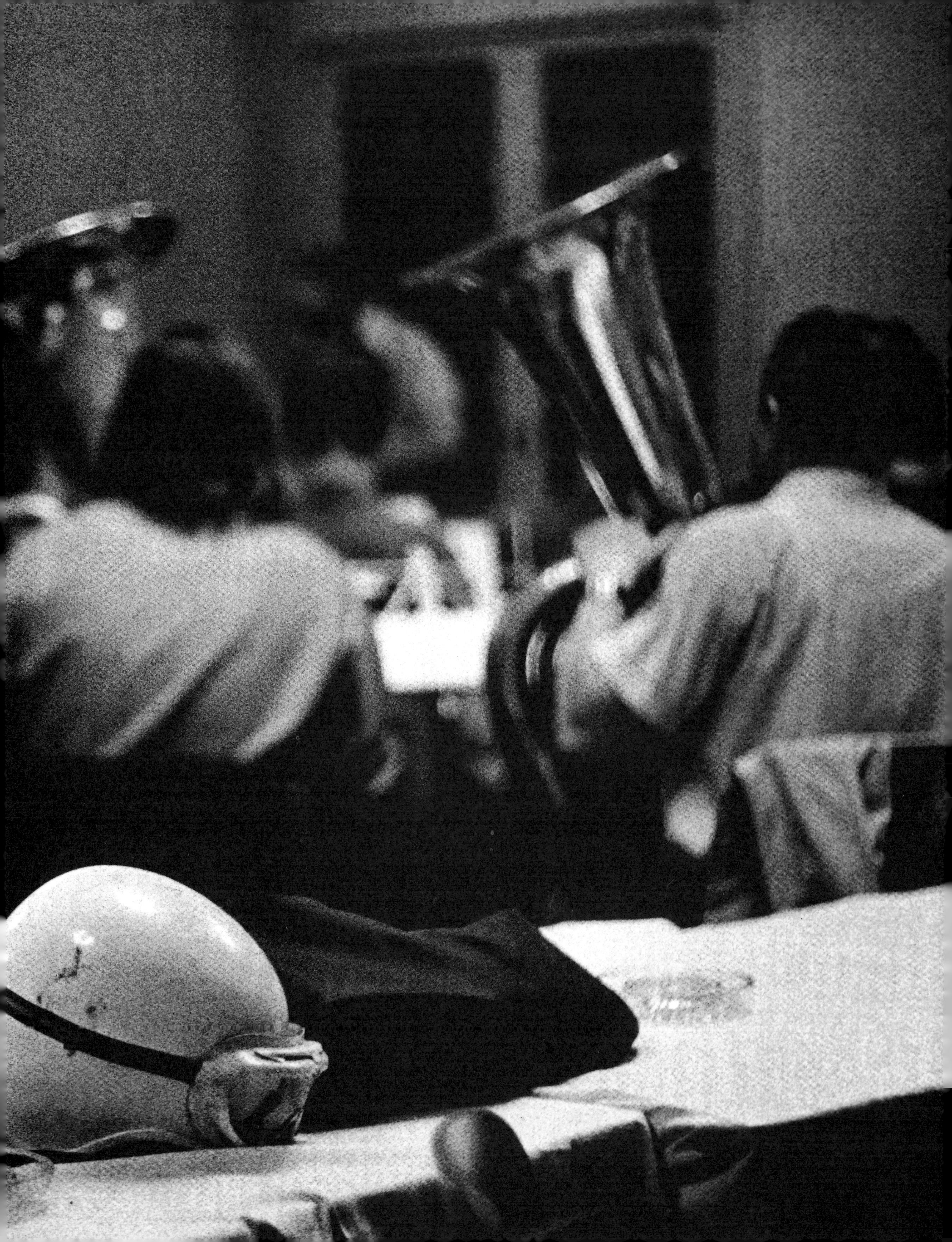

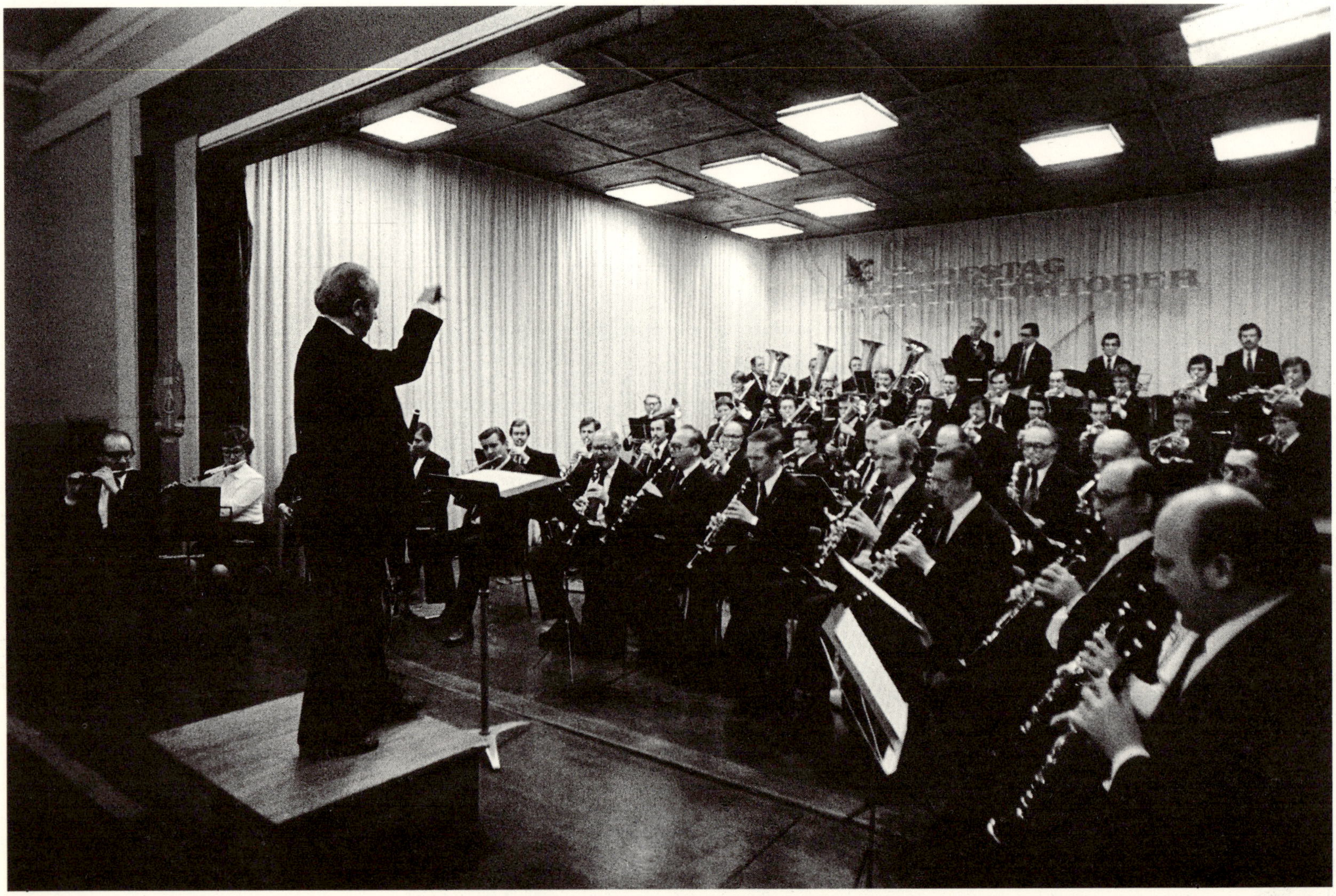

163

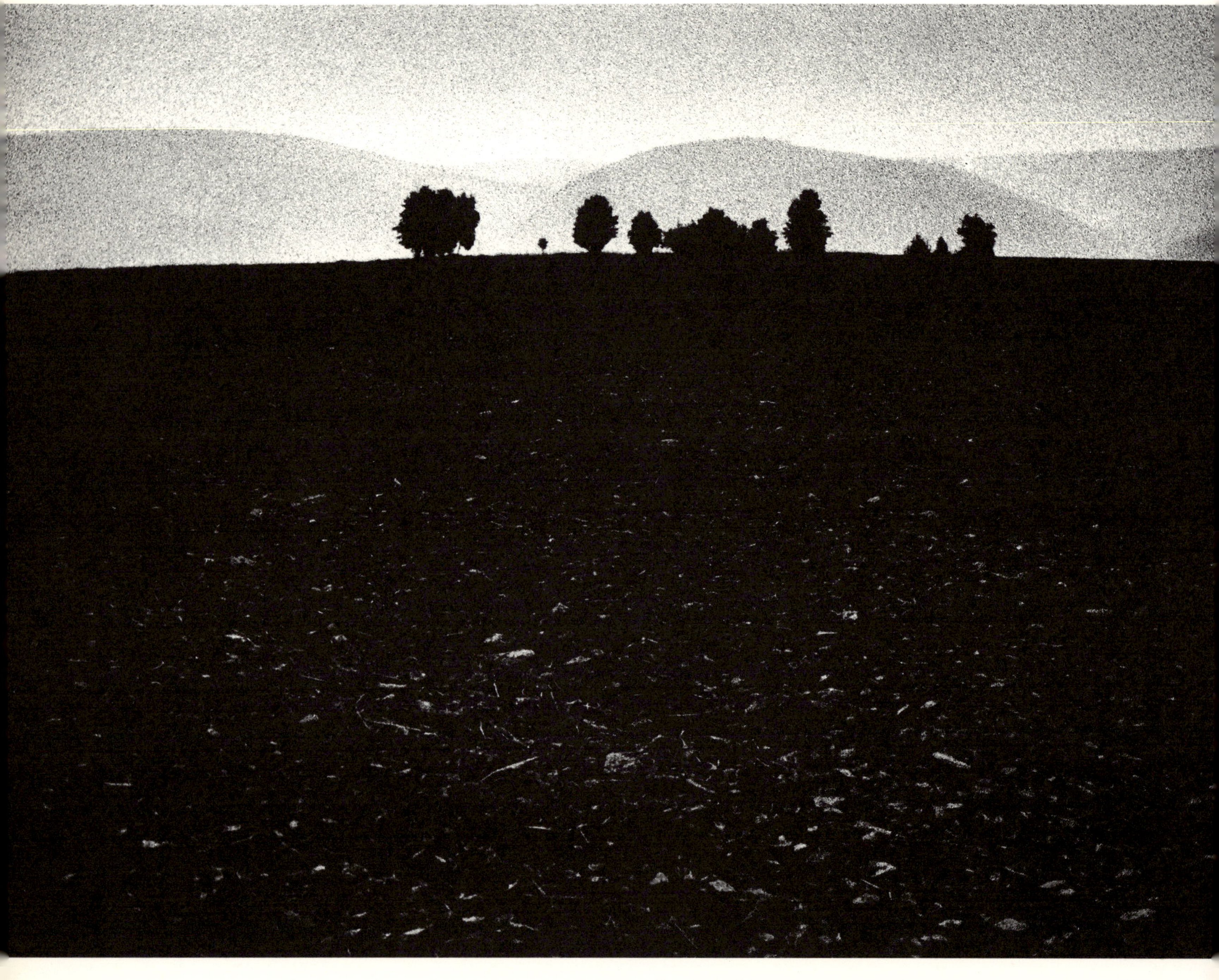

165

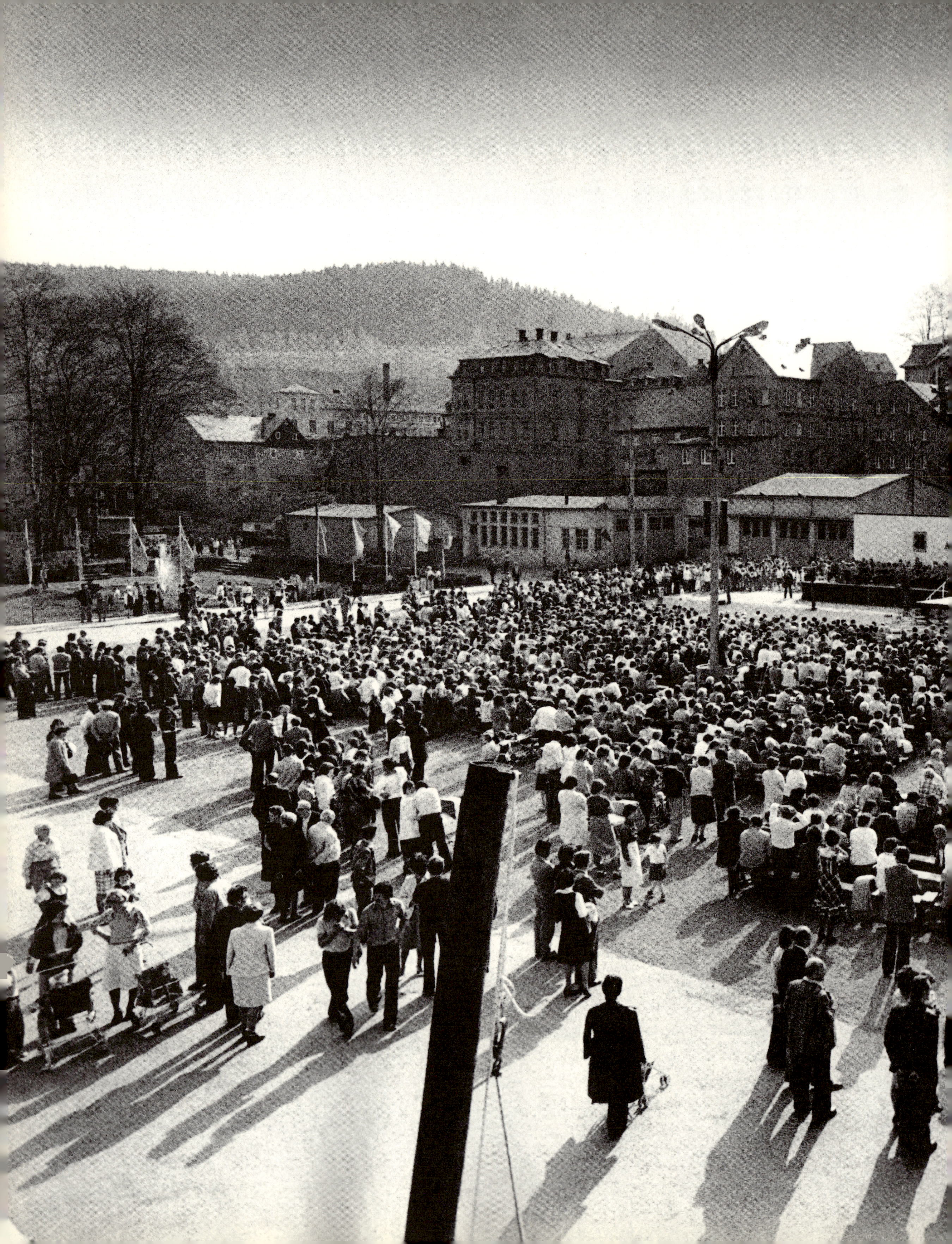

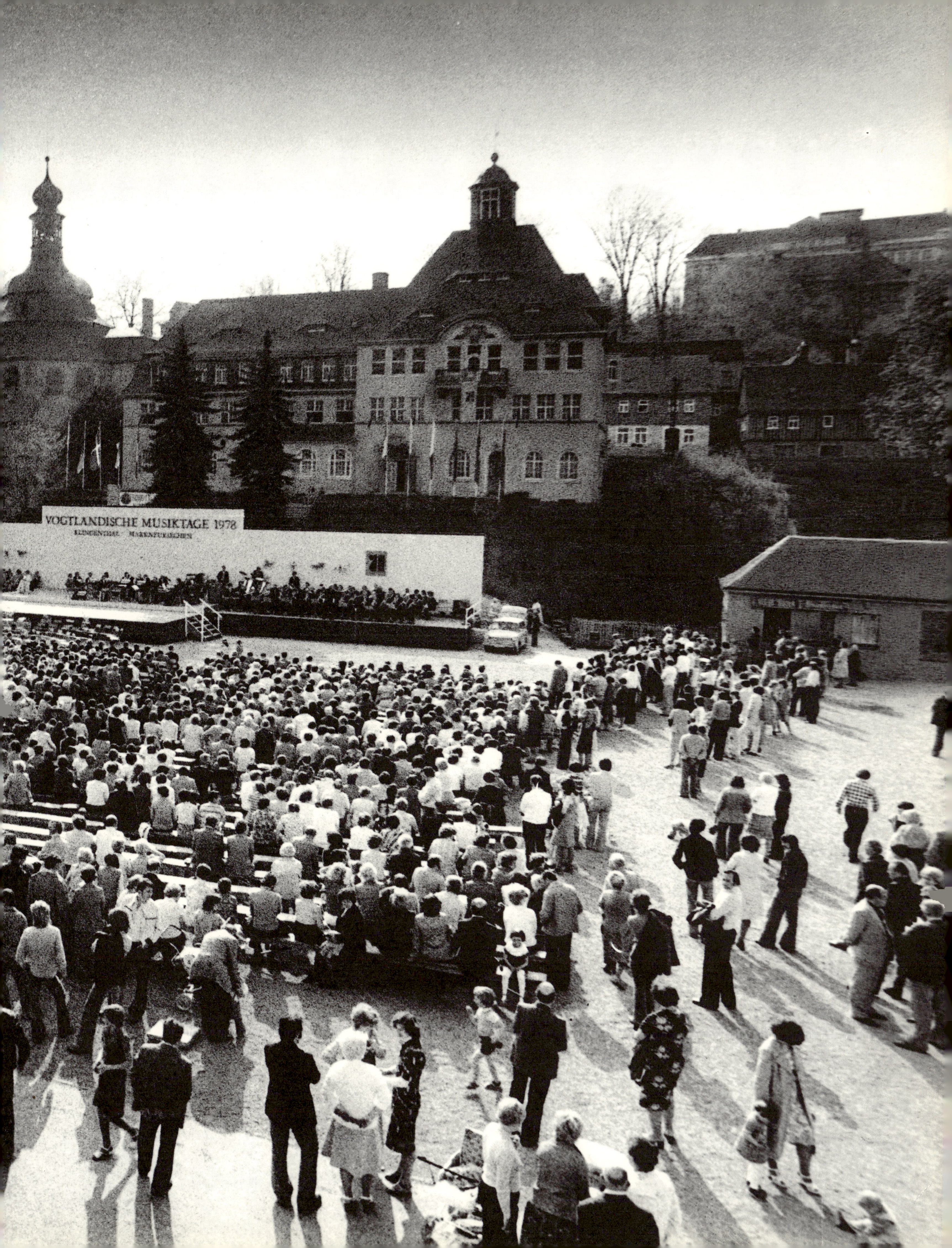
VOGTLANDISCHE MUSIKTAGE 1978

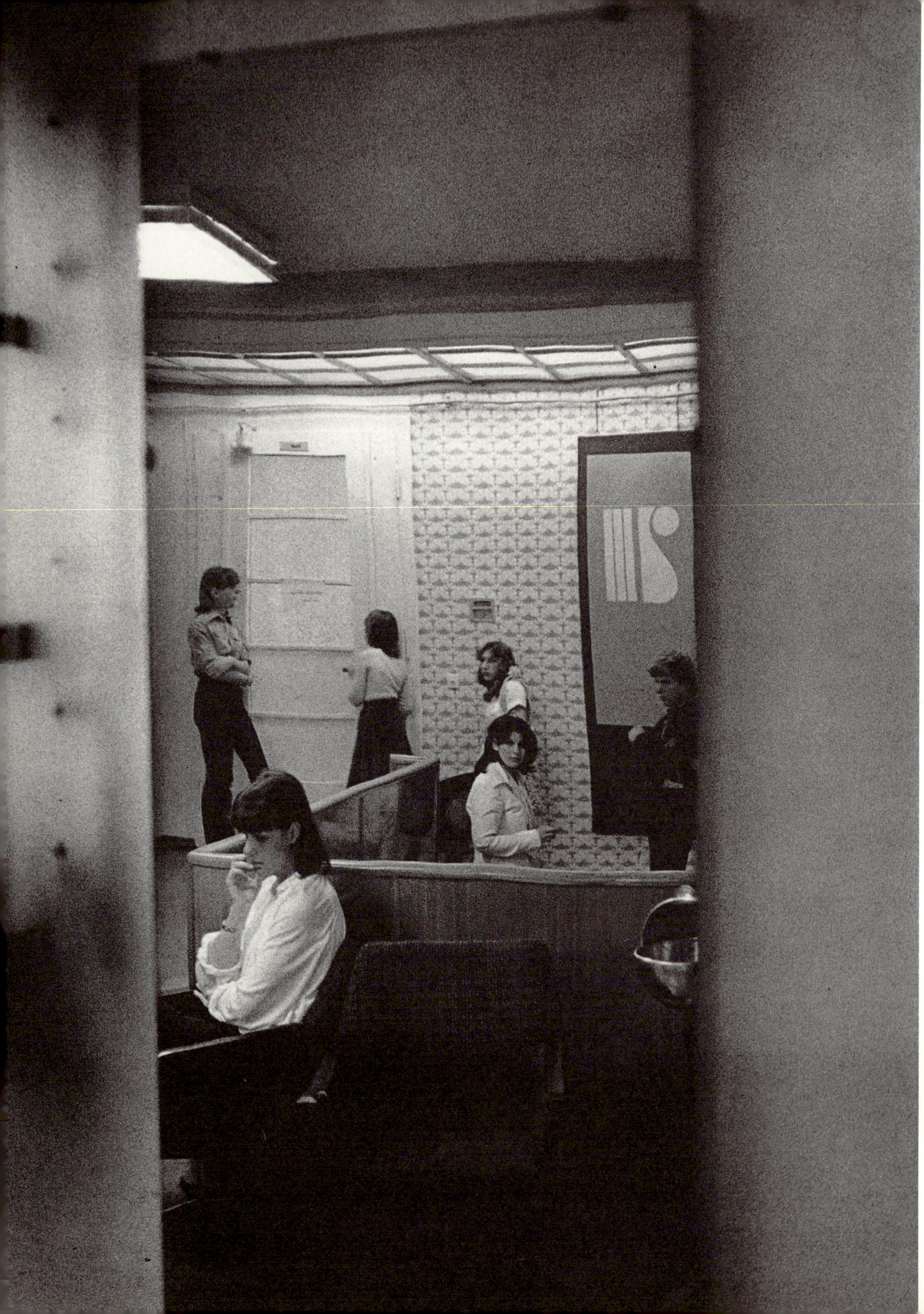

169

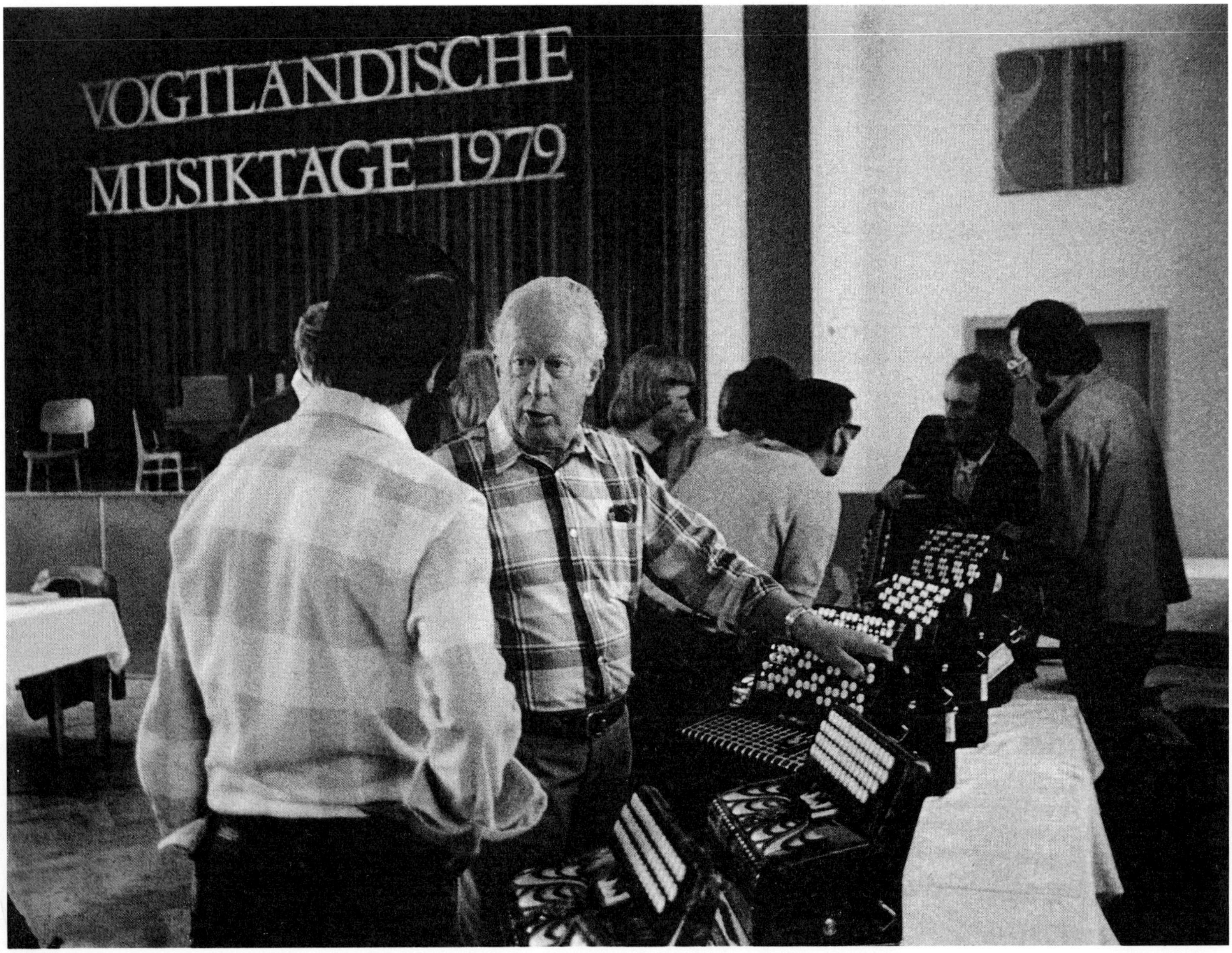
VOGTLÄNDISCHE
MUSIKTAGE 1979

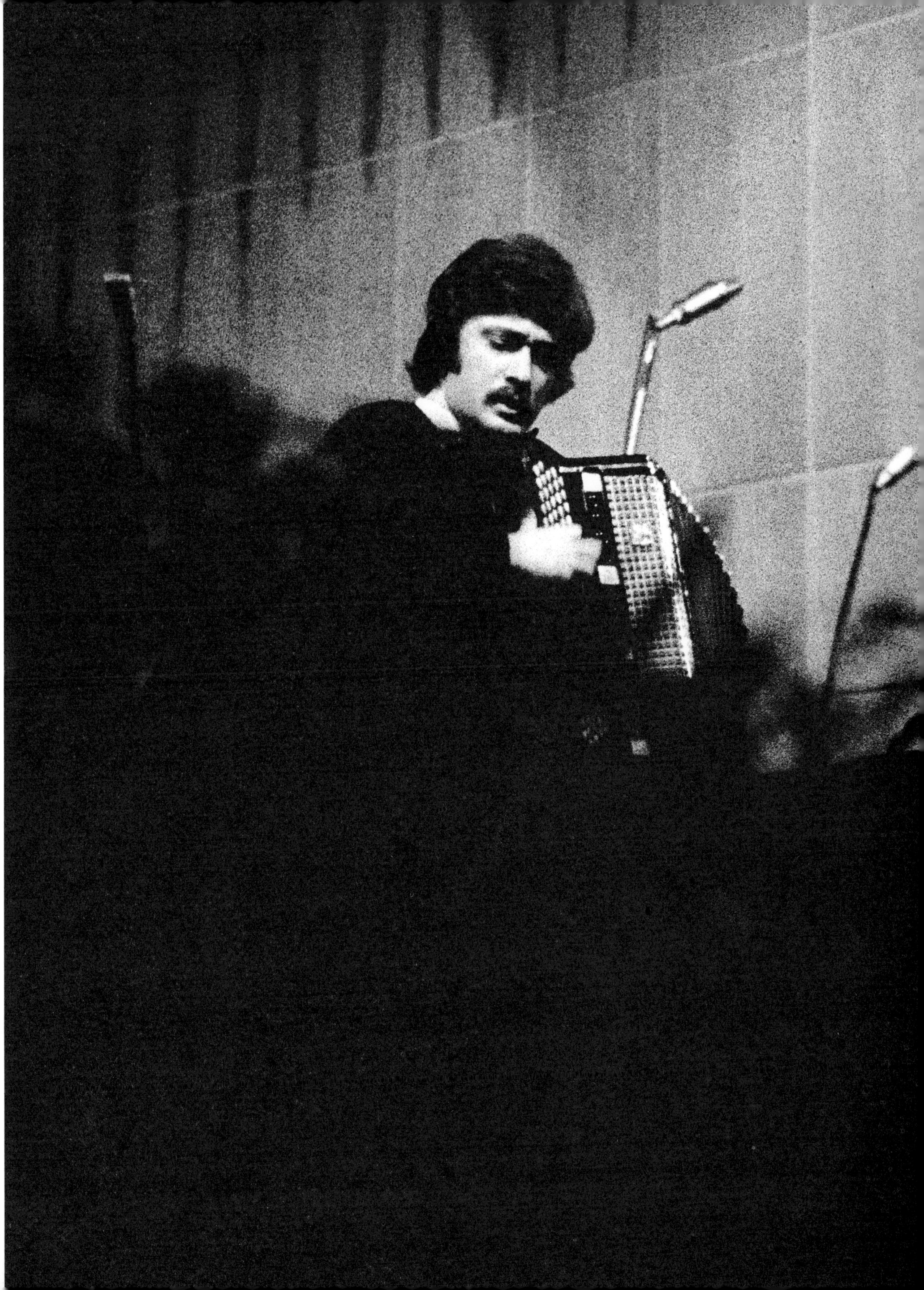

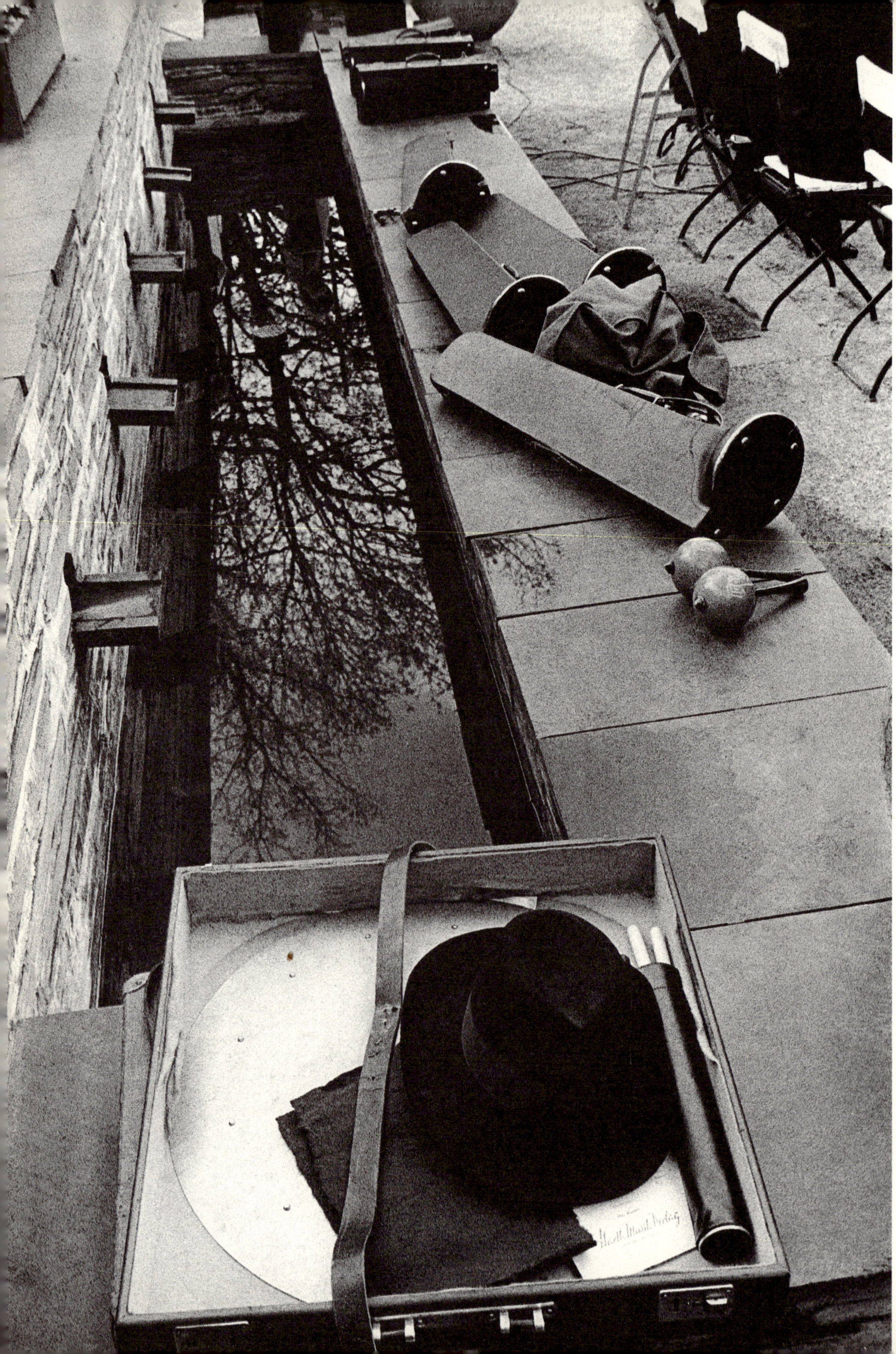

173

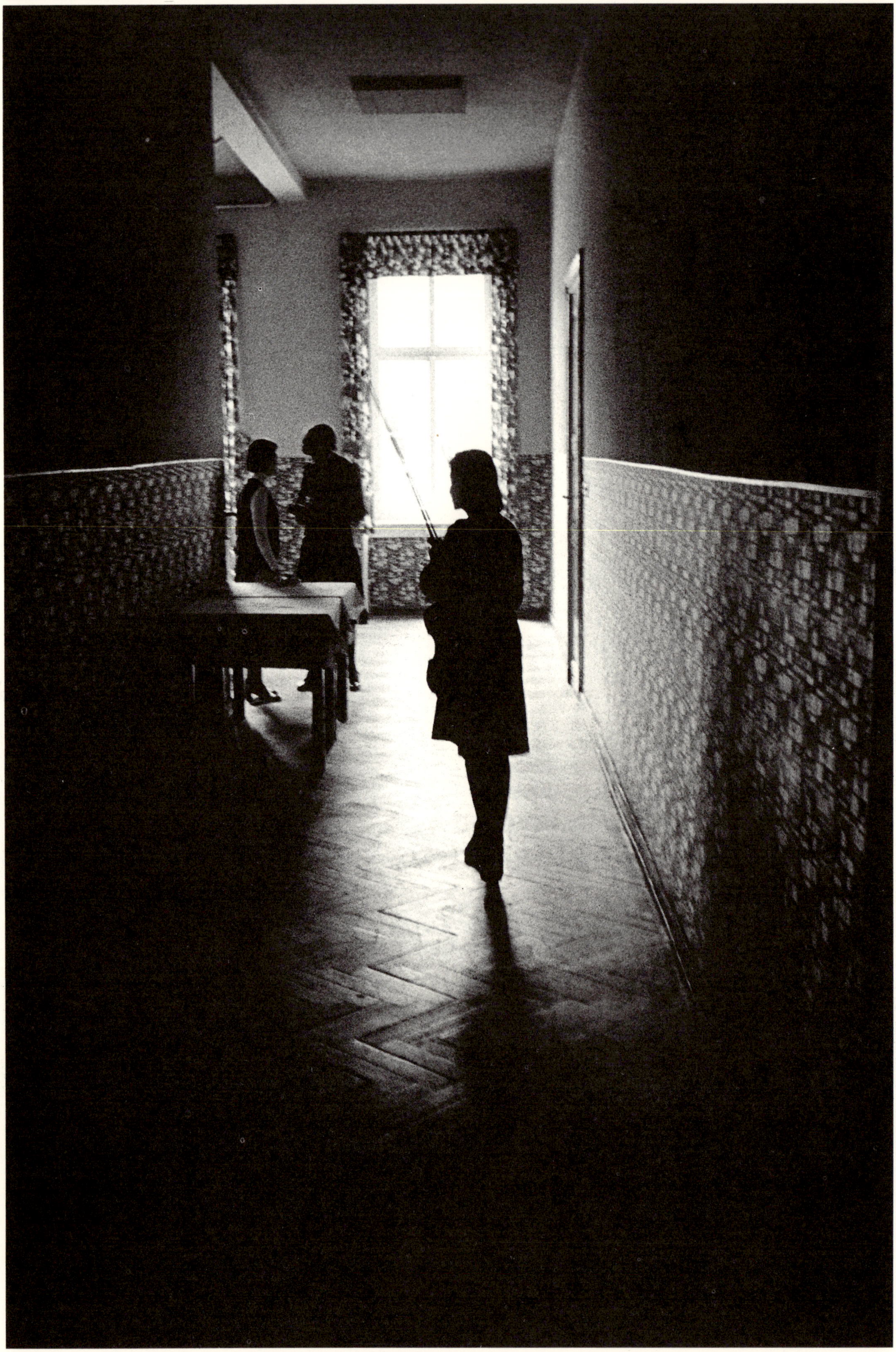

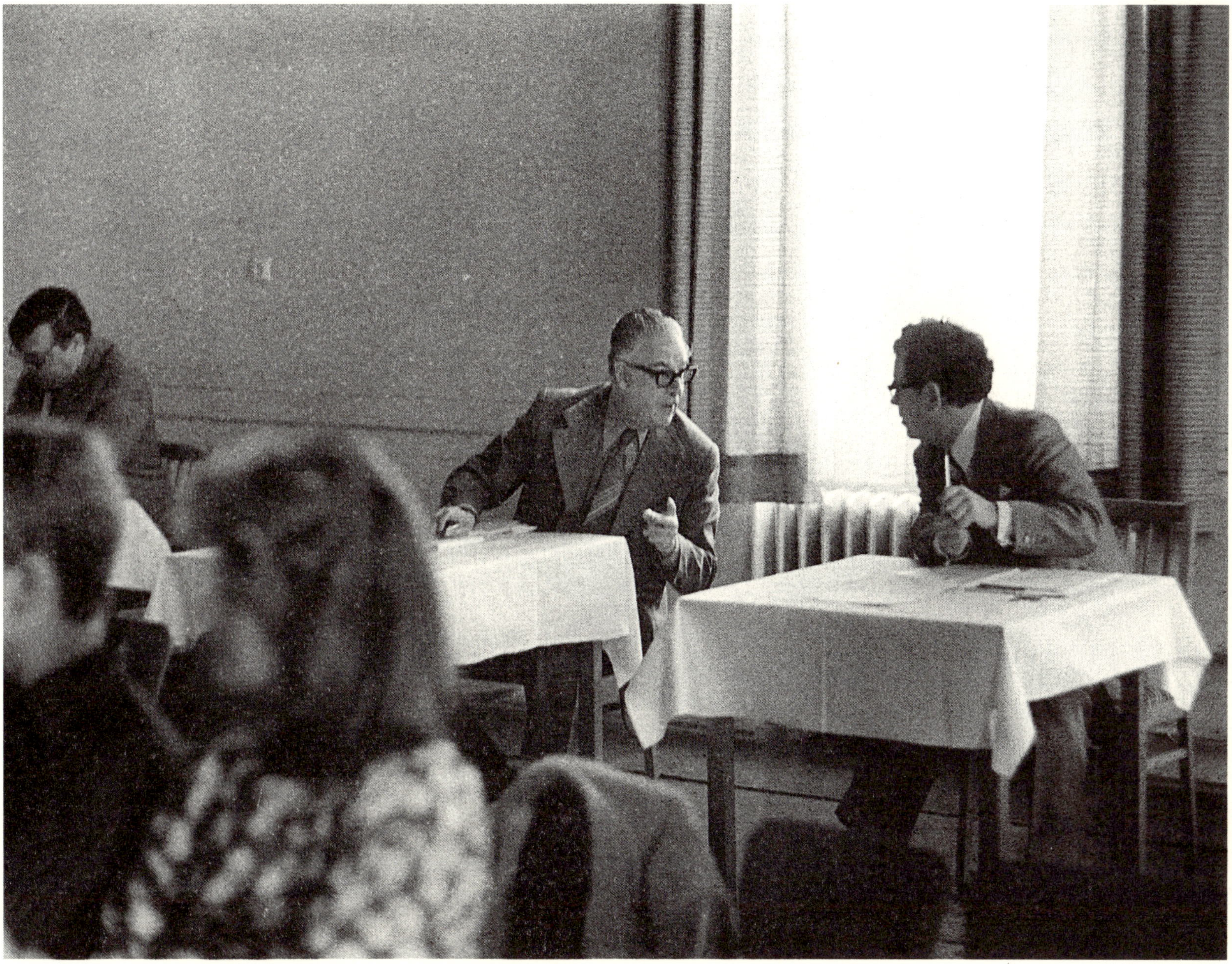

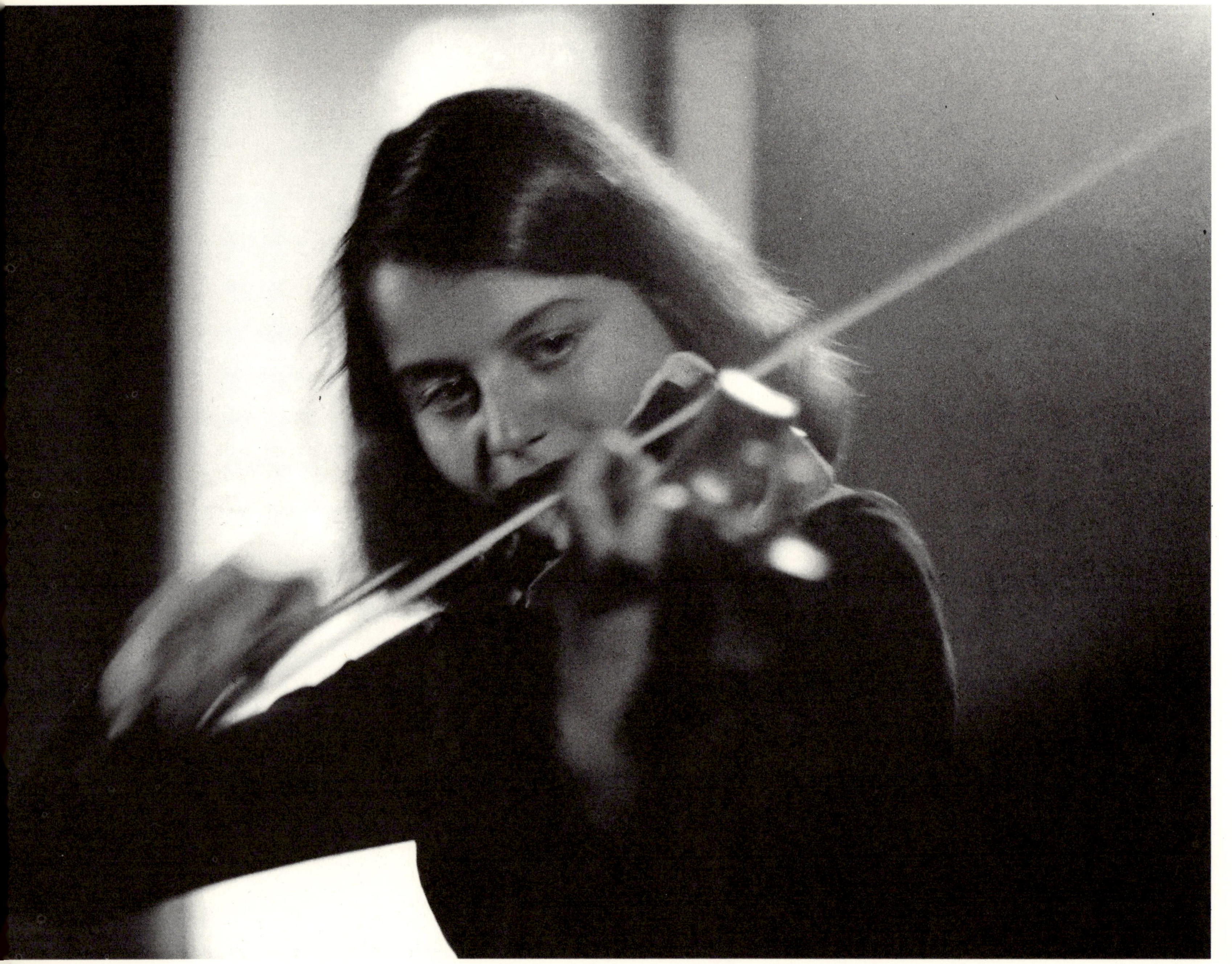

177

178

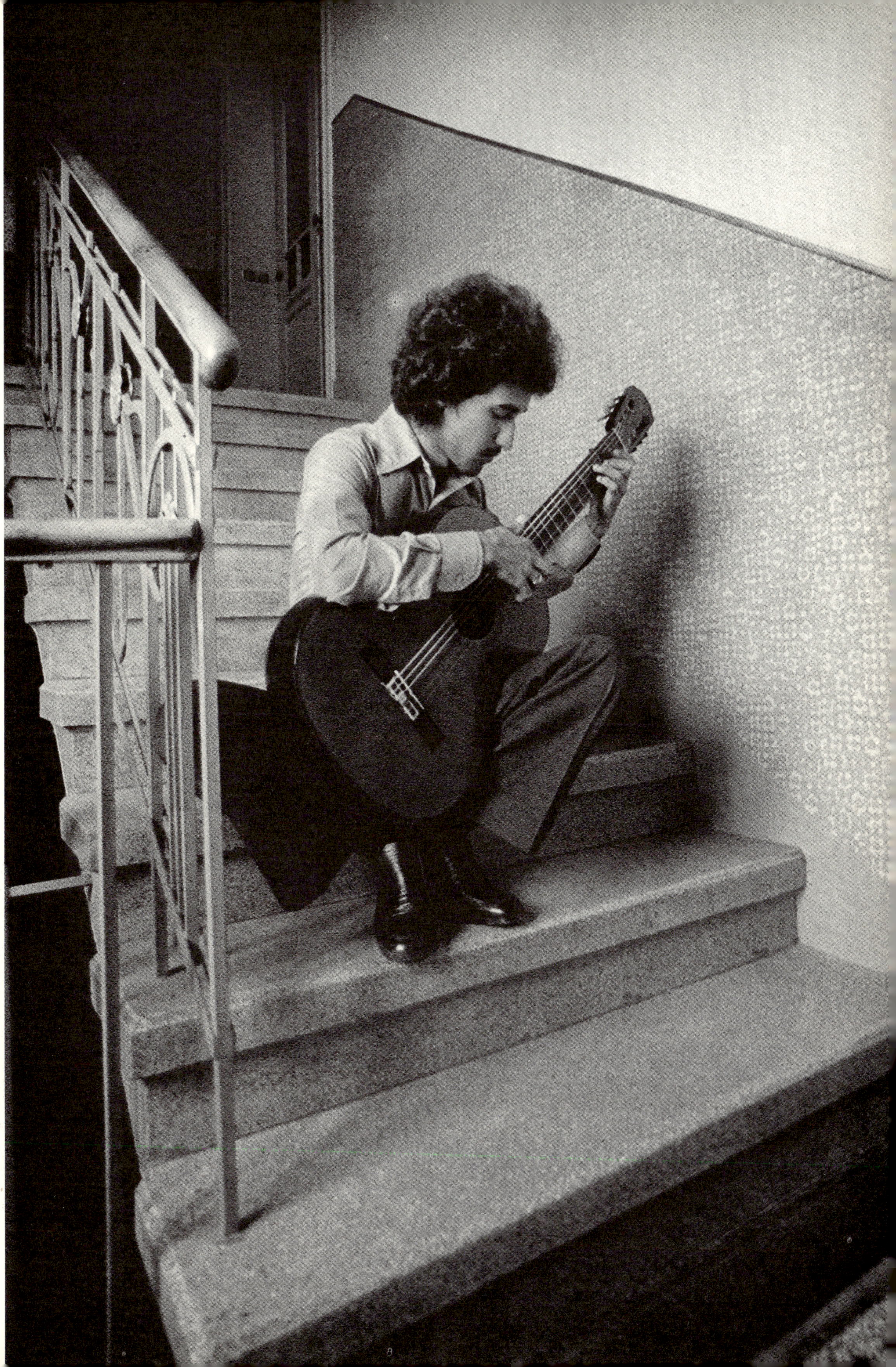

180

181

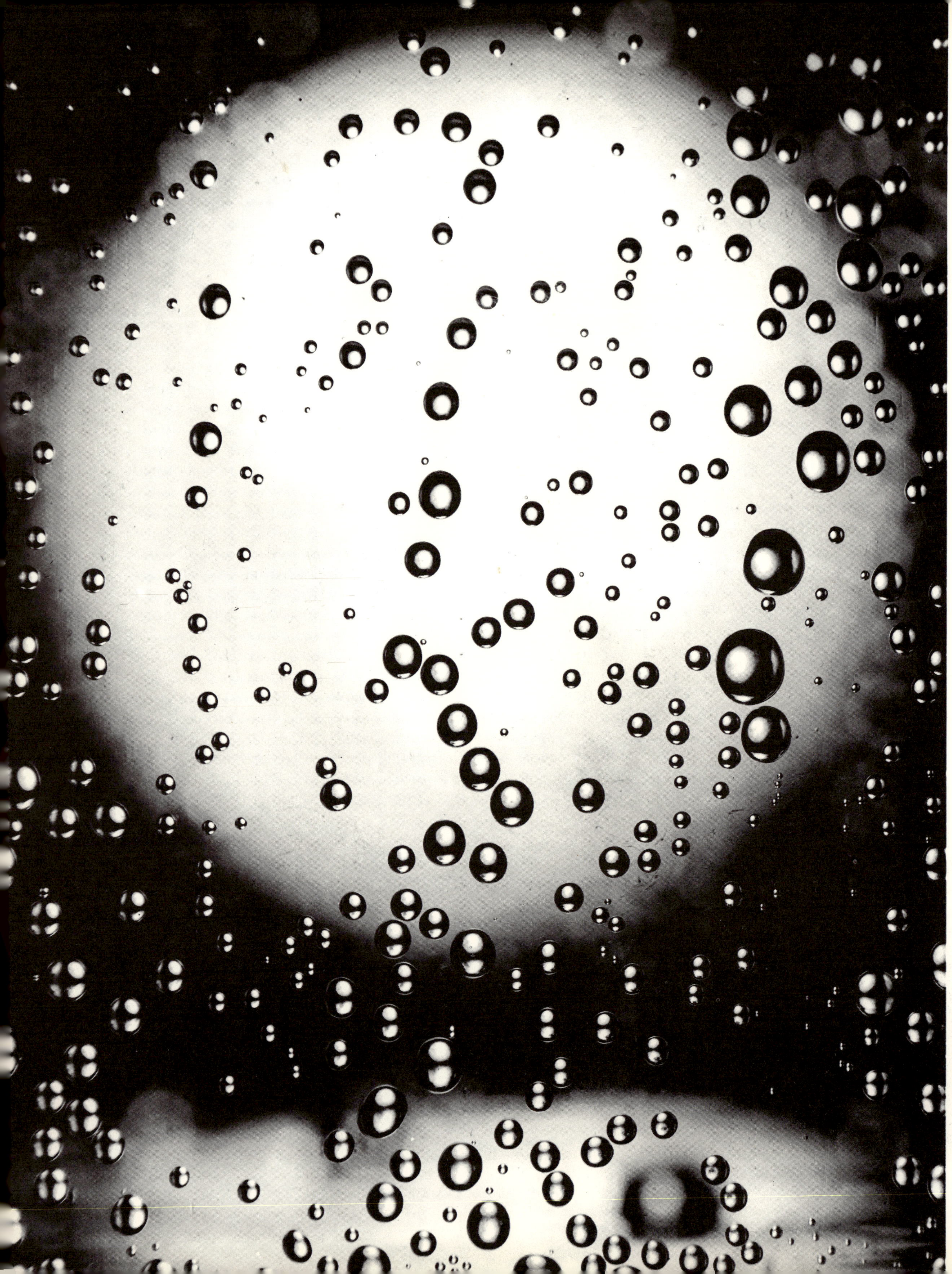

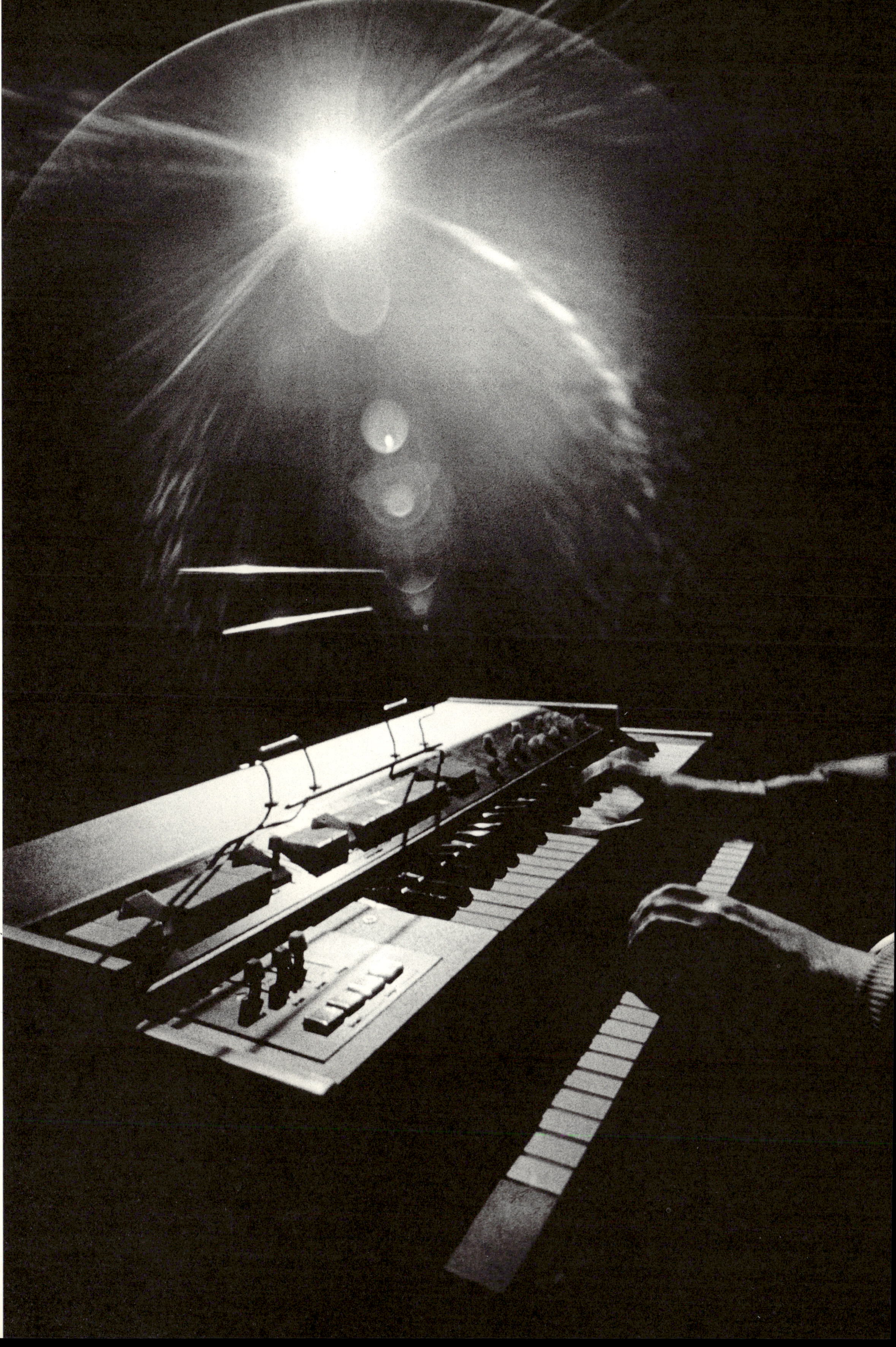

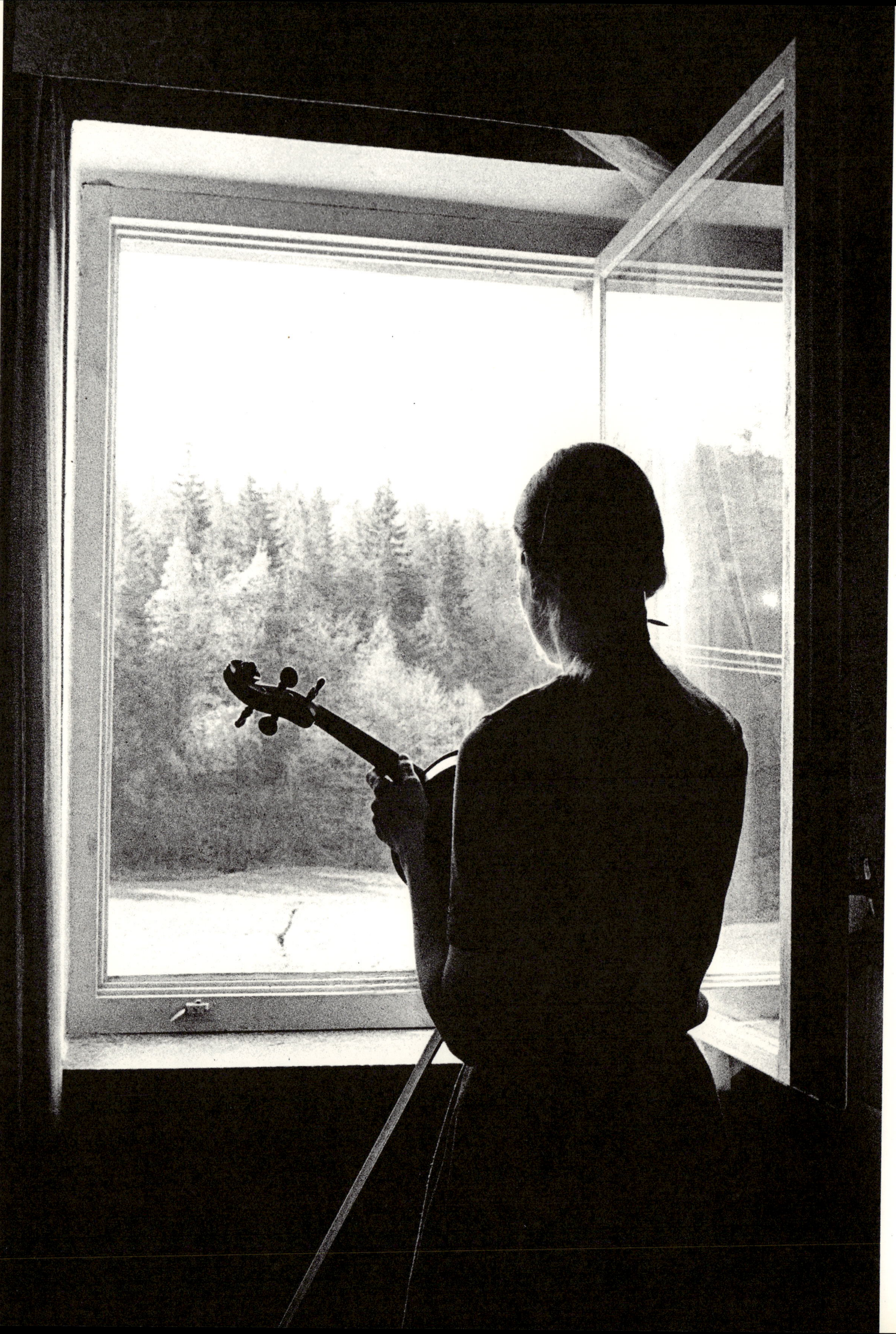

185

186

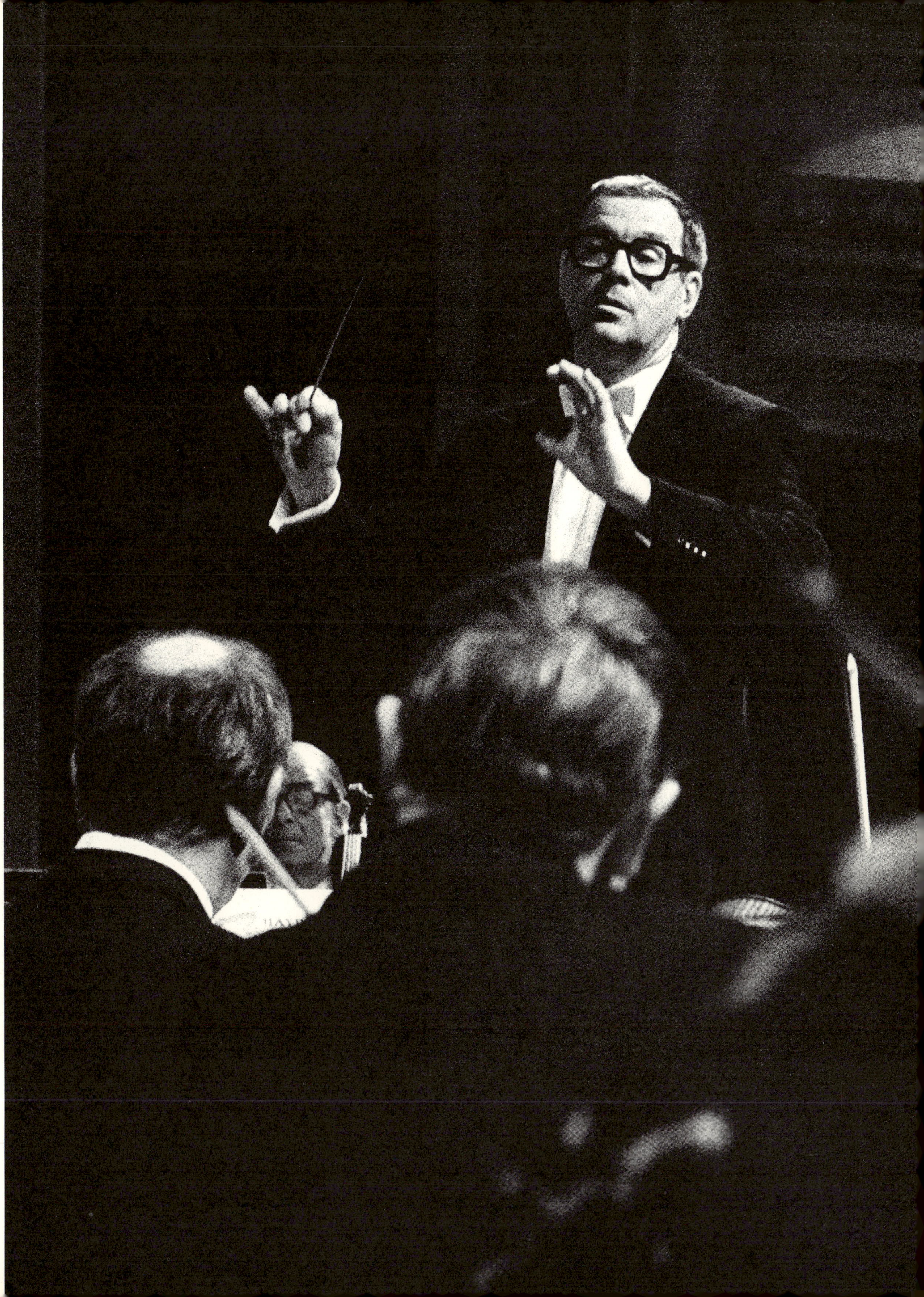

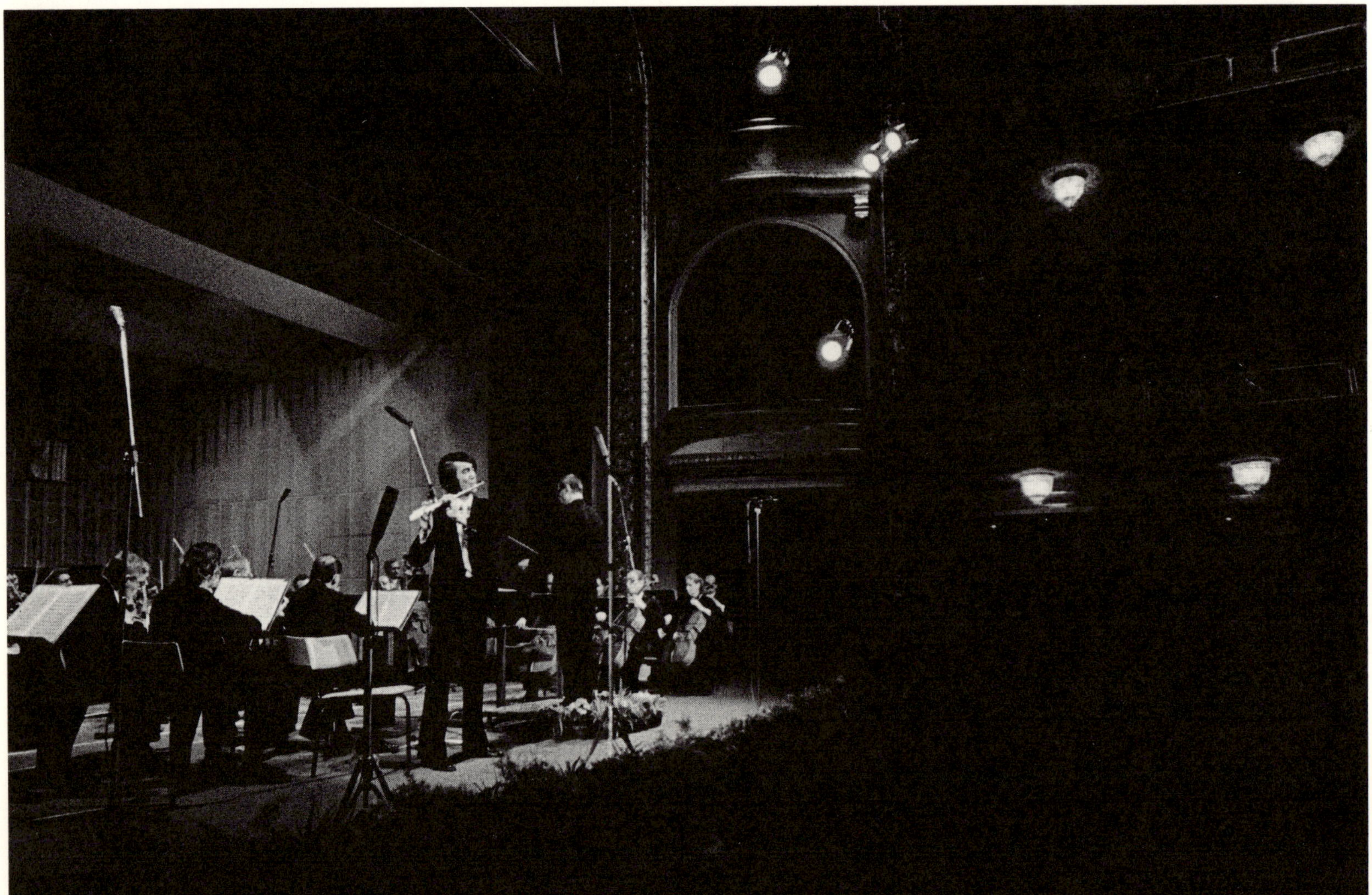

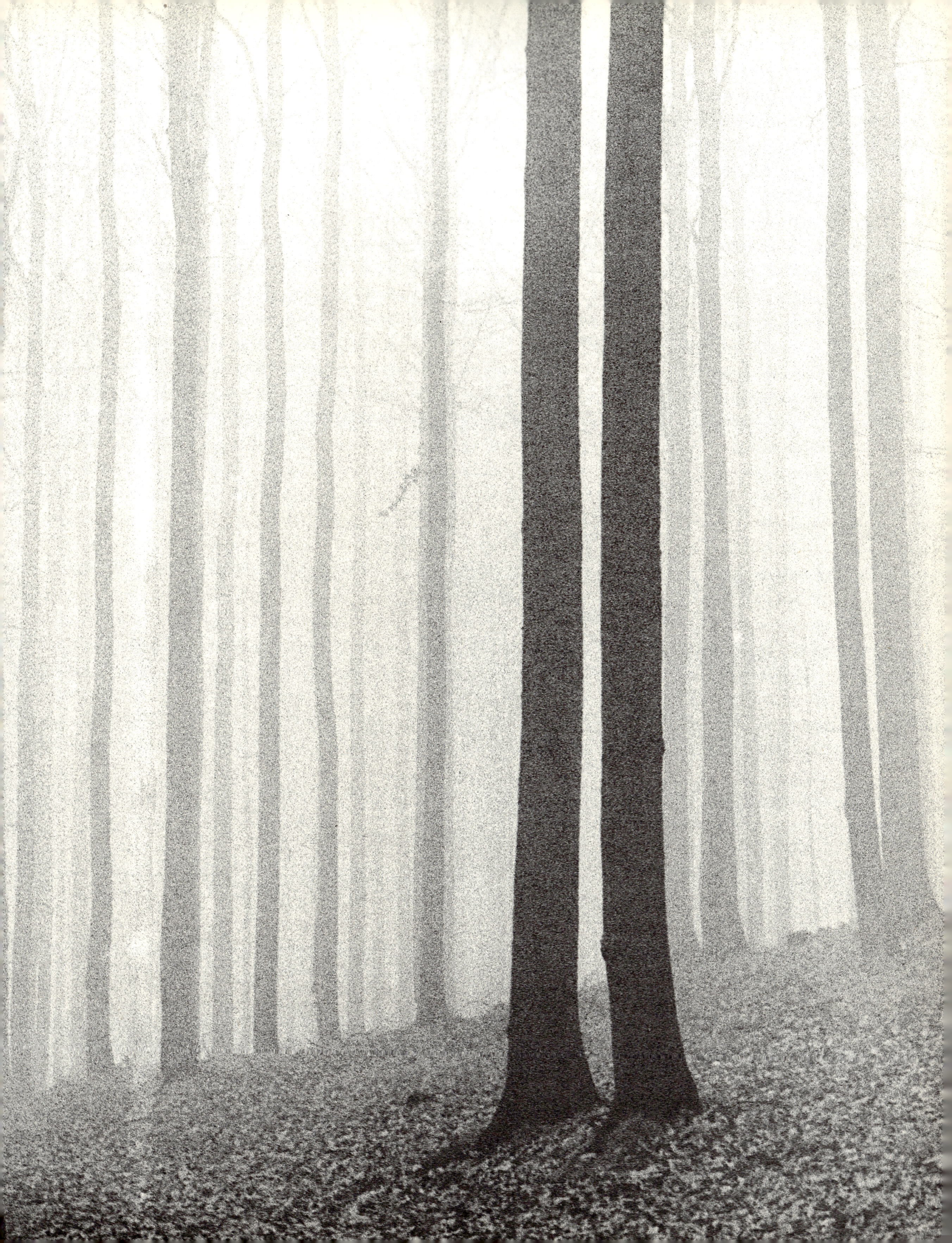

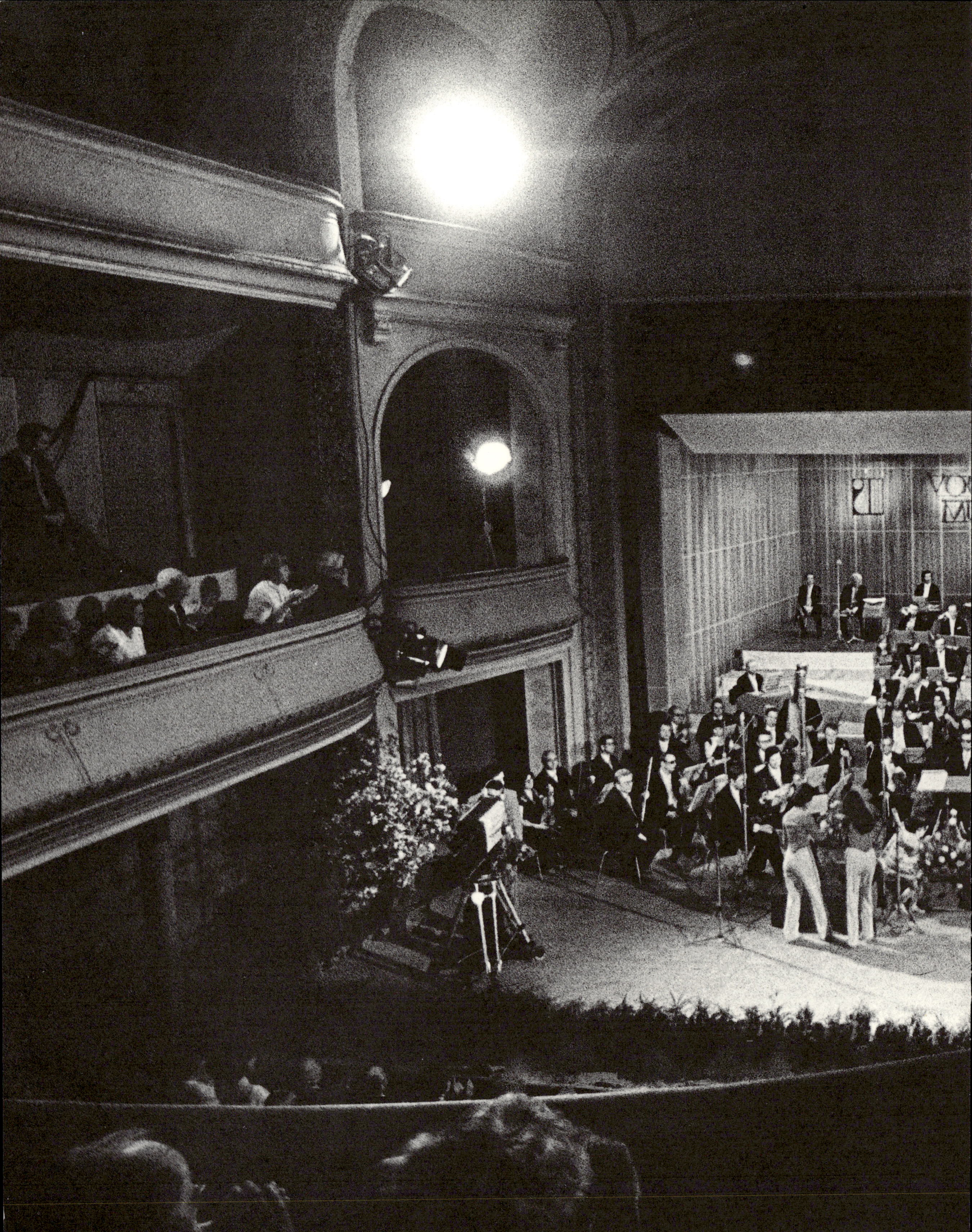

191

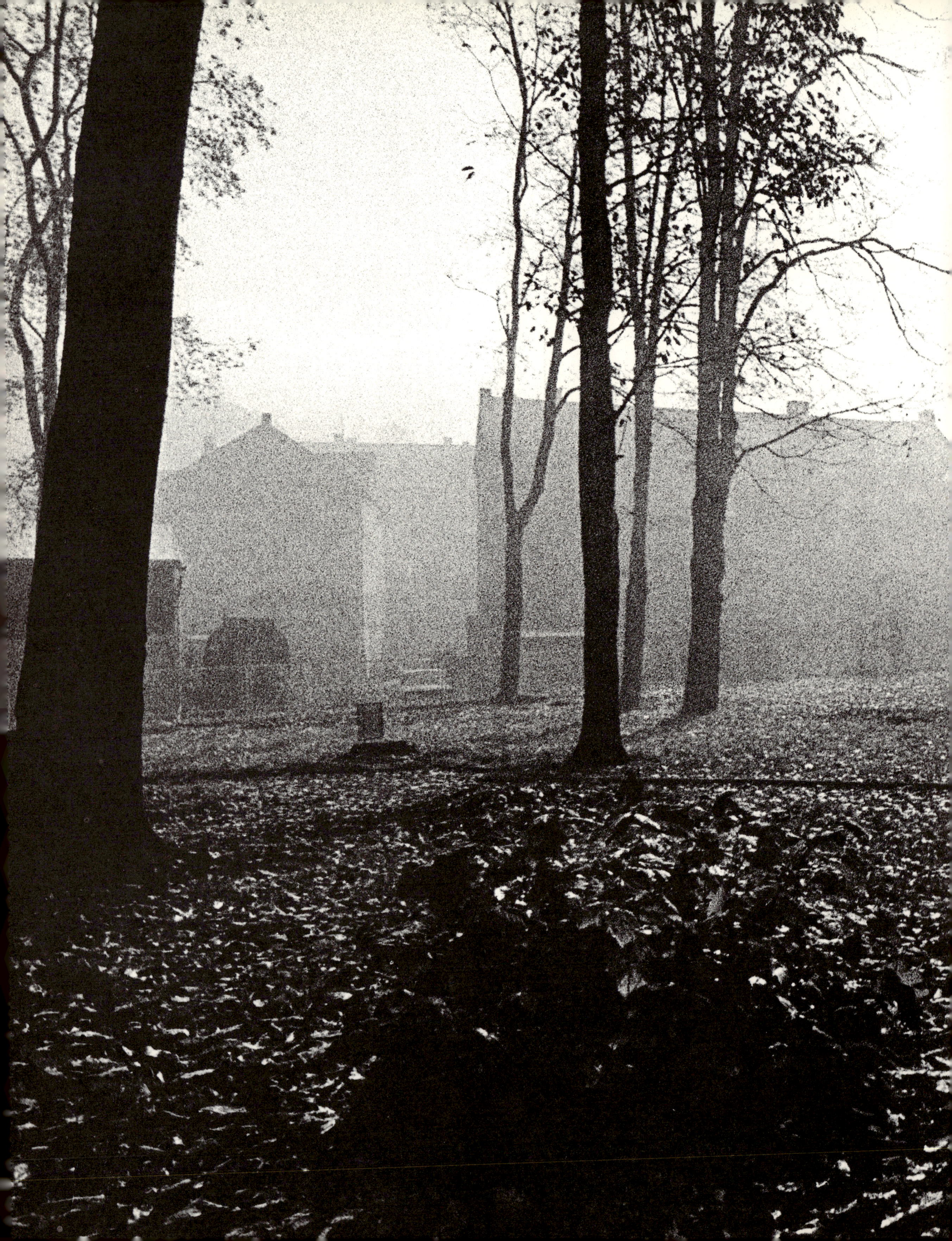

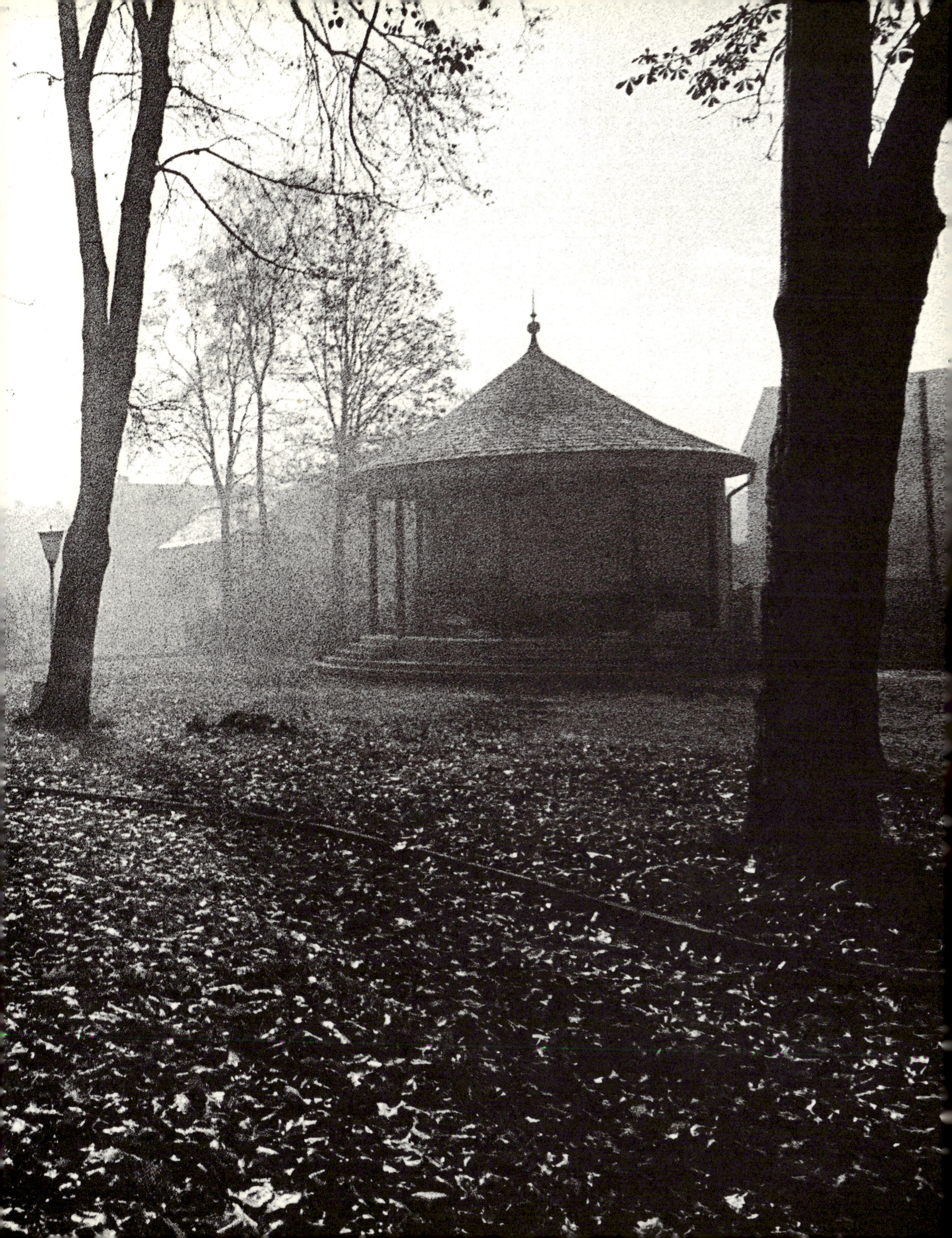

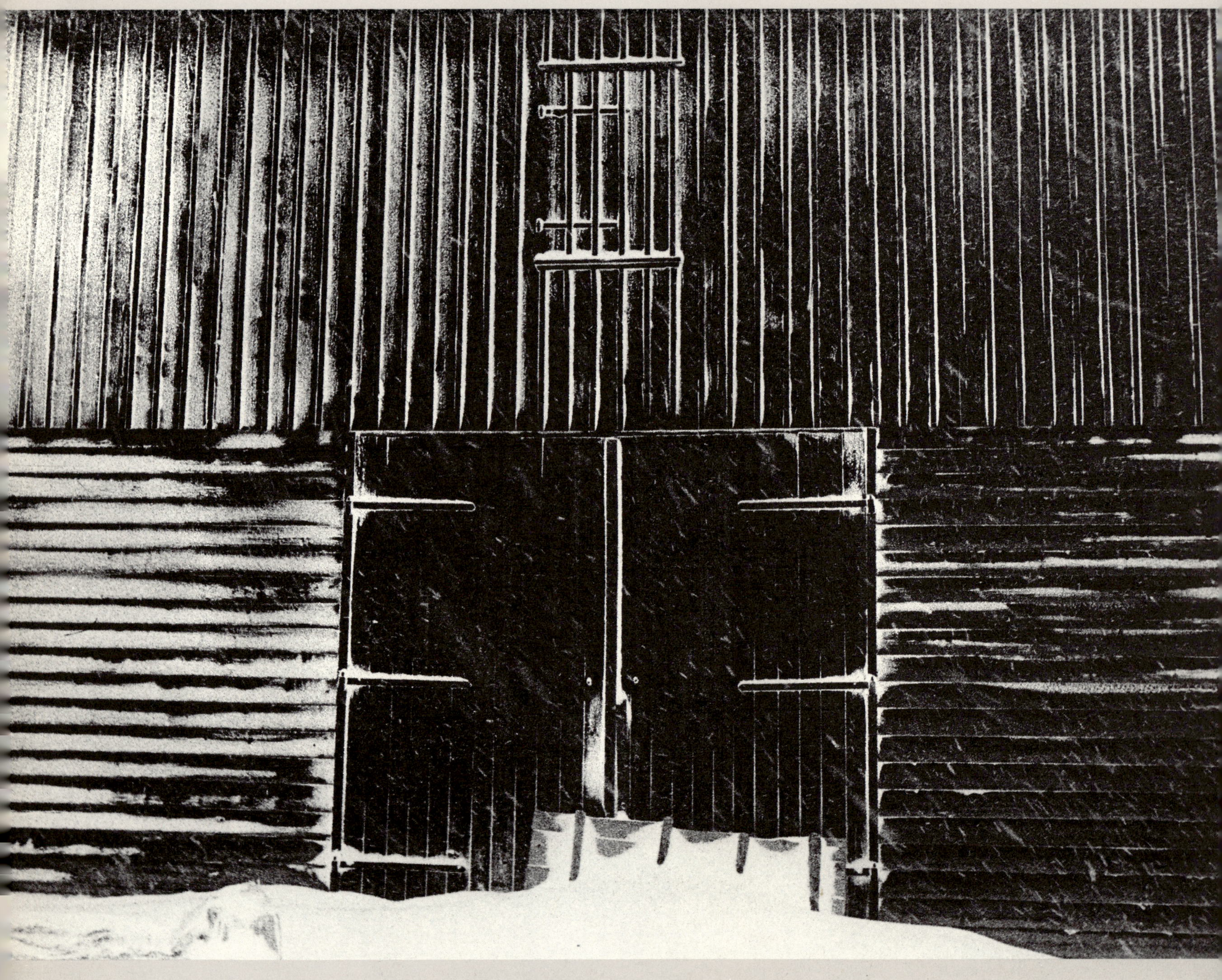

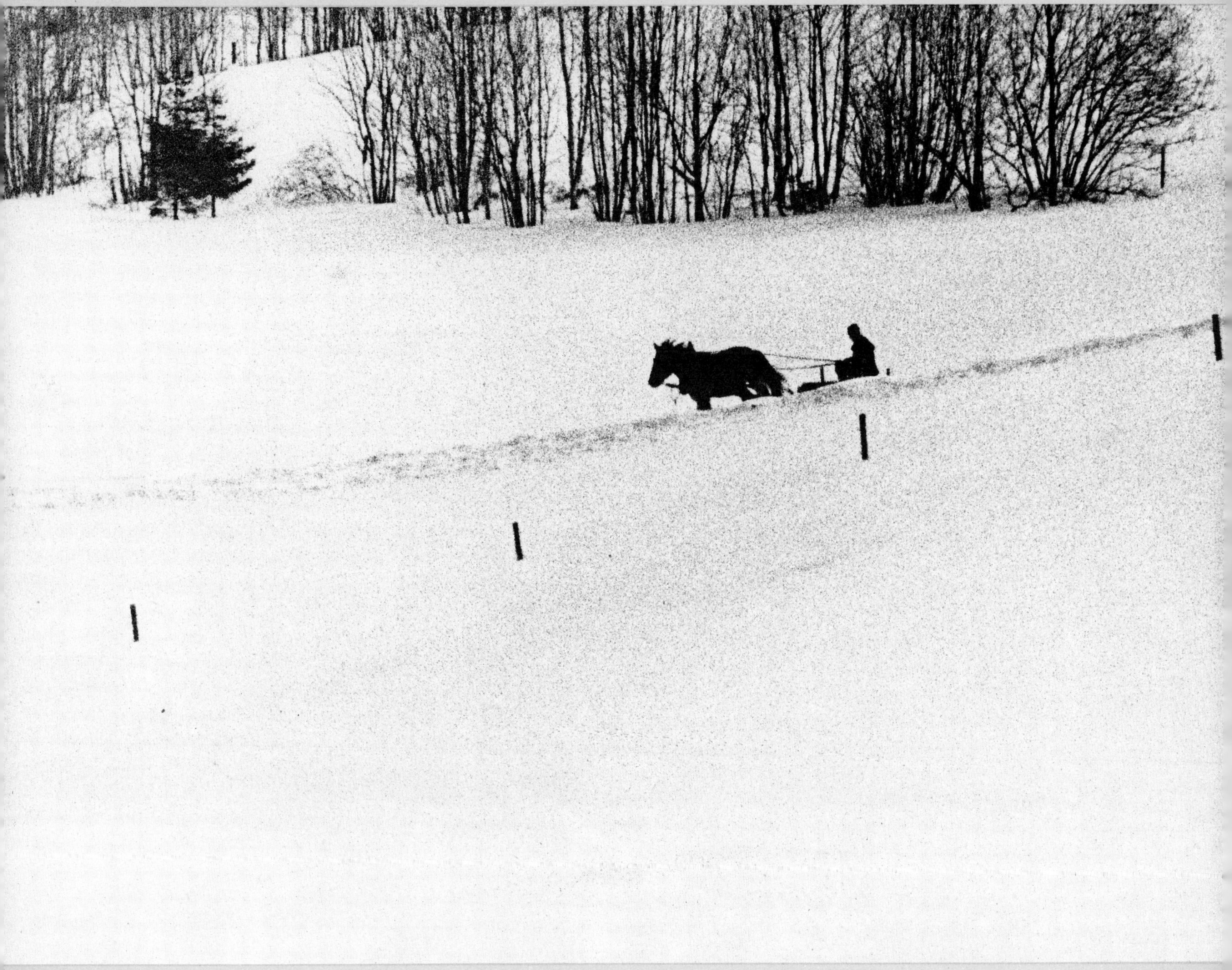

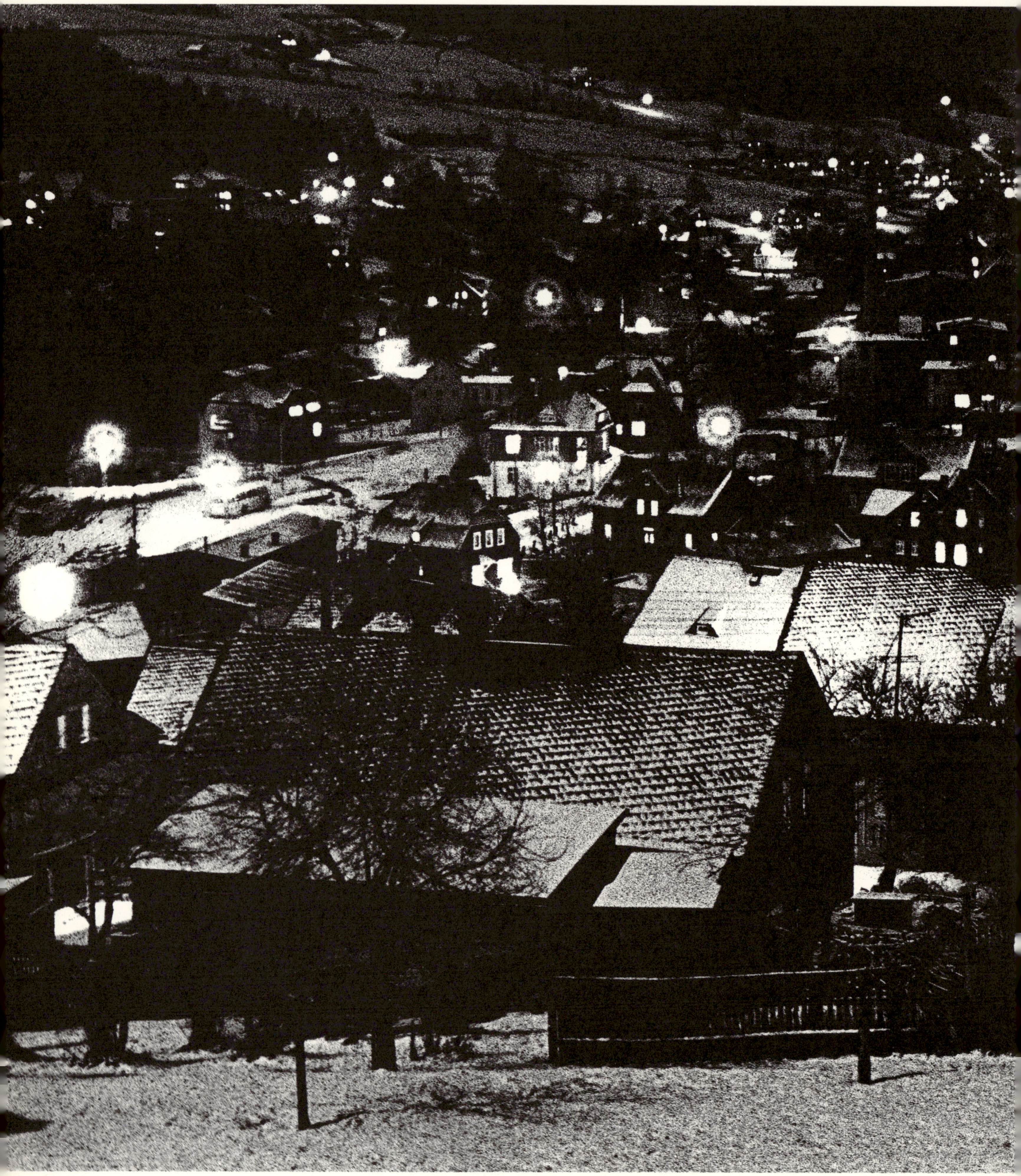

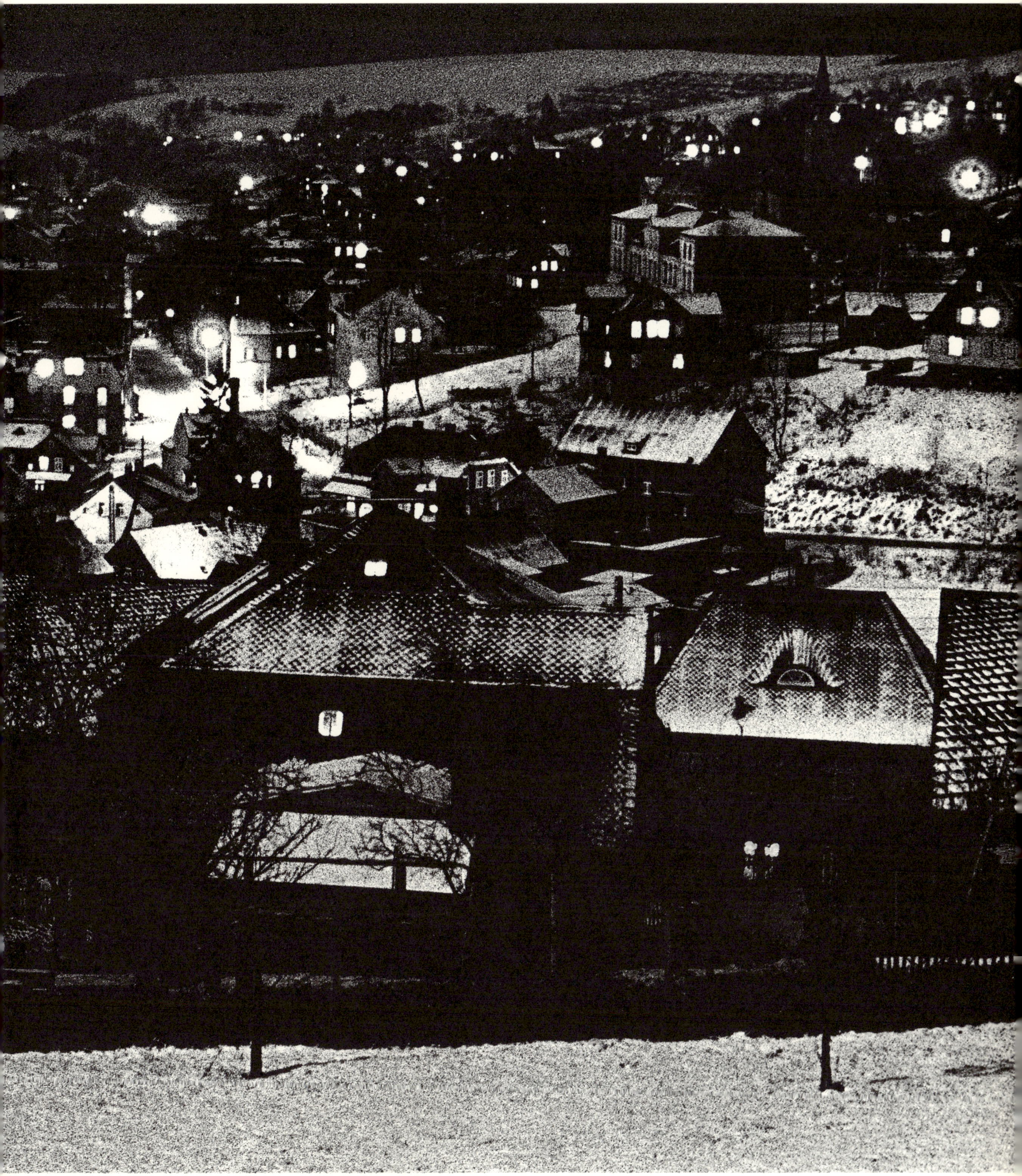

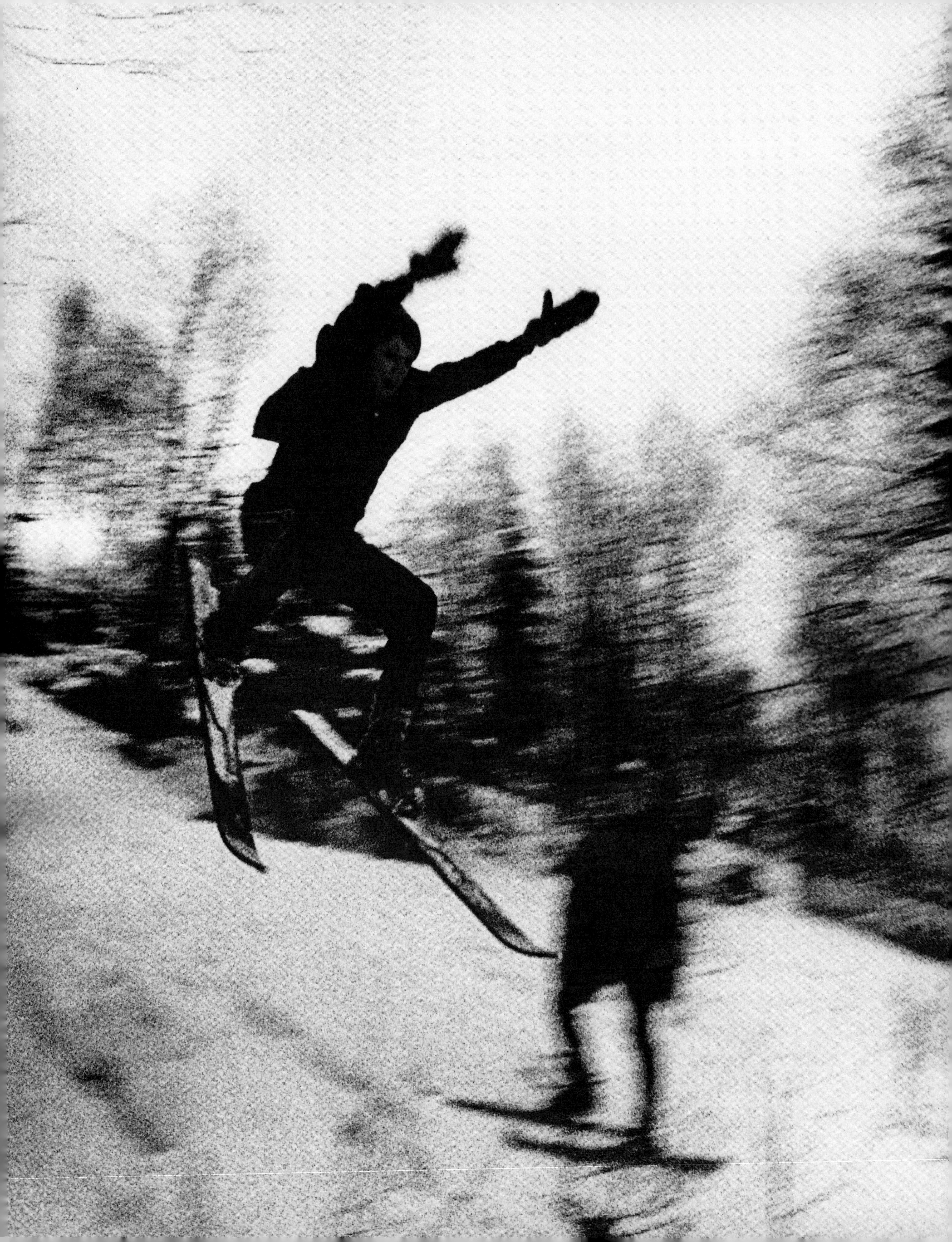

199

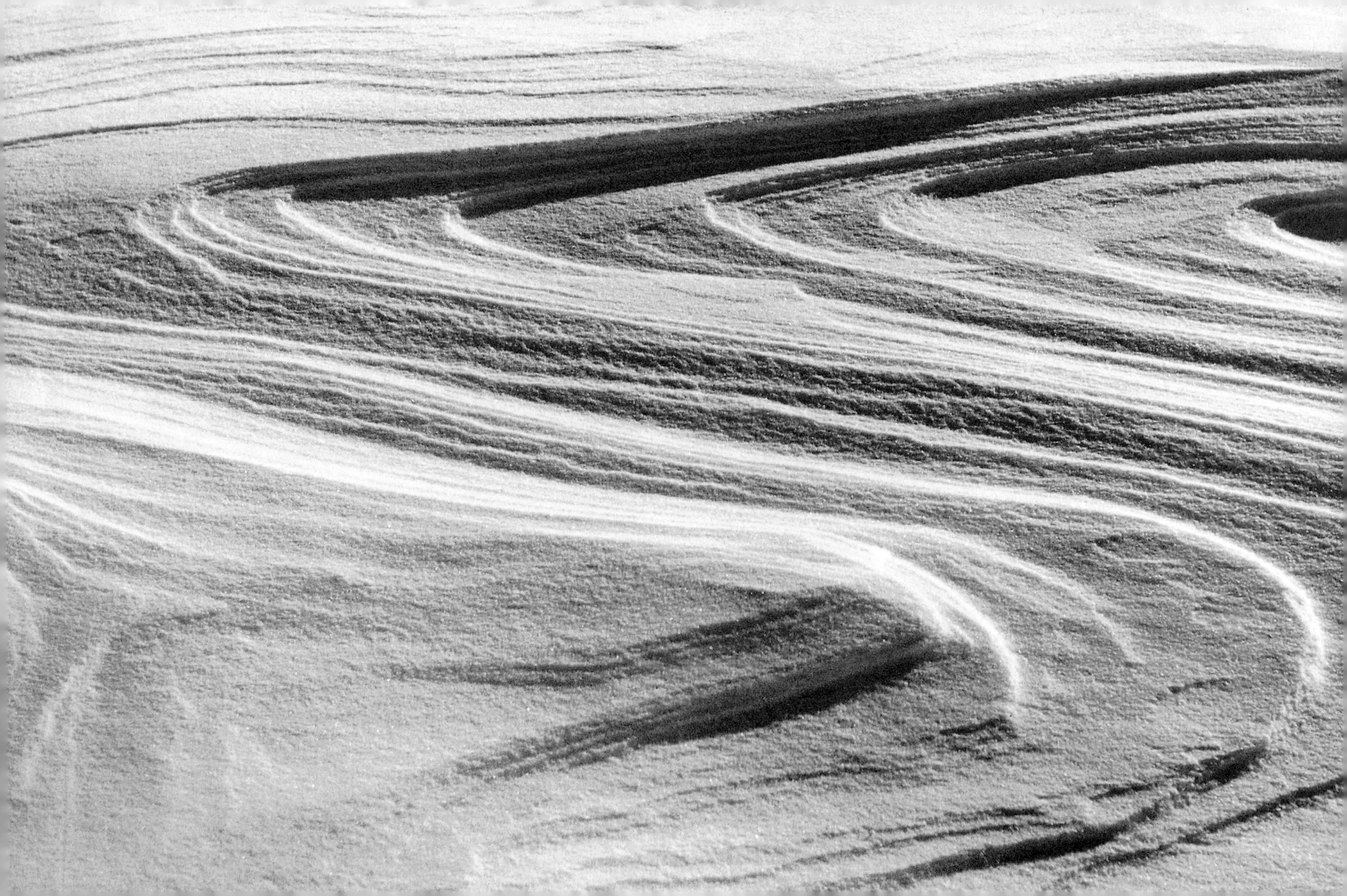

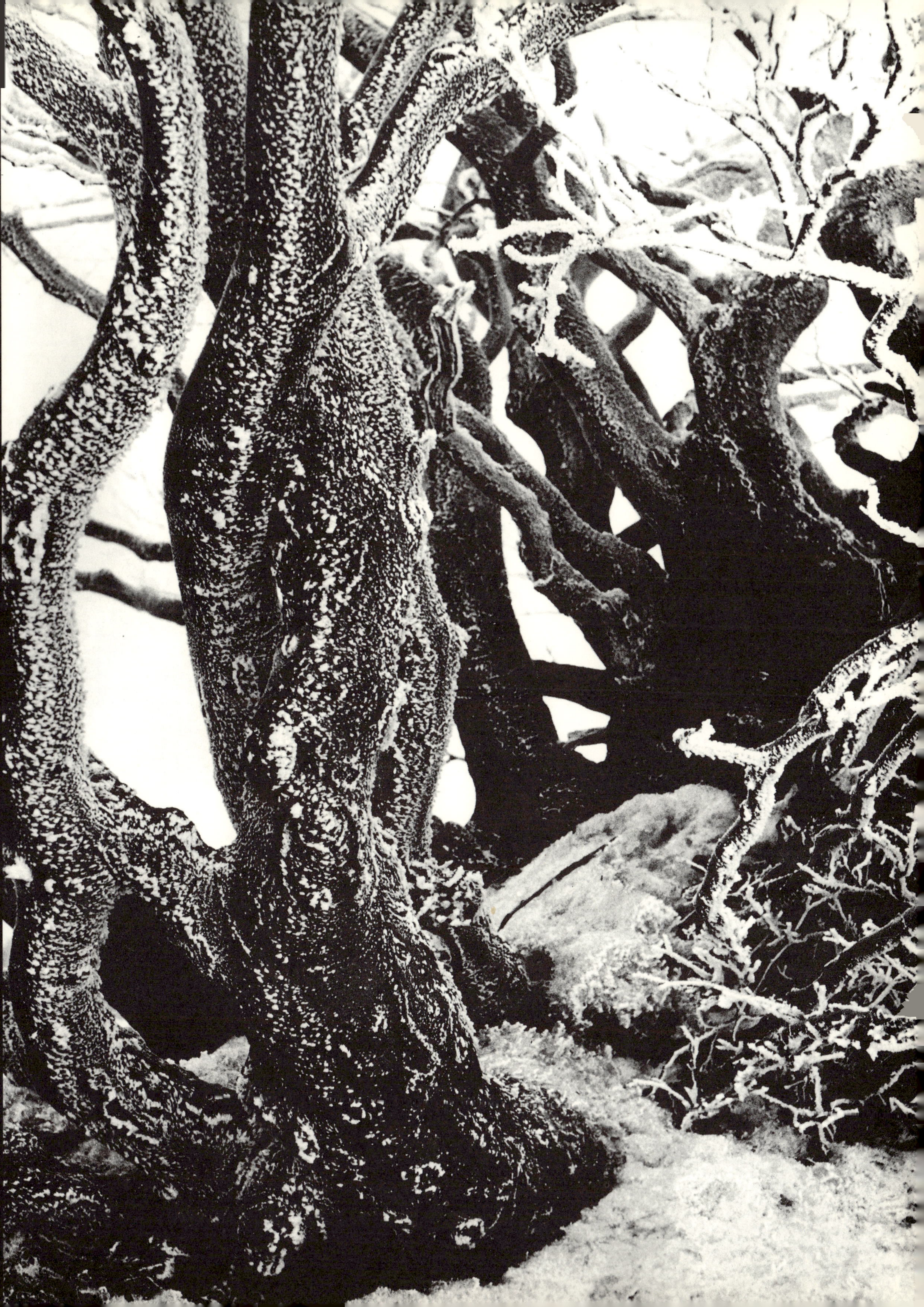

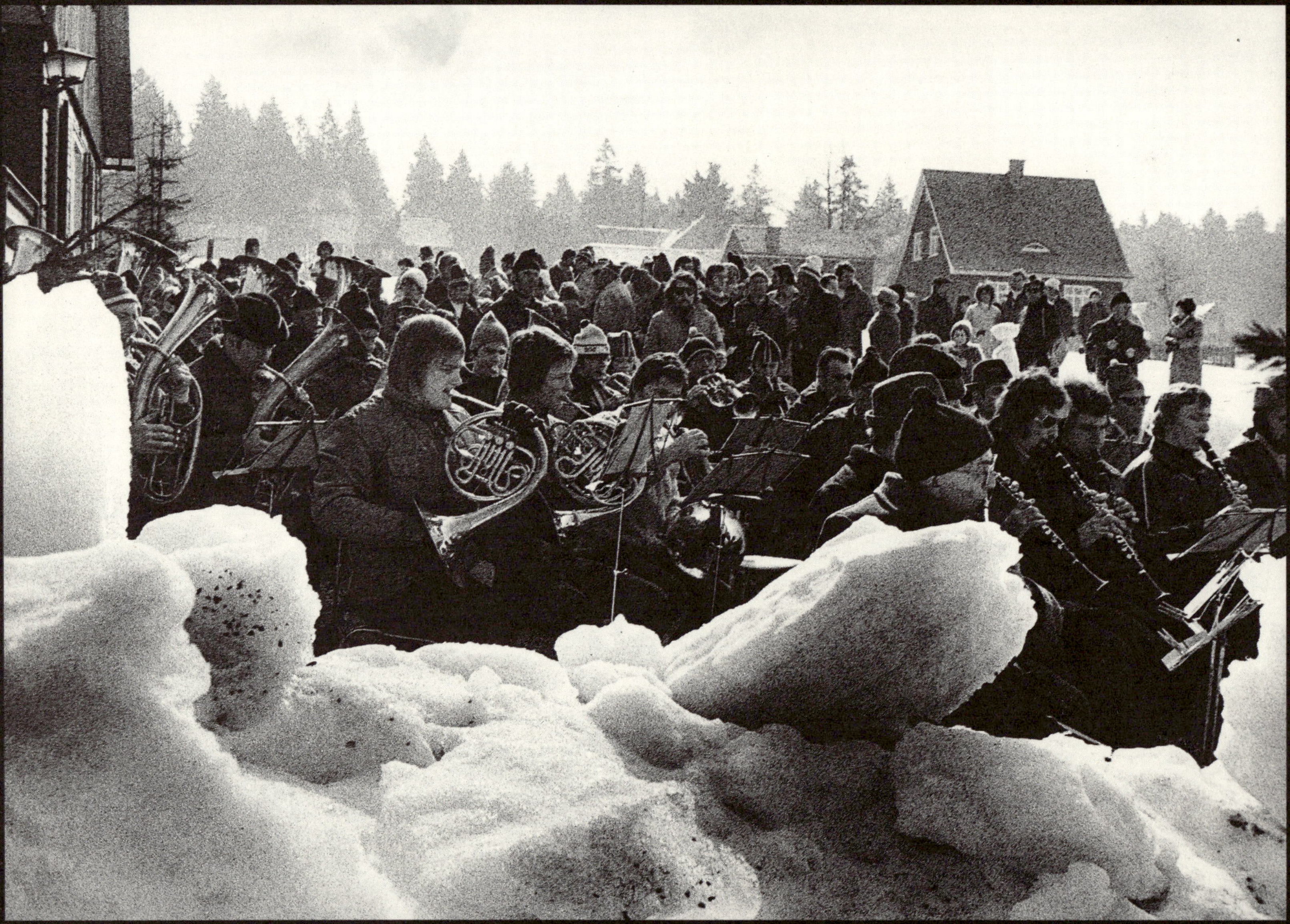

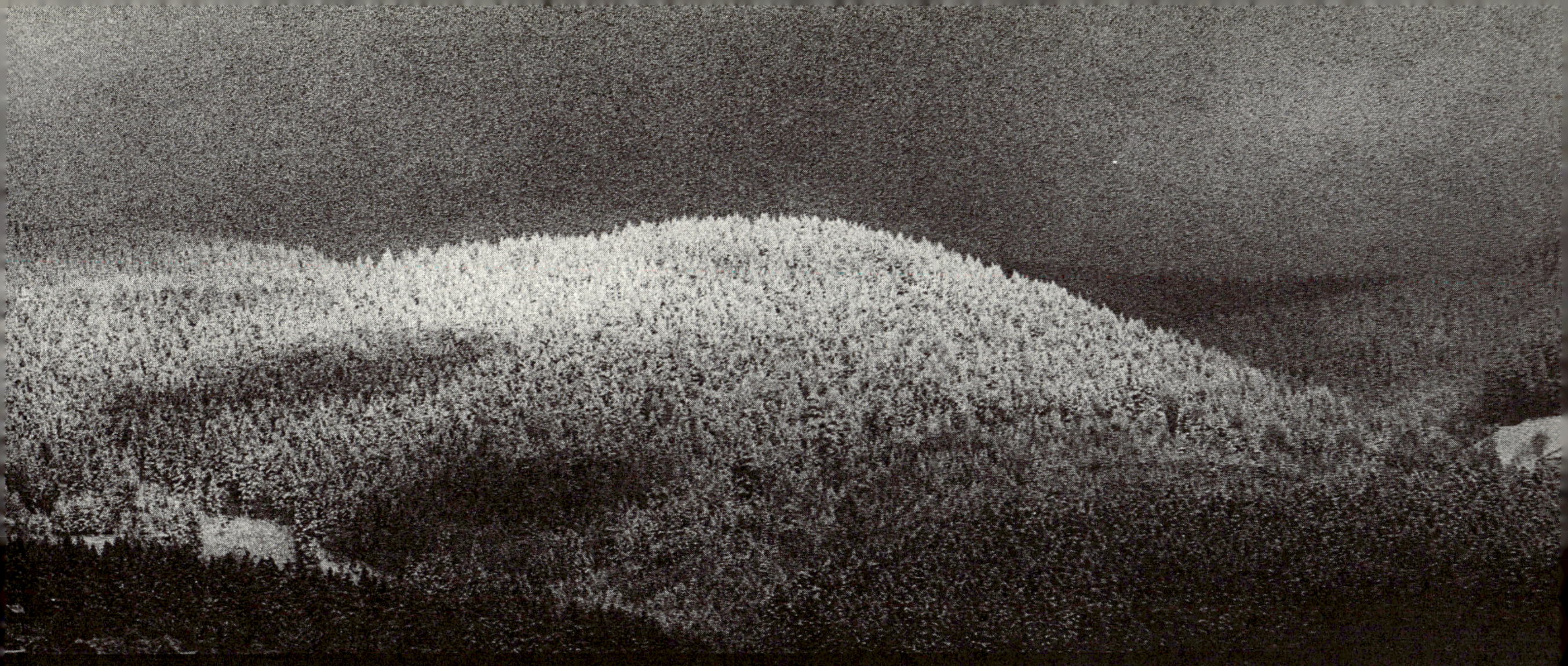

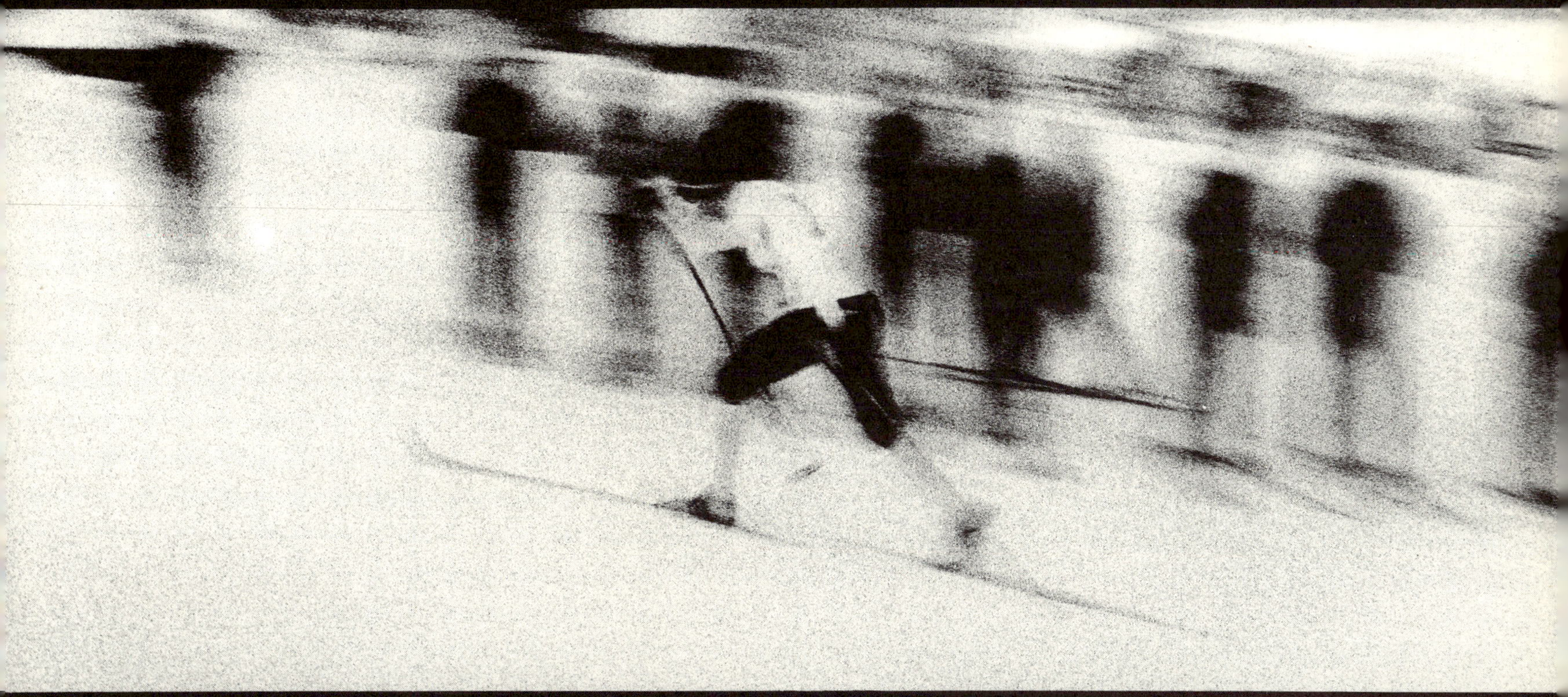

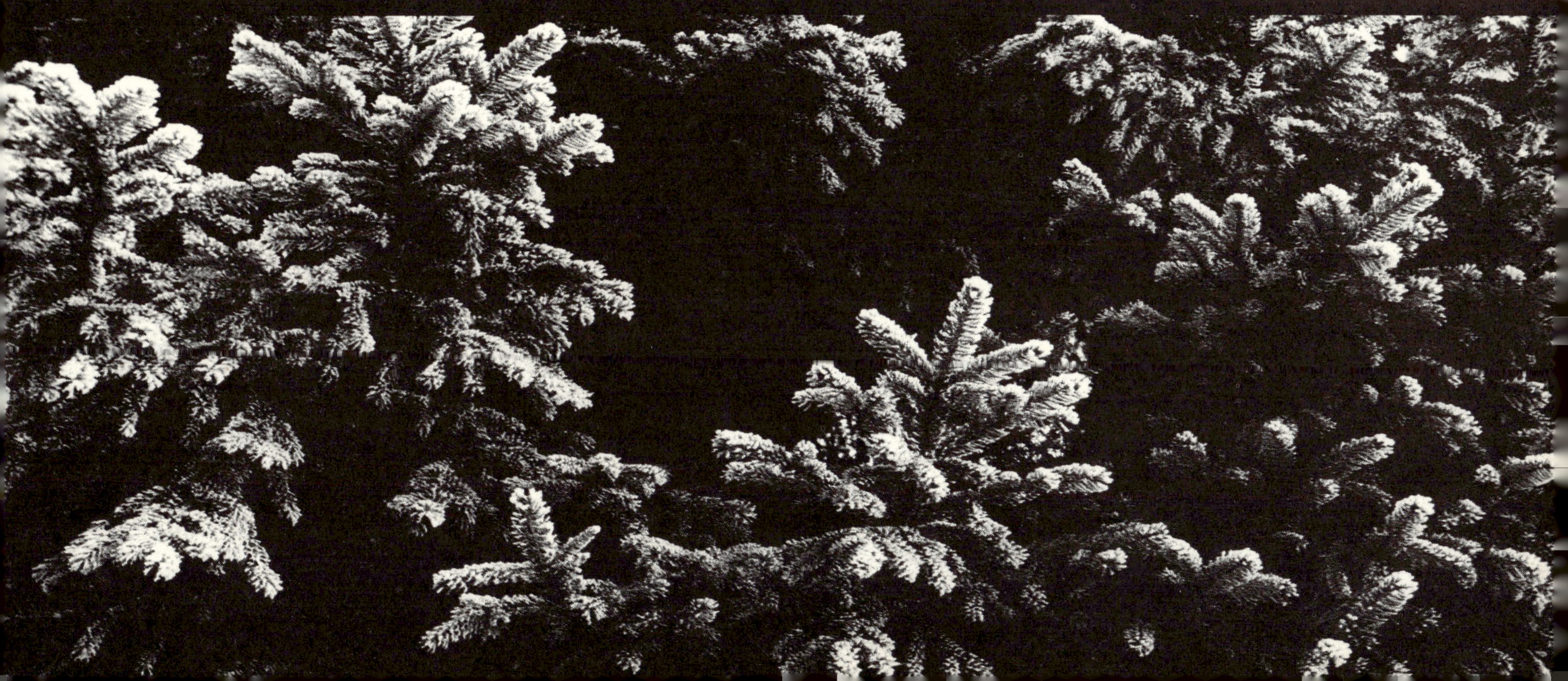

204

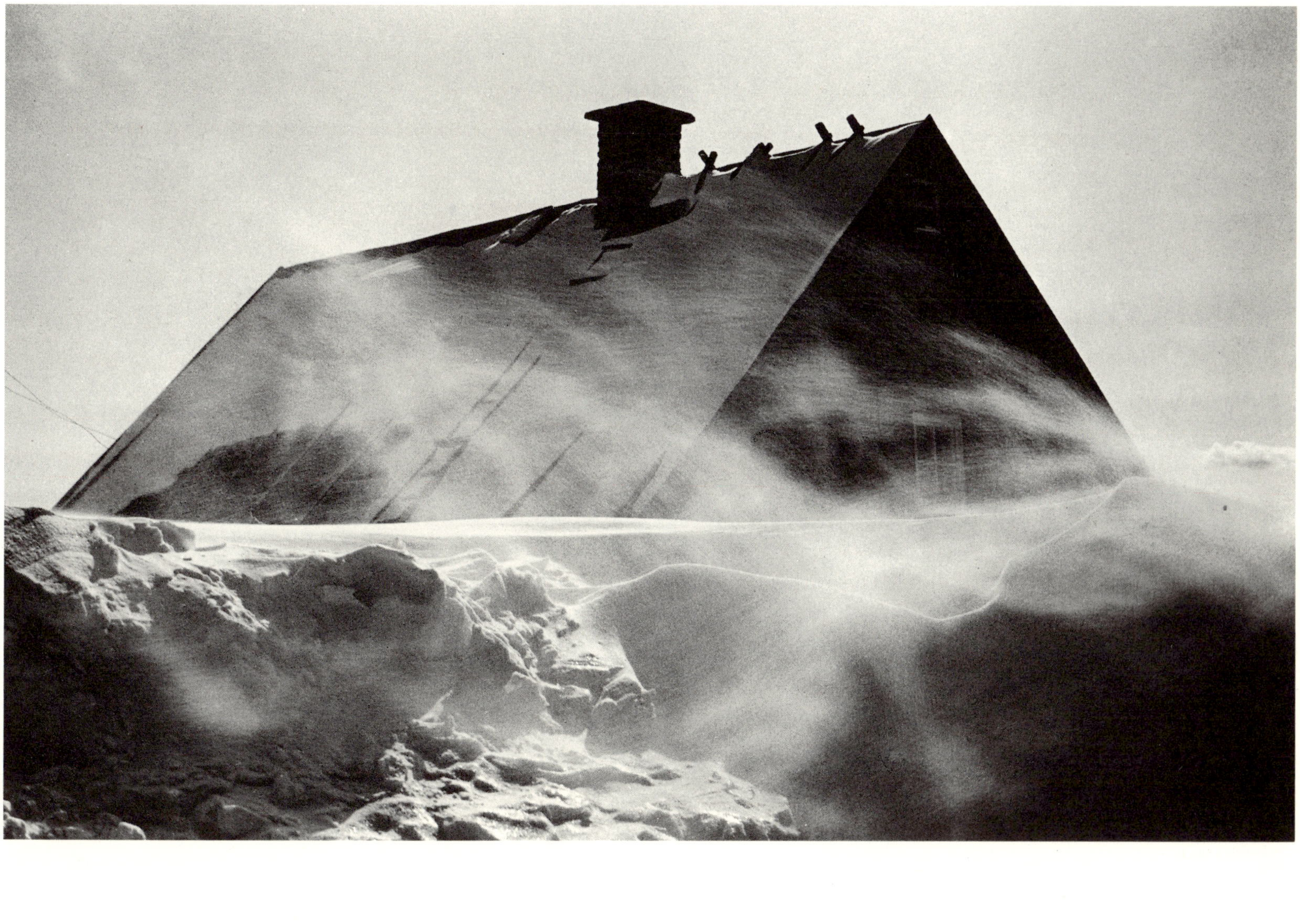

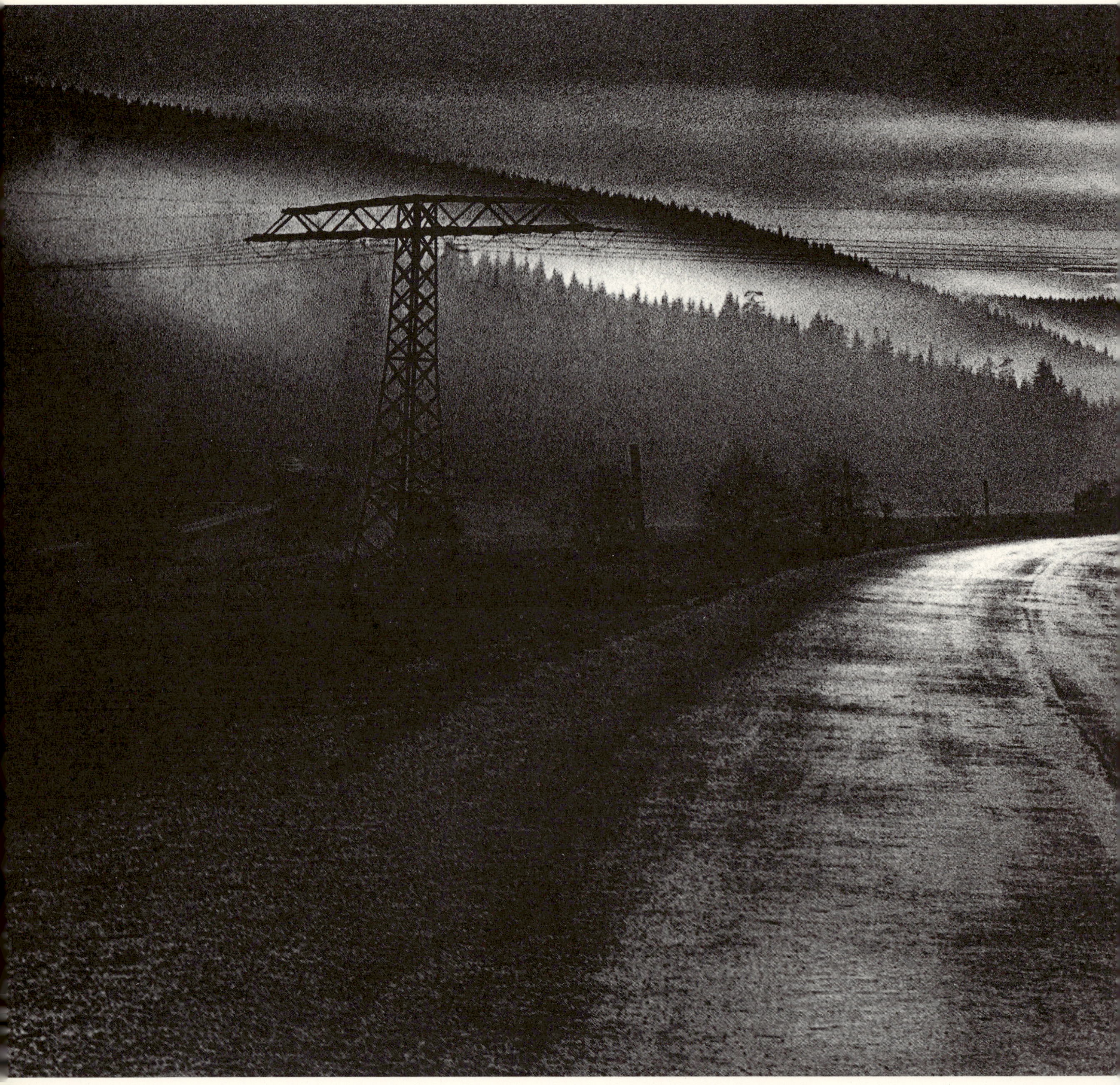

207

Anmerkungen

1 Die ältesten Urkunden in bezug auf das Gebiet des oberen Vogtlandes stammen aus dem Jahre 1209. Der Zerstörung durch unzählige Kriege, Fehden des Adels und der Vögte und häufige Stadtbrände fielen die meisten schriftlichen Quellen zum Opfer, während in den letzten Jahrzehnten die geologischen Forschungen gute Ergebnisse brachten. Inzwischen existiert auch im oberen Vogtland eine sehr intensive Heimatforschung, deren Anfänge bis in das 19. Jahrhundert zurückreichen, doch die Ergebnisse liegen teils verstreut oder sind widersprüchlich.

2 Zum Beispiel bei Kottenheide; am Goldberg nördlich Brunndöbra; am Hüttenbach südlich Zwota; Landesgemeinde nördlich von Erlbach oder im Zauberwald südwestlich von Klingenthal.

3 Der Schneckenstein ist die einzige Fundstelle von Topas in Europa. Wiederentdeckt wurde sie vom Tuchmacher Christian Kraut auf einem Handelsgang von Auerbach nach Böhmen.
August der Starke erwarb den Felsen und ließ einen Tagebau einrichten. Um 1750 sollen Mengen zwischen ½ und 1 Zentner Topase abgebaut worden sein. (In welchem genauen Zeitraum ist unbekannt.)

4 »Das zur Stauferzeit vom Pleißenland um Altenburg bis zum Egerland reichende Reichsland wurde von königlichen Beamten verwaltet. Für ein Teilgebiet, das nach Norden bis Werdau und Gera und im Westen bis an die Saale reichte, waren die Vögte von Weida eingesetzt worden. Auf Grund besonderer Privilegien vermochten sie eine Art Landesherrschaft aufzubauen und ältere Besitzrechte der Grafen von Everstein auf den Dobnagau schon im 12. Jahrhundert auszuschalten. Seit etwa 1200 vergrößerte sich das Vogtland als Herrschaftsraum der Vögte von Weida und ihrer drei Nachfolgelinien von Weida, Gera und Plauen. Besaßen sie auch zeitweilig die Hofer Pflege (1248–1373) und die Ämter Selb und Asch (1230–1331), mußten sie darauf Teile ihres Landesverbandes an die erstarkenden Wettiner abtreten, so 1357 Voigtsberg, nachdem die Reußen, die Plauener Vogtslinie, im ›Vogtländischen Krieg‹ 1354–1358 niedergeworfen worden waren. Bei der wettinischen Landesteilung von 1485 kam das Vogtland an die Ernestinische Linie, der auch der ursprünglich zum Egerland gehörige südliche Zipfel zufiel, nachdem der Vertrag von Eger 1459 die Territorialgrenze zwischen der Mark Meißen und Böhmen fixierte. 1531 waren die Weidaer Vögte nahezu besitzlos, die Geraer ausgestorben.
Die Reußen herrschten vorübergehend nochmals über das gesamte Vogtland, das 1459–1569 als böhmisches Lehen galt. Dann fiel es zum größten Teil an das nunmehr albertinische Kursachsen und bildete verwaltungsmäßig darin einen ›Vogtländischen Kreis‹. Die im oberen Vogtland gelegenen Orte gehörten alle zum Verwaltungsbezirk des Amtes Voigtsberg, aus dem 1849 die Gerichtsämter Schöneck, Oelsnitz und Adorf hervorgingen. Diese bildeten dann 1875 die Amtshauptmannschaft Oelsnitz. Das Territorium des Gerichtsamtes Klingenthal kam 1875 an die Amtshauptmannschaft Auerbach, deren Ortschaften um Klingenthal zusammen mit solchen des Kreises Oelsnitz um Schöneck 1952 zu dem neuen Kreis Klingenthal zusammengefaßt wurden.« (Das obere Vogtland, Akademie-Verlag, Berlin 1976, S. 12 ff.)

5 Unverkennbar ist noch immer die oberpfälzisch-nordbayrische Lautformung im Gebiet um Markneukirchen, das Ostfränkisch-Obervogtländische im Gebiet der oberen Mulde und das eigentümliche, ein wenig mit egerländischen und erzgebirgischen Einflüssen versetzte Fränkisch im Bereich der Zwota und Döbra, das beharrlich keinen Schritt weiter gesprochen wird als bis zur umgebenden Kammlinie.

6 Das obere Vogtland, Akademie-Verlag, Berlin 1976, S. 16.

7 Dieser wurde aber erst 1595/97 durch Sebastian Kleppel, der ein Vitriolwerk in Böhmen betrieb, fertiggestellt, zusammen mit dem ältesten Hochofen des Vogtlandes. Doch spricht man schon 1591 in bezug auf diesen Ort von einem Hellhammer.

8 Wie es in den Schriften der Zeit häufiger verwendet wird und schon vorher gebräuchlich war, was umliegende Ortsbezeichnungen bis heute belegen: z.B. der »Höllengrund« im hinteren Brunndöbratal.

9 Bis 1631 herrschte in Sachsen Frieden. Erst das Bündnis mit den Schweden brachte großes Leid für die Bevölkerung durch alle kriegführenden Parteien.

10 Besonders für Saiteninstrumente werden für den Korpus der Instrumente sogenannte Klanghölzarten benötigt: Fichte, Tanne, Bergahorn.
Zum Beispiel das Fichtenklangholz mit einem optimalen Abstand der Jahresringe von 1 bis 3 mm findet günstigste Wachstumsbedingungen in geschlossenen Beständen auf mäßig nährstoffreichen bis kargen Böden bei rauhem Klima mit ausgeglichenem Wasserhaushalt und hoher Luftfeuchtigkeit, um Jahresringe großer Gleichmäßigkeit und einer Holzfaser parallel zur Stammachse zu entwickeln. Für Geigen ist besonders die Haselfichte wegen ihrer schönen Maserung begehrt. Für Böden und Zargen eignet sich besonders der Bergahorn.
Für Baßböden muß das Rohholz (Tannenholz) mindestens einen Durchmesser von 80 cm besitzen, also sind nur Tannen ab einem Alter von 130 Jahren geeignet. All das war in den Wäldern des oberen Vogtlandes vorhanden.
(Interessant dabei ist: Bedenkt man die komplizierten, natürlichen Konstellationen, die Voraussetzungen sind, um ein in der Qualität maximales Klangholz wachsen zu lassen, und daß deshalb selbst innerhalb guter Klangholzbestände herausragende Hölzer immer selten waren, daß andererseits nirgends eine Waldpflege und Aufforstung im Sinne der Klangholzgewinnung betrieben wurde. Da ja auch die Ablagerung des geschnittenen Holzes mitentscheidend für die spätere Qualität des Instrumentes ist, so könnte man schlußfolgern, daß z.B. die berühmten Geigen eben nur bis zu einem bestimmten Zeitpunkt gebaut werden konnten.)

11 Vgl. E. Wild a. a. O.

12 Die Stadt und Herrschaft Graslitz (Stadtrecht wie Schöneck seit 1370) befand sich damals im Besitz der Herren von Schönburg-Glauchau. Diese wiederum besaßen im Streit zwischen Katholischen und Protestantischen eine Sonderstellung, die den Ort im Dreißigjährigen Krieg lange Zeit neutral hielt und zudem die Gegenreformation bis 1666 verzögerte. Dies könnte Grund genug gewesen sein, daß sich protestantische Exulanten, ob nun aus Böhmen, Österreich oder Süddeutschland, dahin wandten, zumal die bereits genannten Voraussetzungen da ebenso galten. Als dann die Gegenreformation nachrückte (teilweise schon 1624), mußte man erneut weichen. Man brauchte nicht allzuweit zu gehen. Nur ein Stück ins protestantische Sachsen. Vor allem im Hellgrund verlockte die Möglichkeit einer eigenen Stadtgründung. Die Ansiedlung gelang, ebenso die Anfänge einer Stadtgründung im Hellgrund. Mit dem Stadtrecht aber mußte Klingenthal noch gute 250 Jahre warten. Markneukirchen hatte Stadtrecht, und es lag einen steilen Berg weniger in Richtung der Handelsstraßen. Schon 1628 wird für Adorf der Sitz einer Orgelbauwerkstatt verzeichnet.

13 Die Musikinstrumentenmacher wollten sich zunächst gegen unlautere Konkurrenten schützen, um selbst bei der Qualität bleiben zu können. Die Händler aber wollten große Sortimente und große Mengen, um billigere Preise erzielen zu können. So kam es zur Spezialisierung im Handwerk und einer wachsenden Zahl von Bestandteilmachern, die wiederum zu noch größerer Mengenproduktion wegen des geringen Stücklohnes gezwungen waren. Pfuscherei entstand zwangsläufig und bittere Konkurrenzkämpfe. Zwar erreichte der Musikinstrumentenbau im oberen Vogtland damit eine Breite, die ihn gegenüber allen anderen bestehen ließ, auch in schlechten Zeiten, aber die Last ging immer auf den einzelnen, der die Schwankungen im Handel mit seiner Not abfangen mußte. – Dabei überdeckte die Qualität der Mengenproduktion oft die Qualität der Einzelleistungen, die auch im oberen Vogtland nicht seltener waren als anderswo auch, eben selten.

14 Der Geigenbogen wurde aber sehr bald, mit Beginn des 17. Jahrhunderts, z.B. aus Schmalkalden importiert, so wie man sich auch um italienische Saiten bemühte. Alles in einer Werkstatt ist auf die Dauer nur bei höchster Qualität rentabel. Die Qualitätsverbesserungen aber innerhalb der Musikinstrumente und vor allem bestimmter Zubehöre schufen zwangsläufig neue Meisterbereiche.

15 Der Begründer der berühmten vogtländischen Geigenmacherwerkstatt war Caspar Hopf (gest. 1711). Auch von den Gebrüdern Hoyer sind nur die Sterbejahre (1780, 1788) bekannt. Meistergeigen stammen auch von Christian Gottfried Hamm oder Gottlob Ficker u.a.

16 Man muß sich für den Bau von Musikinstrumenten vergegenwärtigen, daß neben den hohen handwerklichen Fertigkeiten erstaunliche Materialkenntnisse gehören. Da z.B. jedes Stück Holz (auch des gleichen Baumes) anders ist, müssen die Kenntnisse schon ins Gefühl übergegangen sein, um die benötigte Präzision bei der Auswahl, Verwendung und

Bearbeitung zu erreichen. Eine lange Lehrzeit und unzählige eigene Erfahrungen sowie die Veranlagung dafür sind unumgänglich. Nur bei einer exakten, konstanten Steuerbarkeit der Rohstoffe (wie es eben bei natürlichen Rohstoffen nicht vorkommt) und ebenso der Verarbeitung wäre eine annähernde industrielle Produktion von Meisterinstrumenten möglich.

17 Es eignen sich nicht alle Schafdärme zur Saitenherstellung. Die englischen Schafe z.B. waren anfangs gut geeignet. Aber durch Züchtung im Hinblick der Wolle verloren ihre Gedärme die Qualität zur Saitenherstellung.

18 Die ersten vogtländischen Instrumente wurden im 18. Jahrhundert von Nürnberger und Sonneberger Kaufleuten nach Nordamerika gebracht. Schnell aber besorgten es die einheimischen Händler selbst. Im 19. Jahrhundert gingen viele ganz nach Übersee. Sie vermittelten anfangs den Handel in die Vereinigten Staaten, begannen dann aber eigenständig mit dem Bau von Instrumenten, aus den Vermittlern wurden harte Konkurrenten. Die Handelsbeziehungen blieben jedoch beträchtlich. Und es kam 1893 sogar zur Eröffnung einer eigenen konsularischen Vertretung der USA in Markneukirchen.

19 Andreas Schubert (1808–1870), Konstrukteur der »saxonia«, machte die Berechnungen für die Göltzschtalbrücke, der größten mit Ziegeln gebauten Brücke der Welt, 78 m hoch, 574 m lang.
Georg Samuel Dörfel (1643–1688), »Astronomische Beobachtungen des großen Kometen ...«, 1681.
Karoline Neuber (1697–1760), die berühmte Schauspielerin und Prinzipalin, wurde in Reichenbach geboren.
Julius Mosen (1803–1867), der große Dichter des Vormärz, stammte aus Mariney unterhalb Schönecks.

Zeittafel

vor 600–300 Millionen Jahren

In den Urmeeren entsteht durch organische Ablagerungen, die sich später durch inneren und äußeren Druck verhärten zu unterschiedlichen Arten von Phyllit, ein Gebirge, das, da spätere Ablagerungen fehlen, zu den ältesten Festlandgebieten der Erde zählt. Es unterscheidet sich in seiner Substanz auffallend von den massiven Granitblöcken des benachbarten Erz- und Fichtelgebirges.

vor 70 Millionen Jahren

Bei der Entstehung der Alpen wird zwischen den Granitblöcken des Erz- und Fichtelgebirges das Phyllitgebirge zusammengepreßt und am stärksten gehoben. Es kommt zu einer Schmälerung der Erdkruste und damit zu vulkanischer Tätigkeit. Magma dringt in die Erdspalten und bildet Granitklippen innerhalb des Phyllits. An den Rändern der Klippen kommt es zur Ausschmelzung von Erzen und zur Umschmelzung von Mineralien. Es entstehen Lagerstätten von Erzen und vereinzelt auch von Edelsteinen sowie Heilquellen, die sogenannten Säuerlinge. In der Folgezeit wird dieses kleine Phyllitgebirge (ursprüngliche Mächtigkeit bis 2400 m) sehr schnell und stark abgetragen.
Territoriale Lage und geologischer Untergrund schaffen einen Boden, der ihn zur Besonderheit eines pflanzengeografischen Schnittpunktes werden läßt, auf dem, räumlich eng begrenzt, südlich-subtropische und nördlich-arktische, östlich-kontinentale und westlich-atlantische Pflanzen wachsen.
In dem rauhen Klima und auf dem kargen, sauren Boden entwickelten in den Bergmischwäldern die Klangholzarten Fichte, Tanne und Bergahorn gute bis besonders gute Eigenschaften, wie sie zum Bau von Musikinstrumenten (vor allem Saiteninstrumenten) benötigt werden.
Die klimatischen Zustände können sehr extrem sein. Es gibt geschützte, relativ milde, südliche Lagen und unmittelbar daneben Lagen mit Temperaturen bis −34 Grad als Kältestau in den Tälern. Die Niederschlagsmengen sind relativ hoch, da das Gebirge nach Westen hin frei liegt.

Steinzeit

Funde von Werkzeugen der Steinzeitmenschen bei Raun.

Bronzezeit

Ein bereits starker Durchgangsverkehr von und nach dem Egerland ist mehrfach belegt.

12. bis 13. Jahrhundert u. Z.

Der südwestliche Teil des oberen Vogtlandes wird von Bauern aus Franken, Nordbayern und der Oberpfalz besiedelt. Das Gebiet der oberen Zwota und Mulde wird vorerst von einer festen Besiedlung nicht erfaßt.

1181

Der Schwarzbach wird als Alestra minor erwähnt (Kleine Elster).

um 1200

Die Burg Schoenegge wird als Sitz des Dienstmannes der Plauener Vögte, Albertus de Schoenegge, errichtet.
Sicher etwas später entsteht als Rittersitz einer mächtigen egerländischen Familie (derer von Nothafft de Wildenstein) eine Wasserburg im Gebiet des späteren Markneukirchens.

1274

Markneukirchen findet als »Newenkirchen« Erwähnung.

1294

Erwähnung der Kirche zu Adorf.

1327

Vogt Heinrich d. Ä. und sein Sohn Heinrich von Plauen tragen ihren Besitz dem König von Böhmen als Lehen an.

um 1350

Markneukirchen erhält als »Markt Newenkirchen« Stadtrecht.

1354

Der Vogtländische Krieg bricht aus.

1357

Die Adorfer Kärner (Fuhrleute über Land) erhalten Privilegien.

1362

Zu Adorf existiert bereits ein Gericht.

1370

Schöneck und Graslitz erhalten von Kaiser Karl IV. und König von Böhmen städtische Privilegien.

1419

Beginn der Hussitenkriege. Das Vogtland wird dabei arg in Mitleidenschaft gezogen.

1430

Ein Stadtbrand vernichtet Markneukirchen fast völlig. (Noch viermal brechen in der Folgezeit Stadtbrände aus, in denen immer wieder auch die meisten Stadtakten, Chroniken und Urkunden verlorengehen: 1543, 1633, 1634, 1840.)

1455

Voigtsberg und Oelsnitz fallen an die Wettiner. (Durch ständige Fehden der Vögte und des Adels haben die Vogtländer schwere Zeiten.)

1481

Die Türkensteuer wird zum ersten Mal erhoben.

1186

Bei der erneuten Wettiner Landesteilung gelangt das Vogtland zum Ernestinischen Haus und nimmt einen großen wirtschaftlichen Aufschwung an Mühlen, Hammerwerken, dem Bergbau, im Handwerk und Handel. Der rege Handelsverkehr (besonders mit dem süddeutschen Raum) wirkt sich auch auf Information und Bildung aus. Sehr früh fassen reformatorische Gedanken Fuß.

um 1500

In Adorf finden bereits Volksschauspiele statt.

1525

Das Landvolk der vogtländischen Ämter nimmt am Bauernkrieg teil.

1543

Die gesamte vogtländische Mannschaft wird gemustert und zur Bewaffnung angehalten. (1546 bricht der Schmalkaldener Krieg aus, viele Ortschaften gehen im Laufe des Krieges in Flammen auf.)

1569

Die Grenze zwischen Sachsen und Böhmen wird zum letzten Male korrigiert.

1572

Der sächsische Kurfürst August I. läßt Grenzsteine setzen und Lachterbäume mit Kerben versehen.

1589

Ein Magdeburger Kaufmann erhält die Erlaubnis, im Hellgrund (Klingenthal) am Zusammenfluß der Zwota und Döbra einen Eisenhammer zu errichten.

1595/97

Der Eisenhammer im Hellgrund wird zusammen mit einem Hochofen durch Sebastian Kleppel fertiggestellt.

um 1600

Im oberen Vogtland existieren neben der Landwirtschaft: Forstwirtschaft, Bergbau, Papiermühlen, Schneid- und Mahlmühlen, Köhlerhandwerk, Pechsiederei, Rußbrennerei, Alaun-, Schwefel- und Vitriolwerke, Flößerei, Schäfereien, ein großangelegtes Fuhr-

wesen, Handwebereien, Tuchwebereien, Leinwand- und Baumwollwebereien, metallverarbeitende Gewerke (Blechschmiede), Perlenfischerei.
Die Violine hat in Oberitalien ihre endgültige Form gefunden.

1604

Die kleine Siedlung im Hellgrund um den Hellhammer herum wird zum ersten Mal als »Klingenthal« erwähnt.
Kärntner Exulanten im oberen Vogtland (Markneukirchen).

1610

Der Maler und Instrumentalist Johann Artus hält sich in Graslitz auf.

1616/17/21

Mehrere Kärntner, Salzburger und Tiroler in Graslitz und Klingenthal.

1618

Der Dreißigjährige Krieg bricht aus. Das obere Vogtland bleibt vorerst bis 1631 davon verschont. Dann beginnt der Untergang und die Zerstörung ganzer Ortschaften und Städte.

1621

Das Gut Klingenthal gelangt in den Besitz der Nürnberger Familie von Boxberg.
In Adorf wird Moritz Schmierler erster kurfürstlicher Perlenfischer.
Jacob Stainer wird in Tirol geboren. Seine Geigen dienen später als Vorbild für die vogtländischen Geigen, bis die Stainer-Geige aus der Mode kommt.

1625

Gründung der ersten Orgelbauwerkstatt in Adorf durch Caspar Kerll aus Joachimstal.

1631

Melchior Lorenz als erster Geigenmacher in Graslitz bezeugt.

1632

Schöneck wird durch die kaiserlichen Truppen unter General Holk in Brand gesteckt. (Noch dreimal wird die Stadt durch Feuer fast völlig zerstört: 1680, 1761, 1856.)

1632/33

Zweimal bricht überall die Pest aus.

1647

Georg Schönfelder wird im Klingenthaler Lehnbuch als Bäcker und Exulant genannt. (Um 1560 wird ein Lautenmacher namens Schönfelder in Bologna genannt. Vier Schönfelder gehören zu den Gründungsmitgliedern der Markneukirchner Geigenmacherinnung.)

1666

Graslitz gelangt in den Besitz der Grafen von Nostiz, die sehr hart im Sinne der Gegenreformation vorgehen.

1669

Gründung der Geigenmacherinnung in Graslitz

1677

Gründung der Geigenmacherinnung in Markneukirchen.

1680

Erster feldmäßiger Kartoffelanbau am Kapellenberg (»Vogtländische Knolle«).

1681

Der erste Händler wird in die Markneukirchner Geigenmacherinnung aufgenommen.

um 1700

In Markneukirchen ca. 30 Musikinstrumentenmachermeister, in Klingenthal ca. 5 Meister und 2 Gesellen.

1716

Ein Drechsler wird in die Markneukirchner Geigen-

macherinnung aufgenommen. Erster möglicher Hinweis auf den Bau von Holzblasinstrumenten.
Gründung der Geigenmacherinnung in Klingenthal.

1720

Es wird mit Versuchen begonnen, die Qualität der Saiten zu verbessern.

1723

Der erste Geigenmacher wird in Schönbach (Luby) erwähnt. Die Schönbacher Geigenmacher spielen später als Zulieferer von Bestandteilen für die Markneukirchner Geigenmacher eine große Rolle.

1736/37

Bau der Kirche »Zum Friedensfürsten« in Klingenthal, die mit ihrem regelmäßigen, achteckigen Grundriß und ihrer glockenartigen Gestalt zu den wenigen barocken Kirchenbauten dieser Art zählt.

1746

Erster Nachweis eines Holzblasinstrumentenmachers: In Schöneck stirbt Christian Händel, Geigen- und Pfeifenmacher.

um 1750

Beginn der Bogenherstellung in Markneukirchen als selbständiger Meisterbereich. Beginn der Blechblasinstrumentenherstellung in Graslitz.

1755

Erster Blechblasinstrumentenmacher in Markneukirchen bezeugt.

1756

Der Siebenjährige Krieg beginnt. In Markneukirchen befinden sich Hauptlazarette, von dort brechen im Jahre 1758 Seuchen aus.

1760

Ein Markneukirchner Saitenmacher reist nach Italien, um die dortige Saitenherstellung zu studieren.

1770

Dem Akziseinspektor Israel Kämpffe gelingt die entscheidende Verbesserung der Saitenqualität.

1771

Die Spiritusbrennerei wird aus Getreidemangel verboten. Die Musikinstrumentenmacher müssen ausländischen Spiritus importieren, um ihren Lack herstellen zu können, der für den Klang der Instrumente mit ausschlaggebend ist.

1777

Gründung der Markneukirchner Saitenmacherinnung.

1798

Gründung der »Gesellschaft musicalischer Instrumenten-Mechanici«.

In der zweiten Hälfte des 18. Jahrhunderts geschieht zusätzlich: Die zunehmende Arbeitsteilung in der Instrumentenherstellung in Markneukirchen und die Einbeziehung der umliegenden Ortschaften für die Zulieferung von Instrumententeilen. Entstehung des Verlagswesens unter den Händlern. Nachweis von Export vogtländischer Instrumente durch Nürnberger und Sonneberger Händler nach Nordamerika. Es beginnt die Erschließung entfernter Rohstoffquellen.
Zum Beginn des 19. Jahrhunderts geschieht u. a.: Die technische Vervollkommnung der Blasinstrumente durch Erfindung des Rückklappensystems für Holzblasinstrumente durch Theobald Böhm (1812).
Die Erfindung verschiedener Ventilsysteme für Blechblasinstrumente.
Der Beginn des Überseehandels durch Markneukirchner Händler.
Der Beginn der Verarbeitung exotischer Hölzer.

um 1800

Beginn der Blasinstrumentenherstellung in Klingenthal und Beginn der Gitarrenherstellung in Markneukirchen.

1806

Ein Markneukirchner Darmeinkäufer verhandelt in Moskau.

1815

Ein Markneukirchner Darmeinkäufer verhandelt in London.

1817

Bau der Straße Adorf–Oelsnitz.

1821

Christian Friedrich Buschmann erfindet zunächst als Hilfsmittel zum Klavierstimmen die Aura, die er später Mundäoline nennt.

1823

Johann Georg Meisel soll eine Aura mit nach Klingenthal gebracht haben. Mit dem Graslitzer Gelbgießer Johann Langhammer beginnt er 1827 geheim mit dem Bau der Mundharmonika.

1824

Einrichtung von Postexpeditionen in Markneukirchen und Klingenthal und einem Botendienst zwischen Adorf–Markneukirchen–Klingenthal.

um 1828

Es steht äußerst schlecht mit allen Gewerken, besonders dem Musikinstrumentengewerbe.

1828

In Markneukirchen sind nachgewiesen:
52 Musikinstrumentenmachermeister, 6 Gesellen,
10 Lehrlinge, 40 Frauen und Kinder als Hilfskräfte
(dazu nicht erfaßt, die Bestandteilmacher)
61 Groß- und Kleinhändler.
In Klingenthal sind nachgewiesen:
145 Musikinstrumentenmachermeister, 7 Gesellen,
11 Lehrlinge, 17 Frauen und Mädchen als Hilfskräfte
(keine Bestandteilmacher)
7 Groß- und 14 Kleinhändler.

1829

Johann W. Rudolph Glier bringt eine Mundäoline mit nach Klingenthal und beginnt in diesem Jahr gemeinsam mit seinen Brüdern offiziell mit der Produktion der Mundharmonika.
Cyrillus Demian produziert das erste Accordion in Wien.

um 1830

Erfindung der Konzertina durch Sir Charles Wheatstone.

1834

Gründung der Musikschule Markneukirchen, in der von Anfang an auch Zeichenunterricht gegeben wurde.

um 1835

Markneukirchner Händler liefern die ersten Handharmonikas nach Nordamerika.

1843/47

Bau der Straße von Auerbach nach Klingenthal.

1844

Gründung der Musikschule in Klingenthal.

1846

Erfindung des Bandoneons durch Heinrich Band in Krefeld.

1848

Fahrpostverbindung Adorf–Markneukirchen–Klingenthal.

um 1850

Bis zur Mitte des Jahrhunderts verfällt das Zunftwesen, und das Verlagswesen der Händler gewinnt faßt völlig die Oberhand.
Es beginnt die Produktion von Mandolinen, Banjos, Zithern.
In Frankreich gelingt François Tourte die Vollendung des Violinbogens.
Einrichtung von Därmeputzereien Markneukirchner Händler in Dänemark und England. Beginn der Handharmonikaproduktion in Klingenthal.

1851

Eröffnung der Eisenbahnlinie Reichenbach–Plauen–Hof.

1852

Viele Tischler aus Carlsfeld, Eibenstock, Johanngeorgenstadt und Böhmen kommen zur Arbeit nach Klingenthal, lassen sich zum Teil ganz nieder.

1860

Gründung der Musikschule in Adorf.

um 1860

Gründung einer Spezialwerkstatt zur Schlaginstrumentenherstellung in Markneukirchen.
Beginn der Drehorgel- und Spieldosenherstellung in Klingenthal.
Beginn der Musikspielwarenherstellung im Gebiet von Klingenthal und Graslitz.
Nordamerika wird bedeutendstes Absatzgebiet für vogtländische Musikinstrumente.
Beginn des Schafdärmeimportes aus Südrußland.

1861

Verkündung der Allgemeinen Gewerbefreiheit in Sachsen.

1865

Vogtländische Staatseisenbahn Herlasgrün–Falkenstein–Oelsnitz–Adorf–Eger.

1866

Einrichtung einer Fahrpost zwischen Markneukirchen und Klingenthal.

1869

Bau der Straße Klingenthal–Schöneck.

1870

Gründung eines Betriebes zur Herstellung von Spezialmaschinen für die Instrumentenproduktion durch Julius Berthold in Klingenthal.

1875

Eisenbahnlinie Aue–Adorf mit Anschluß Zwotental–Klingenthal erweitert.

1876

Eisenbahnlinie Klingenthal–Graslitz–Falkenau (Sokolov)

1878

Erfindung der Tonzungenfräsmaschine durch Julius Berthold.

1883

Der Lehrer und Organist Paul Apian-Bennewitz bewirkt die Gründung des Musikinstrumenten-Museums Markneukirchen.
Markneukirchner Händler eröffnen eine Därmeputzerei in Taschkent.

1886

Die Sammlung des Musikinstrumenten-Museums wird städtischer Besitz.

1888

Beginn der Orchestrionherstellung in Klingenthal.
Einrichtung einer Därmeputzerei in Buchara.
Nach langem Widerstand der Geigenmacher Gründung der Markneukirchner Bogenmacherinnung.

1893

Einrichtung einer konsularischen Vertretung der USA in Markneukirchen.

1898

Gründung einer Kommission zur Förderung des Musikinstrumentenbaues in Klingenthal.

In der 2. Hälfte des 19. Jahrhunderts gelingt es E.R.H. Künzel und dem Kasseler Arzt Dr. Kuhn, das chirurgische Näh- und Bindemittel Catgut herzustellen und mit der Produktion in Markneukirchen zu beginnen.
Vorherrschend für die Herstellung der Mundharmonika wird das Fabriksystem.

Das obere Vogtland entwickelt sich zum Weltzentrum des Musikinstrumentenbaues.
Die Vogtländer beginnen, Ski zu laufen.

um 1900

Beginn der Saxophonherstellung in Klingenthal, Markneukirchen und Graslitz.

1904

Erfindung einer Kopierfräsmaschine zur Herstellung von Geigenböden und -decken durch Ing. Tau.
Gründung einer Produktionsgenossenschaft in Schönbach (Luby) und Umgebung.

1906

Gründung einer Aktiengesellschaft für Geigenindustrie in Markneukirchen.

1909

Gründung der Musikschule in Erlbach.

1911

Gründung der Musikschule in Schöneck.

1913

Gründung einer Musikinstrumentenmacherinnung in Brunndöbra.

um 1920

Beginn der Blockflötenproduktion im oberen Vogtland.
Beginn des Klavierbaues in Klingenthal.
Beginn der Produktion von chromatischen Piano- und Knopfakkordeons im Klingenthaler Gebiet.
In der ersten Hälfte des 20. Jahrhunderts verfällt der ältere Zweig des Orchesterinstrumentenbaues im Klingenthaler Gebiet.

1946

Volksentscheid in Sachsen über die entschädigungslose Enteignung der Kriegsverbrecher und Naziaktivisten und die Überführung ihrer Betriebe in Volkseigentum.

Gründung des VEB Catgut in Markneukirchen (vorm. Saitenwerke E. Künzel & Co.).
Gründung des VEB Sächsische Musikinstrumentenfabrik in Klingenthal (vorm. Blasinstrumentenfabrik Ernst Heß Nachfolger).

1948

Gründung der VVB Musikinstrumente und Kulturwaren mit Sitz in Plauen.

1949

Gründung des VEB Klingenthaler Harmonikawerke durch Vereinigung von 5 Betrieben, die auf Grund des Volksentscheides vom 30. 6. 1946 enteignet worden waren. Bis zum Jahre 1959 werden ihm 9 weitere ehemals selbständige Betriebe angeschlossen.
Gründung der Betriebsberufsschule des VEB Klingenthaler Harmonikawerke (später Betriebsberufsschule der volkseigenen Musikinstrumentenindustrie).

1950

Gründung des Instituts für Musikinstrumentenbau Zwota.

1951

Überführung des Treuhandbetriebes Deutsche Signalinstrumentenfabrik Max B. Martin (Markneukirchen) in Volkseigentum.

1952

Bildung des Kreises Klingenthal aus Gebietsteilen der Kreise Auerbach und Oelsnitz gemäß dem Gesetz über die weitere Demokratisierung vom 23. 7. 1952.

1953

Gründung des VEB Musikinstrumentenbau Markneukirchen (MUSIMA).
Gründung des VEB Blechblas- und Signal-Instrumenten-Fabrik durch Vereinigung des ehemaligen VEB Sächsische Musikinstrumentenfabrik Klingenthal, der Deutschen Signalinstrumentenfabrik Markneukirchen und des VEB Kofferfabrik »Georg Walter« Adorf.
Gründung des VEB Vereinigte Mundharmonikawerke (VERMONA).

1954

Bildung des Zentralen Konstruktions- und Entwicklungsbüros für die Musikinstrumentenindustrie (später Konstruktionsbüro und Sondermaschinenbau).

1955

Erweiterung und museumstechnische Verbesserung des Musikinstrumenten-Museums in Markneukirchen beginnt.

1957

Festliche Einweihung des Musikpavillons in Klingenthal.

1958

Der VEB Blechblas- und Signal-Instrumenten-Fabrik stellt auf der Leipziger Messe das erste elektronische Musikinstrument der DDR-Produktion (IONIKA) aus.

1960

Produktionsbeginn im neuen Gebäude des VEB Klingenthaler Harmonikawerke.
Gründung der DEMUSA (Deutsche Musikinstrumenten- und Spielwaren-Außenhandelsgesellschaft m.b.H.), vorm. DIA Musikinstrumente.

1963

Gründung des VEB Spezialmaschinenbau (vorm. Konstruktionsbüro und Sondermaschinenbau des VEB Vereinigte Mundharmonikawerke).
Aufnahme der Produktion von elektromechanischen Musikinstrumenten (Claviset, Basset) im VEB Klingenthaler Harmonikawerke.

1965

Einführung des halbautomatischen Stimmverfahrens für Harmonikatonzungen.
Eingliederung des ehemaligen VEB Vereinigte Mundharmonikawerke in den VEB Klingenthaler Harmonikawerke.

1967

Produktionsbeginn im neuen Gebäude des VEB Musikinstrumentenbau Markneukirchen (MUSIMA).

1968

Produktionsbeginn von elektronischen Tasteninstrumenten im VEB Klingenthaler Harmonikawerke.

1970

Bildung des VEB Rationalisierung Klingenthal (vorm. VEB Spezialmaschinenbau Klingenthal).

1972

Umwandlung der PGH Klingende Täler in einen volkseigenen Betrieb.
Bildung des VEB Musikelektronik Klingenthal.

1973

Das Musikinstrumenten-Museum in Markneukirchen erreicht eine jährliche Besucherzahl von 100 000 Menschen.

1975

Angliederung nachfolgender Betriebe an den VEB Blechblas- und Signal-Instrumenten-Fabrik Markneukirchen:

VEB Sonora Markneukirchen,
VEB Spezialholz Blasinstrumente Markneukirchen,
VEB Holzblasinstrumente Schöneck,
VEB Formetui Markneukirchen.

1981

Bildung des VEB Kombinat Musikinstrumente Klingenthal/Markneukirchen mit Sitz in Plauen (vorm. VVB Musikinstrumente und Kulturwaren).

1984

Produktionsbeginn im neuerbauten Betriebsteil Schöneck des VEB Klingenthaler Harmonikawerke und damit Erweiterung der Produktion der Orchesterelektronik und Effektgeräte.
Überreichung der 65. Goldmedaille der Leipziger und internationaler Messen für Musikinstrumente aus der DDR.

1985

Anschluß der VEB Klingende Täler und Musikelektronik Klingenthal an den VEB Klingenthaler Harmonikawerke.

Anschluß der Holz- und Metallblasinstrumenten-Fertigung vom ehem. VEB Sinfonia Markneukirchen an den VEB Blechblas- und Signal-Instrumenten-Fabrik Markneukirchen und die der Streich- und Zupfinstrumente an den VEB Musikinstrumentenbau Markneukirchen. Damit Schaffung von 3 Großbetrieben im traditionellen Zentrum des Musikinstrumentenbaues.

Exportprogramm des Außenhandelsbetriebes DEMUSA Klingenthal für Musikinstrumente:

Pianos und Flügel
Orgeln
historische Tasteninstrumente
Musikspielwaren
Akkordeons
Orchesterelektronik und Effektgeräte
Holz- und Metallblasinstrumente
Streich- und Zupfinstrumente
Schlaginstrumente
Bestandteile und Zubehör
(Dabei ist zu beachten, daß Pianos, Flügel und Orgeln nicht mehr im oberen Vogtland gebaut werden. C.B.)
DEMUSA-Vertretungen in: Australien, Belgien/Luxemburg, BRD, Dänemark, Finnland, Frankreich, Griechenland, Großbritannien, Irland, Japan, Jugoslawien, Libanon, Niederlande, Norwegen, Schweden, Singapore, Spanien, USA, Italien, Österreich, Portugal, Schweiz, Berlin (West), Columbien, Kuwait, Syrien, Ägypten; hinzu kommen die staatlichen Export-Import-Unternehmen in allen sozialistischen Ländern und für alle übrigen Länder die Handelsvertretungen der DDR.

Literaturquellen

Doerfel, K.: Geschichte der Orte des Amtsgerichtsbezirkes Klingenthal, Klingenthal 1930
Gäbler, M.: Mundharmonika kam 1829 nach Klingenthal, in: Vogtländische Heimatblätter, Heft 3, 1984, S. 13 ff.
Jaeger, J.: Aschberggebiet, Klingenthal, Markneukirchen, Schöneck, VEB Tourist-Verlag, Berlin/Leipzig 1978
Jordan, H.: Musikinstrumentenmuseum Markneukirchen, Markneukirchen 1975
Kauert, K.: Entstehung, Standorte und Struktur der vogtländischen Musikinstrumentenindustrie, Potsdam 1970 (Diss.)
Raunert, M.: Zu Bevölkerungsgeschichte des oberen Vogtlandes, Berlin 1977 (Museum Göltzsch/Rodewisch/Vogtl.)
Wild, E.: Geschichte und Volksleben des Vogtlandes in Quellen aus 700 Jahren, Plauen 1936
Zühlke, D. (Redaktion u. Bearbeitung): Das obere Vogtland, Akademie-Verlag, Berlin 1976 (Autorenkollektiv)

Die diesem Buch beigegebene Chronologie beruht für die Angaben zur Entwicklung des Musikinstrumentenbaues im oberen Vogtland wesentlich auf den Angaben in der Zeittafel von K. Kauert.

38,-